MOLIERE

86, rue Pasteur – 69007 LYON

Michel CORVIN

MOLIÈRE

ET SES METTEURS EN SCÈNE D'AUJOURD'HUI

Pour une analyse de la représentation

PRESSES UNIVERSITAIRES DE LYON

CORVIN (Michel). – Molière et ses metteurs en scène d'aujourd'hui : pour une analyse de la représentation / Michel Corvin. – Lyon : Presses universitaires de Lyon, 1985. – 272 p., 63 illustrations ; 24 cm.

ISBN 2-7297-0263-6

AVANT-PROPOS

Molière et ses metteurs en scène d'aujourd'hui ne vise pas à analyser des mises en scène en tant que telles ni à rendre compte de spectacles, mais, comme le sous-titre l'indique, à proposer une analyse de la représentation et à en explorer la problématique selon les catégories de la sémiologie théâtrale; plus particulièrement sous l'angle de la redondance qui me paraît être, au niveau de la production comme de la réception du spectacle, un des moteurs de la communication théâtrale.

Malgré l'unicité de la méthode critique, l'approche des œuvres est diverse : uniquement livresque pour le *Tartuffe* de Ledoux, spectaculaire pour les autres mises en scène mais selon des régimes différents : très parcellaire pour *Le Misanthrope* de Roussillon, très minutieuse et linéaire pour le *George Dandin* de Benoin, orientée autour de catégories soit thématiques (pour *Le Misanthrope* de Vincent) soit esthétiques et dramaturgiques, pour le *Tartuffe* de Planchon (le décor) et pour les *Molière* de Vitez (la gestuelle, les personnages, le bruitage, etc.).

Qu'on ne s'attende donc pas à trouver dans les pages qui suivent un état exhaustif des mises en scène de Molière depuis une trentaine d'années : je ne propose ni un panorama historique ni un palmarès, mais un choix volontairement restreint aux trois grandes comédies de Molière, telles que traitées par de grands metteurs en scène : trois *Tartuffe*, trois *Misanthrope*, trois *Dom Juan*. A quoi j'ai ajouté une *École des Femmes* qu'on ne pouvait dissocier de la tétralogie vitézienne et un *George Dandin* qui représente une tentative peut-être limite de mise en scène totalement libérée du texte. Texte, car si l'étude tend à ne rendre compte que de représentations, Molière est présent constamment, du moins en creux et en contre-point.

On le voit, si le choix est arbitraire, il correspond à une intention démonstrative : à ce titre les deux mises en scène de Ledoux et de Roussillon reçoivent une place qu'eussent pu (dû ?) occuper – si le critère de la qualité d'invention avait été prioritairement retenu – les mises en scène de Lassalle ou de Sobel (pour le *Tartuffe*) ou de Zadek (pour *Le Misanthrope*). L'approche des mises en scène a un caractère plus systématique qu'analytique et le matériel linguistique qu'on y emploie se fait aussi discret (approximatif diront certains) que possible.

D'un autre côté et paradoxalement, l'intention d'aborder la représentation avec toute l'«objectivité» qu'une méthode d'approche sémiologique exigerait, s'accompagne du souci de placer le récepteur-spectateur au centre du dispositif critique, avec tous les risques que sa liberté d'interprétation implique. C'est donc bien d'une «lecture» personnelle des mises en scène de Molière qu'il s'agit.

Aussi, ni l'esprit de système ni l'appareil linguistique ne devraient empêcher d'apercevoir, au travers, le théâtre dans ce qu'il a de plus précieux : sa fragilité et, à la fois, son indéfectible malléabilité. Il est fumée et il est Protée.

M.C.

CHRONOLOGIE DES MISES EN SCÈNE ÉTUDIÉES

TARTUFFE :

Ledoux, 1951
Planchon (1ère version), 1962
(2ème version), 1973

DOM JUAN :

Chéreau, 1969
Planchon, 1980

LE MISANTHROPE :

Roussillon, 1977
Vincent, 1978

GEORGE DANDIN :

Benoin, 1977

L'ÉCOLE DES FEMMES, TARTUFFE, DOM JUAN, LE MISANTHROPE :

Vitez, 1978

CHAPITRE I

POUR UNE ANALYSE DE LA REPRÉSENTATION

1. Le «lecteur sémiologique» dont on va tenter de transcrire les perceptions n'est ni un confident du metteur en scène ni un linguiste déguisé pour un soir en spectateur; il ne connaît pas d'avance la clé du spectacle; il se refuse même à lire la «brochure-programme» dont les textes (signés pour la plupart par le metteur en scène lui-même) sont dangereusement éclairants; il préfère travailler sur le métalangage de sa perception écrite; il ne possède aucune grille d'interprétation capable de s'appliquer *in vitro* sur tout spectacle futur; il se livre au déchiffrage de ce qu'il voit et entend, ou plutôt de ce qu'il a écrit qu'il a vu et entendu, selon une procédure à la fois naïve et retorse : naïve, puisqu'il s'est bien livré au spectacle dans son développement linéaire et temporel, et il doit rester quelque chose de cette découverte tâtonnante; retorse, car il a, en fait, assisté au moins deux fois au spectacle et cette seconde vision, faussée de surcroît par la perspective de l'analyse à rédiger et par l'obligation de prendre des notes en cours de spectacle (ce qui rompt sans cesse la successivité des images offertes) est orientée par un effort d'interprétation tabulaire.

Il ne faudrait cependant pas aller trop loin dans le refus d'une telle procédure au nom de la spontanéité d'une réception sensorielle immédiate, car le simple fait de voir et d'entendre n'a rien d'automatique ni de passif; et, sans même mettre en cause les limites de la mémoire, on se rend compte, en confrontant les souvenirs tout frais de spectateurs de culture et de préoccupations semblables, que chacun a omis d'enregistrer quantité de signes. Cette carence, beaucoup moins involontaire qu'on pourrait croire, tient à la difficulté d'emmagasiner, simultanément, des signes relevant de codes hétérogènes; mieux, un enregistrement total est impossible pour des raisons qui tiennent à la logique autant qu'à la culture : à la logique, car on refuse inconsciemment de voir ce qui n'est pas immédiatement intégrable dans un système global d'interprétation, ou, ce qui revient au même, on enregistre mécaniquement tel ou tel élément du spectacle sans se rendre compte qu'il n'est pas intégrable à un tout cohérent; et, du même coup, il cesse très rapidement d'être mémorisé; à la culture, car les codes spectaculaires sont, de tradition, tellement hiérarchisés que ceux qui sont au bas de l'échelle passent totalement inaperçus : la musique et la lumière, notamment, sont les parents pauvres du théâtre : leur rôle est, de longue date, de redondance, au mieux d'accentuation des autres systèmes de signes : il n'est pas encore admis qu'elles puissent accéder à un langage spécifique et encore moins se construire en opposition avec le texte et la gestuelle (sinon, parfois, avec des intentions parodiques, ce qui ne fait que renforcer le sens «vrai» – et univoque – des systèmes de signes «nobles»). Plus généralement encore, la difficulté d'un enregistrement sémiologique réside dans la nécessité d'insérer dans une continuité cohérente tous les éléments spectaculaires par un aller et retour constant de l'immédiatement perçu et du déjà enregistré, pour une réévaluation et un rééquilibrage des interprétations en cours d'élaboration.

2. Aussi la lecture sémiologique ne peut-elle être que partielle et inachevée; il ne saurait être question de tout percevoir, ni de rendre compte de tout ce qu'on a perçu. Subjective, et même, éventuellement, erronée, la visée du critique doit être acceptée non comme une tare dont avec les progrès de la technique (magnétophone, bandes vidéo), on sera débarrassé quelque jour, mais comme la preuve que le récepteur est, avec le metteur en scène, co-producteur du spectacle. Producteur même d'un spectacle autonome dont il importe peu qu'il coïncide avec ce que le metteur en scène a voulu dire et encore moins avec les intentions de l'auteur. Est-ce à dire que cette métamorphose prétentieuse du récepteur en inventeur l'autorise à n'importe quel délire interprétatif ? Il s'en faut, car il est sans cesse soumis à des con-

traintes; internes, quand, poussé par l'impératif de cohérence, il ne peut que procéder par totalisation et intégration successive de tous les éléments perçus, au fur et à mesure de leur émission; externes car, en face d'une œuvre classique comme celle de Molière, il n'est pas possible de faire litière du texte et d'enjamber sans vergogne les garde-fous constitués par les indications d'espace et de temps, sans parler des relations actantielles fondamentales. Dès lors, la seule différence entre le récepteur sémiologique et le récepteur ingénu (hypothèse d'école car tout spectateur arrive au spectacle bardé de présupposés culturels et idéologiques qui sont autant de ressorts pour le déclic de syntagmes futurs) réside dans le fait que le premier, en percevant davantage, a des chances de percevoir mieux et vice-versa.

3. Comment, dès lors, procéder ? Il serait malhonnête (et d'ailleurs impossible étant donné la pléthore de signes que déposent les metteurs en scène, même les plus parcimonieux, comme Vincent) de se bâtir à bon compte une cohérence en se livrant à une collecte rapide de signes majeurs choisis par exemple pour leur appartenance au système d'opposition «classicisme/modernité», «fantasme/effet de réel» ou «religion/politique». Il y aurait là en effet une véritable pétition de principe, les signes n'étant retenus que dans la mesure où ils s'accorderaient avec l'isotopie dominante et celle-ci n'étant déterminée que dans la mesure où elle recevrait le soutien de signes relevant de tel ou tel paradigme. Il faut prendre les choses avec plus de modestie et de progressivité; accepter de se livrer à un inventaire de greffier sans pouvoir s'empêcher cependant – étant donné la connaissance préalable au spectacle que le rédacteur de ces pages possède de Molière – d'anticiper sur des éclaircissements qui pourraient ne survenir que beaucoup plus tard ou même pas du tout. Le metteur en scène prend en effet un malin plaisir à multiplier les références culturelles tout en sachant (en souhaitant ?) qu'elles resteront, pour une part, imperméables au spectateur non prévenu.

On ne s'interdira pas non plus de fractionner les perceptions par un ancrage constant sur le texte de Molière : bien évidemment, dans les spectacles d'aujourd'hui, les mots sont seconds sinon secondaires et la gestuelle, dans sa profusion et sa volonté de provocation, mobilise presque toute l'attention. C'est donc inverser les données du spectacle qu'introduire ces arrêts sur le texte alors que la représentation est entraînée dans un *continuum* dynamique où, par exemple, les frontières de scène sont gommées totalement; c'est aussi adopter un point de vue «littéraire» que de relever, dès l'abord, que la plupart des gags et des jeux de scène d'un Vitez ou d'un Benoin n'ont de sel que parce qu'ils sont construits en opposition ou en parallèle avec le texte. Un spectateur moins pervers au contraire n'a aucune notion d'un avant du spectacle qui serait le texte et il se laisse emporter par la fascination des images : il est, en face du spectacle, en position d'engourdissement sensoriel, alors que le récepteur cultivé procède sans arrêt par confrontation critique du texte et des éléments spectaculaires : il est soumis alors à un curieux effet de strabisme : le texte se développe à son rythme avec ses méandres et ses secrets tandis que le discours visuel de la mise en scène l'accentue, le contrarie ou anticipe sur lui, en introduisant un dialogue direct entre le metteur en scène et le spectateur sans passer par le truchement du personnage et des mots qui le constituent. On a l'impression de deux cheminements parallèles et quasi indépendants. Leur convergence et leur suture n'ont lieu qu'aux moments de redondance où le gestuel/visuel se met au service du signifié du texte et marche d'un même pas, qu'emboîte sans difficulté le spectateur «classique».

Mais plus les propositions scéniques sont complexes et valables *per se*, plus l'analyse devra être minutieuse si elle veut entrer dans le système original inventé, plus aussi les risques d'errance se multiplieront pour le récepteur. Là encore son chemin sera balisé par la redondance des signifiants proprement spectaculaires, avec cette fois, pour le metteur en scène, le risque de dispersion ou, à l'inverse, de lourdeur didactique. Néanmoins dès qu'une mise en scène existe et qu'un inconnu nommé Vitez ou Chéreau se met à parler, à travers Molière, de sa propre voix, il est douteux qu'il soit entendu, puisque les moyens de communication qu'il emploie ne sont plus des mots, connus d'avance et immédiatement reconnus, mais des images gestuelles ou auditives, dont le lexique n'est rien moins que fixé. Aussi dans l'impossibilité, pour l'analyste, de proposer un *corpus* indiscutable, c'est-à-dire de reproduire, *mutatis mutandis*, les conditions de la représentation telle que vécue par un spectateur moyen (ou neutre), force est d'admettre, d'entrée, le caractère interprétatif de ce qu'on aurait espéré constat : c'est sur des couches superposées de métalangage que s'élaborera un système de lecture.

La redondance dans la théorie de la communication

Le sens commun s'accorde avec la réflexion des sémiologues pour rejeter la redondance dans le domaine des enflures inutiles. Le Dictionnaire Robert définit : «Abondance excessive dans le discours (développements, redites). Voir verbiage», et Genette, de son côté : «Le mauvais signe est bouffi parce qu'il est redondant, et il est redondant parce qu'il veut être vrai, c'est-à-dire à la fois signe et chose» (1). Réflexion au demeurant très éclairante pour le fonctionnement théâtral où le signe se fixe justement pour objectif d'être chose autant que faire se peut, de sauvegarder sa matérialité et de retarder son absorption dans le signifié. Quoi qu'il en soit, le terme de redondance n'a, dans la théorie de la communication, aucune valeur péjorative. Non que ses manifestations y soient particulières : il s'agit bien de réitérations, récurrences, doublets, répétitions, synonymies, analogies voire de tautologies qui font piétiner le message et stagner l'information comme dans n'importe quel fait de langage. Mais c'est son usage tout spécial qui mérite attention : en effet dans toute communication des bruits perturbent la transmission des messages parlés ou écrits (défectuosité du canal, mauvaise réception, etc.) et cette perte d'information doit être compensée par une multiplication des agents de transmission pour un même message, c'est-à-dire par la redondance : «C'est finalement la perte d'information compensée par un surplus d'information concrétisé par la réception des signaux, qui constitue ce que la théorie de la communication appelle la redondance» (2).

Bien loin d'être une maladresse ou une négligence, à ce niveau la redondance est non seulement délibérément produite mais indispensable : que le «bruit» soit accidentel ou inhérent à l'acte sémique même, la redondance constitue un des principes fondamentaux de toute communication et offre une sécurité essentielle pour une bonne transmission des messages : elle «fonctionne comme facteur de cohésion syntagmatique» (3). Car «dans presque tous les énoncés on constate la présence d'unités phonématiques, morphématiques ou syntagmatiques dont la présence n'est pas strictement nécessaire à la communication, mais qui, compte tenu des conditions de la transmission, sont indispensables pour que la communication puisse effectivement s'établir» (4). Pour le récepteur l'information réside dans le degré d'imprévisibilité des signaux ou dans le caractère inattendu de l'assemblage des signes : si la part d'originalité est trop grande, il devient inintelligible. Seule la redondance rétablit l'équilibre entre originalité et prévisibilité et rend le message compréhensible. Comme le résume le Dictionnaire de Dubois: «la redondance est inhérente au fonctionnement d'un code [...] elle est nécessaire à la conservation de l'information masquée par les «bruits», même si, par ailleurs, elle diminue la capacité théorique du code» (5).

Théâtre et communication

Avant même de distinguer, comme le fait Moles, entre l'aspect sémantique de la communication (le contenu conceptuel du message) et son aspect esthétique (sa formulation) – distinction qui laisse entendre que la redondance sera encore plus développée, quoique moins fonctionnellement inévitable, dans les messages de caractère esthétique – une question préalable se pose : le théâtre est-il communication ? Non répond G. Mounin selon qui il n'y a pas communication au théâtre du fait qu'il n'y a pas d'échange réversible de la salle à la scène dans le code même qu'utilise la scène pour s'adresser à la salle : il y aurait seulement stimulation de la salle par la scène : les artisans du théâtre «sont tous tendus, non pour «dire» quelque chose aux spectateurs [...] mais pour agir sur les spectateurs» (6). Cette objection, qui a l'intérêt de restituer au discours théâtral sa valeur d'action, souligne la fonction conative du phénomène théâtral et, le rangeant dans le monde de la rhétorique, accorde à son tour une place de choix à la redondance comme productrice d'effets. Strictement parlant, l'argument de Mounin est inattaquable, mais il n'empêche que la communication peut avoir lieu même si elle garde un caractère virtuel : quelqu'un qui entend un message sans répondre communique avec l'émetteur; l'essentiel n'est pas qu'il puisse éventuellement répondre dans le même code (ce qui est naturellement exclu au théâtre) mais se montrer capable de déchiffrer le message grâce à sa connaissance préalable du code.

On pourrait objecter encore que cette connaissance a, dans une communication ordinaire, un caractère objectif et scientifique alors qu'elle est laissée, au théâtre comme dans les autres systèmes de «communication» artistique, à l'arbitraire de l'interprétation : il n'y aurait plus de sémiologie de la communication possible mais seulement une herméneutique. Voire, car précisément la redondance est cet élément qui, à ses différents niveaux d'emploi, balise et oriente la communication en empêchant l'errance du signifié et la polysémie subjective.

On peut donc avancer que la communication théâtrale existe. Il s'agira désormais de déterminer quel usage particulier on y fait de la redondance, au moyen de quels signes et selon quelle organisation de signifiants; selon quels rapports des signifiants aux signifiés est transmis le message théâtral.

Signe et redondance

Il serait bon, en préalable, de s'interroger sur la validité de la notion même de redondance. Benvéniste est de ceux pour qui la redondance est un faux concept : dans son étude sur la «sémiologie de la langue», il avance qu'«il n'y a pas de «synonymie» entre systèmes sémiotiques; on ne peut pas «dire la même chose» par la parole et par la musique» (7), par exemple; chaque système sémiotique étant défini par ses signes, son mode opératoire, sa nature, son type de fonctionnement, il ne peut pas y avoir redondance entre deux systèmes différents. Il en résulte que le signifié reste toujours inséparable de son signifiant; qu'il lui doit sa spécificité et qu'il est impossible, dans la relation de l'un à l'autre, de réduire le signe à un signifié conceptuel.

On répondra à Benvéniste que son objection est imparable si l'on se fait de la redondance la conception la plus dégradée où elle serait ravalée à un rôle «scientifique», permettant l'interchangeabilité des outils pour réaliser une même fonction. Mais, même ainsi, faudrait-il croire qu'il n'y a pas de convertibilité entre systèmes et qu'ils sont des «mondes clos» ? Ce serait contredire à l'expérience du sens commun pour qui la même information peut être fournie par plusieurs canaux différents. Benvéniste ne va pas jusque là mais pose seulement une condition à la convertibilité des systèmes signifiants : il suffit «que le rapport posé entre systèmes sémiotiques soit lui-même de nature sémiotique» (8). Rapport sémiotique, qu'est-ce à dire ? Sans doute que, pour la confrontation des systèmes signifiants multiples, le point de jonction ne peut être qu'un qualificatif commun; c'est-à-dire le fait que tous ces systèmes sont des systèmes de signes.

Le référent auquel on a pu recourir comme point d'articulation entre mondes différents, soit, au théâtre, entre le concret de la scène et l'abstrait du discours, ne saurait satisfaire. En effet le référent n'établit pas de liaison entre le textuel et le visuel : dans les systèmes visuels le référent se confond avec l'objet réel présent sur scène; et il n'a rien de sémiotique avec quoi puissent se lier les signifiés de dénotation produits par le système textuel. A moins que le référent ne soit pas conçu comme un objet réel, mais comme un «objet de pensée». Auquel cas on rejoint l'opinion de maints sémioticiens : tel L. Matejka qui, commentant Bogatyrev affirme que tout est signe au théâtre : «Le théâtre [...] est un medium qui transforme toute chose en structure sémiologique, de sorte que même les objets réels deviennent pour le spectateur des signes de signes ou des signes d'objets réels. Par conséquent le langage qu'emploie l'acteur sur la scène [...] conserve toutes les propriétés du langage poétique, mais devient en plus un constituant de l'action dramatique» (9).

Cette mise au point apportée, le problème reste entier de savoir quel est le mode d'articulation des systèmes signifiants; si l'un (et lequel ?) doit être considéré comme l'interprétant de l'autre, quelle est la place exacte de la redondance dans le fonctionnement du théâtre ?

La redondance fonctionnelle

Que la redondance réponde à une nécessité de l'écriture théâtrale, c'est une évidence que tout un chacun partage, qu'il soit ou non sémiologue, qu'il soit ou non spécialiste de théâtre. Et il en va de même dans les autres arts. On lit par exemple sous la plume d'un critique musical : «Pour que l'action représentée nous intéresse, pour que nous soyons conduits du début au dénouement, il faut que les événements, les situations suscitent en nous une attente, se présentent comme des carrefours de possibilité que nous pouvons prévoir, espérer ou craindre. Si les acteurs se livraient en scène à une succession de gestes sans lien, s'ils prononçaient des phrases sans suite, je me lasserais vite de leurs gesticulations incohérentes, de leurs discours, et l'ennui ne tarderait pas à m'envahir, c'est-à-dire l'indifférence. Je ne pourrais opposer à ces actes imprévisibles aucune résistance et ne pourrais y prendre aucune part» (10). Et M. Vinaver qui présente ces réflexions, ajoute ce commentaire : «Dans la musique comme dans le théâtre, ce qui assure à l'auditeur ou au spectateur sa stabilité et fonde son attente, c'est, montre ensuite M. Scriabine, le couple que forment la répétition et la variation» (10).

Chaque fois que l'attente du spectateur est comblée, sans aucune surprise (dans les domaines du jeu, du décor, de l'éclairage, etc.) c'est que la redondance fonctionnelle, d'intérêt simplement pédagogique ou communicatif, a opéré : redondance et répétition du même signifiant dans les mêmes termes (identité) ou dans des termes voisins (analogie), «juxtaposition de signes dont les signifiés sont identiques ou très proches» (11); redondance qui met en relief le caractère matériel du signe (réitération du signifiant) ou son caractère conceptuel (convergence de plusieurs signifiants vers un même signifié). La nature propre du théâtre fait qu'on y recourt à des systèmes signifiants divers (visuel, auditif, etc.) et que, notamment, les éléments prosodiques (inflexions, intonations) du spectacle doublent le texte; le geste de même, double le mot, soit qu'il précède la parole, soit qu'il la suive.

La concomitance des éléments redondants n'a rien d'obligatoire : dans une séquence donnée (de plus ou moins grande extension et définissable à partir du nombre des comédiens, de la multiplicité de leurs mouvements sur scène, des variations du texte, etc.) les informations fournies par les différents systèmes signifiants peuvent se présenter successivement et faire redondance à condition qu'elles soient perçues comme appartenant au même ensemble, au même syntagme. Il serait bon, même, d'élargir cette notion de syntagme et de ne pas le faire coïncider avec la séquence car les éléments signifiants ne parviennent pas tous à la perception avec la même intensité : certains «parlent» au moment où ils sont émis (le mouvement, l'intonation par exemple), d'autres prolongent leur message – du même coup beaucoup plus diffus, plus insidieux – sur toutes la durée du spectacle, promu dès lors au rang de syntagme. Certains signifiants comme le décor, le costume, la voix du comédien, la lumière (à condition qu'on ne joue pas de ses effets) sont en permanence présents sur scène; ces signifiants se reproduisent, identiques, et s'étalent sur le temps de la représentation. On pourrait croire qu'ils sont inutiles, qu'ils gênent la progressivité ouverte de l'action et entraînent un piétinement dommageable de l'information. De fait ils sont à l'origine d'une redondance discrète, mais il suffirait qu'on les supprime pour constater combien ils sont nécessaires à la compréhension du message.

La valeur mnémotechnique des formes récurrentes est incontestable : la représentation est inscrite dans un déroulement temporel dont le spectateur doit maintenir, à tout instant, la cohésion au niveau des parties pour qu'une cohésion au niveau du tout soit possible. Doit maintenir ? Du moins le spectateur «classique», car maintes expériences d'écriture comme de mise en scène vont à l'encontre de ce principe de continuité : sans parler des tentatives provocatrices d'un Aragon, d'un Tzara ou d'un Torma, qui prennent un malin plaisir à changer d'acte en acte, de scène en scène, voire de réplique en réplique, les lieux, les costumes, les tons, les sexes, dans les mises en scène de *Jules César* par l'Attroupement ou de *Catherine* par Vitez la redondance majeure d'une incarnation constante du personnage par un seul et même comédien est refusée. Et cette mobilité, tout en inquiétant le spectateur, le place dans un état de disponibilité assez tonique, l'alertant sans arrêt et l'amenant à construire une double lecture, l'une consacrée au texte, l'autre au jeu, l'une et l'autre conservant leur autonomie et même se construisant l'une contre l'autre. Cette esthétique de la non-redondance fonctionnelle (dont nous aurons à reparler à propos du *Misanthrope* de Vincent) a évidemment ses limites et repose sur un dosage savant d'éléments inattendus.

Mais pour en revenir au cas ordinaire disons que, le plus souvent, la redondance des éléments signifiants réside dans l'actualisation du faire; leur présence désigne leur emploi : un miroir placé sur un mur signale que quelqu'un s'y regardera, qu'il s'agira sans doute d'un(e) élégant(e) (liaison par anticipation et redondance du visuel au gestuel); de même quand Oronte parle de son sonnet, il le tire de sa poche : redondance banale et quasi invisible dans sa banalité même (liaison concomitante du textuel au gestuel). Plus généralement l'on dira que le théâtre traditionnel (et pas seulement lui) vit d'une interaction continuelle des systèmes visuel et textuel; le visuel ayant le rôle d'illustration du texte, le textuel un rôle métalinguistique de commentaire, selon que l'un précède ou non l'autre. Les signifiants scéniques dès lors soutiennent le texte, l'incarnent mais n'apportent aucune nouveauté en ce qui concerne la dénotation ni aucune expressivité en ce qui concerne la connotation : ils appartiennent au code préétabli des signifiants théâtraux. Les codes proxémiques, prosodiques et kinésiques de ces formes théâtrales s'accordent ou même s'imbriquent avec leurs codes verbaux en fonction d'un acquis socio-culturel commun aux spectateurs et au metteur en scène.

Pour en faire la contre-épreuve, il suffit d'assister à une pièce occidentale en langue étrangère : les signifiants visuels ne parviennent pas, malgré leur redondance certaine, à construire un sens; n'étant pas soutenus par le langage, leurs codes sont insuffisamment précis et n'autorisent pas une traduction sûre. Malgré tout, une partie de l'œuvre réussit à «passer la rampe». Au contraire en face d'un spectacle extrême-oriental, bien que la codification gestuelle soit poussée au raffinement le plus minutieux, le spectateur occidental est totalement démuni : il n'y a pas de langage international du corps, de la voix, du mouvement. Ce que l'on prend pour naturel parce qu'on y baigne depuis toujours est en fait éminemment socialisé : ainsi offrir un bouquet à quelqu'un est un signe d'amour ou d'intérêt, parler sur un ton violent signifie la colère, faire un mouvement de recul exprime l'étonnement ou la peur : toutes choses parfaitement banales dans un contexte européen et platement redondantes si ces gestes viennent «compléter» des paroles de même sens. Les metteurs en scène essaient d'éviter ce genre d'automatismes, sans y parvenir tout à fait car un grand nombre de codes extra-théâtraux régissent le fonctionnement théâtral au même titre que la communication humaine; et il est bien difficile, voire impossible, qu'un signifié verbal ne double pas un quelconque signe issu d'un autre code.

A partir du moment où l'on cherche à capter l'attention d'un auditoire formé d'individus d'intelligences, de facultés d'écoute, de cultures disparates, et qui, dans leur très grande majorité, ne font pas leur pain de chaque jour de la lecture, par exemple, de Molière, il est indispensable au dramaturge comme au metteur en scène, d'organiser les signes de leur discours textuel et scénique en vertu d'une conception globale qui permette au spectateur «d'avoir une prévisibilité partielle sur ce qui va suivre, à partir de ce qui précède et par là d'effectuer des liaisons entre les différents éléments du message» (12). Si cette redondance empêche le signe d'afficher son autonomie et sa singularité, si, au nom d'une progressivité savamment contrôlée, elle distille parcimonieusement les informations nouvelles, du moins est-elle un facteur essentiel de l'intelligibilité des messages et satisfait-elle le système d'attente plus ou moins complexe de l'auditeur.

Au théâtre ce système est à la fois culturel, conventionnel

et référentiel, ces trois aspects se chevauchant, naturellement. Culturel, car j'arrive au spectacle avec un certain nombre de préventions : je sais qui est Molière (XVIIe siècle, comique, observateur du genre humain, etc.) et, à ne regarder que l'affiche du spectacle, je sais que je viens voir – et l'ordre de présentation n'est pas indifférent – *George Dandin* mis en scène par D. Benoin : *George Dandin* c'est donc d'abord un texte, ensuite une animation sur scène : je m'attends donc que les multiples systèmes signifiants du théâtre, visuels et auditifs (décor et éclairage, costumes et maquillage, gestuelle et mimique, inflexions et intonations) doublent le texte, soit qu'ils précèdent la parole soit qu'ils la suivent (13). Conventionnel, car je sais bien, pour avoir déjà pénétré dans un théâtre, que rien ne s'y déroule tout à fait comme dans la vie : que par exemple, les apartés s'y disent à haute voix, que les scènes de nuit s'y donnent en lumière suffisante pour voir clair, que rien de ce que la pièce présente n'est dû au hasard et que tout y répond à une intention précise. Référentiel enfin car le monde vu à travers une scène a des ressemblances avec le monde quotidien : un geste vers désigne, comme dans la vie, agressivité, tendresse ou attention selon le contexte de situation; une surface plane en premier plan, fermée à l'arrière par un mur percé d'ouvertures présage, comme l'expérience de la rue nous l'a enseigné, une communication entre un intérieur et un extérieur.

Tout ceci est élémentaire, mais, au vrai, les choses ne sont pas si simples. Si peu qu'on scrute la notion de redondance, on s'aperçoit qu'elle est, pour une part, identifiable à la réitération, pour une part, riche de pouvoirs créateurs.

Réitérer – formulation lexicalement noble de la répétition – est un procédé d'apparence purement mécanique dont les emplois peuvent être très variés : elle sert à corriger les «bruits» (l'inattention, la mauvaise compréhension); elle sert à rendre un message plus expressif. Si la correction du «bruit» s'inscrit dans le système physique de la communication, la recherche d'expressivité a, elle, un caractère psychique; elle fait déjà partie des stratégies discursives : on répète dans tel ou tel but; le «Vous l'avez voulu, George Dandin», par exemple, a un caractère obsessionnel de déploration morose que ne saurait avoir la même formule émise une seule fois. Dès lors, réitérer ce n'est déjà plus répéter puisque la duplication d'un élément n'est déjà plus sa reproduction dans les conditions mêmes de l'émission antérieure : le signifiant certes est le même (c'est la condition *sine qua non* du repérage d'une réitération), le signifié, au sens de «vouloir dire», est déjà différent, puisqu'il joue sur la réception du signifié produit par la première occurrence du signifiant. Sans parler des signifiants annexes, tels qu'intonation ou accentuation, qui changent presque complètement la nature du signifiant. Dans une situation de discours, il n'y a pas, à proprement parler de réitération : les signifiants annexes ou contextuels ont changé et les signifiés – entendus à la fois comme résultats des conditions de l'énonciation et comme contenus de l'énoncé – encore plus.

Dire que la réitération fait redondance introduit un jugement de valeur, généralement dépréciatif, bien à tort à nos yeux. Car la redondance n'est pas un état de fait; elle est une estimation selon laquelle, dans un système à codes multiples (parallèles ou convergents) comme celui du théâtre, la pluralité des signifiants à signifiés identiques produit (ou plutôt ne produit pas) du sens. Le débat revient alors à s'interroger sur les rapports du verbal et du non-verbal, sur l'impérialisme reconnu, de tradition, au premier – auquel cas toute redondance est non-productrice de sens – ou au contraire sur l'autonomie du non-verbal; et alors la redondance devient la seule procédure de construction ouverte du sens. Non que la redondance doive être prise pour l'invention de signes scéniques originaux; elle est seulement la garantie que ces signes scéniques pourront véhiculer leur signification. Ce sens, qu'on pourrait appeler sensoriel, puisqu'il est d'origine à la fois auditive et visuelle, relève des mêmes contraintes que tout sens textuel, bâti sur des occurrences successives du même et, à l'intérieur du même, sur duplication des marques de ce même. Le sens sensoriel obéit, encore plus que le sens textuel, à des exigences de construction et de hiérarchisation, dans la mesure où il n'y a pas de logique immédiate de l'image auditive et visuelle, dans la mesure où les images sont objets d'un déchiffrage second et métalinguistique en mots et en concepts (14). Ces lois de construction résident essentiellement dans l'alternance des variants et des invariants, qui est à la base de toute dynamique, textuelle ou autre : c'est la réitération qui transforme le variant (ou trait original) en invariant (ou trait imitatif).

Quant aux manifestations de la réitération, elles peuvent avoir un caractère semi-invisible quand elles s'inscrivent dans le *continuum* d'un spectacle (c'est le cas du décor ou du costume, de la stature et de la voix du comédien); un caractère immédiatement repérable quand elles sont discontinues (tel mot, tel geste répétés à intervalles plus ou moins réguliers). De toute façon ce type de répétition ne devrait pas, en tant que tel, être l'objet d'une évaluation, appréciative ou non, mais être perçu seulement comme une règle de fonctionnement théâtral dont l'interprétation devrait être soigneusement distinguée de sa description. Il y aurait donc intérêt à éviter que la redondance ne soit conçue à la fois comme un constat et comme un jugement de valeur et à réserver à chacune de ces opérations un mot particulier; étant entendu, par tout ce qui précède, que la réitération, au sens purement mécaniste du terme, est, quand il s'agit d'un message artistique, quasiment impossible à isoler.

Si la part qui revient à la réitération et celle qui revient à la redondance sont relativement faciles à déterminer dans le cas d'un système homogène de signes (par exemple «Le pauvre homme» ou «Et Tartuffe», tels que répétés par Orgon sont à la fois une réitération et une redondance puisqu'ils reçoivent de leur répétition une charge expressive évidente), il n'en va plus de même dans le cas de juxtaposition ou succession de systèmes hétérogènes : le «vouloir dire» d'un éclairage ne peut pas être le même que le «vouloir dire» d'un mot, pour la simple raison que le premier ne veut rien dire, mais agit. Le costume du roi «dit-il» la même chose que le discours du roi ? Il dit aussi sans doute : «Je suis roi», mais il ne s'adresse pas, chez le spectateur, à la même zone de perception. C'est tout le problème des rapports de la communication médiate et de la communication immédiate qui est en jeu ici.

Autrement dit, plus encore que nous ne le disions plus haut, il n'y aurait jamais réitération dans la mesure où il n'y aurait jamais duplication du sens : la duplication en tant que degré zéro du sens (ou plutôt du sens plus zéro) n'existerait que dans le cas de la communication utilitaire où il importe de transmettre un message, non une forme. Dans la communication artistique (poétique selon Jakobson), le canal, la matière, le support du message font partie du message lui-même. Ceci pour rendre compte des redondances les moins créatives. Que dire des redondances internes aux systèmes signifiants eux-mêmes où le sens est déduit de la matière signifiante ? La redondance serait-elle alors l'intelligence du signifiant en même temps que son intelligibilité ? Et ne devrait-on pas élaborer pour elle des lois de fonctionnement spécifique ? La mise en série paradigmatique des diverses occurrences (directes ou indirectes, c'est-à-dire métaphoriques et métonymiques) d'un élément permet, soit à l'intérieur d'un même système signifiant, soit d'un système signifiant à l'autre, de les articuler en syntagme, où l'impact de la redondance est tout aussi reconnaissable. De proche en proche ces différents syntagmes pourraient culminer en un ou plusieurs syntagmes surplombants qui fourniraient la grille de lecture, l'isotopie, de l'ensemble du spectacle.

La redondance expressive

Elle a été bien étudiée par les stylisticiens car son emploi en poétique est constant. Fontanier l'appelait métabole et la définissait comme une figure «qui consiste à accumuler plusieurs expressions synonymes pour peindre une même idée, une même chose avec plus de force» (15). Reste à savoir ce qu'on entend par ce dernier mot : s'agit-il de son effet sensoriel ou intellectuel et est-elle d'ordre quantitatif, ou s'agit-il d'un enrichissement de l'«idée» et de la «chose», disons du signifié et est-elle alors d'ordre qualitatif ? A cette question le théâtre permet de répondre puisqu'il s'alimente à la fois d'effets et de nuances, les effets relevant du rapport de la scène à la salle, les nuances ressortissant plutôt à la complexité des éléments scéniques eux-mêmes, et notamment à la présence du comédien.

Au théâtre le surplus d'information, c'est-à-dire le passage du *denotatum* au *connotatum*, n'est pas produit par un résidu du langage mais par une combinaison des multiples systèmes signifiants. Il n'y a pas d'un côté ce que le texte dit et de l'autre ce que le spectacle suggère; il n'y a pas un rapport du concept (*denotatum*) au sensible (*connotatum*); il n'y a pas de hiérarchie ni même d'antériorité d'un sens sur l'autre ; mais des grilles de lectures multiples qui reçoivent des éléments concrets de la scène une force d'évidence immédiate où il serait assez vain de faire le départ entre la dénotation et la connotation. Sauf à croire que l'index, c'est-à-dire le signe inscrit dans le procès du discours, est dénotatif, tandis que l'icône, c'est-à-dire le signe considéré isolément, est connotatif. L'index à ce compte n'est qu'un morceau de fable, sa partie «résumable»; mais qu'est-ce qu'une pièce de théâtre a de commun avec son argument, et qu'est-ce qu'un signe pris isolément quand tout prouve qu'au théâtre il n'existe que des ensembles grands ou petits ? La distinction index/signe n'est donc guère opératoire.

Il est beaucoup plus efficace d'envisager l'expressivité en fonction de la majoration des signifiants. Dès qu'il n'y a plus nécessité de parfaire l'information et que l'attention est saturée de redondances fonctionnelles, on peut la mobiliser à un autre usage et la tourner vers le message lui-même. L'information change alors de nature : de sémantique elle devient esthétique : non seulement elle s'enrichit des variations des connotations mais attire la perception sur le «côté palpable des signes». C'est ce que dit U. Eco à la suite de Jakobson, en insistant sur la nécessité pour une œuvre d'art authentique d'être ouverte, plurielle : «Le message ambigu nécessite [...] d'être pris comme but principal de la communication»[...]; si on mobilise l'attention sur le signifié référentiel, «nous sommes en dehors de l'univers des signes, le signe est épuisé» (16). Plus nettement encore J. Cohen avance : «La répétition augmente la prégnance du signifiant par rapport au signifié, violant ainsi un principe de «transparence» du signe» (17). Dès lors «la redondance n'affirme pas mais elle exprime et c'est pourquoi tout langage émotionnel tend à prendre la forme répétitive, qu'il s'agisse de l'émotion poétique ordinaire ou religieuse» (18).

Effets et nuances, disions-nous plus haut. Prenons l'exemple de la colère d'Alceste. C'est un signifié peu susceptible de nuances : le vrai colérique est à la fois quelqu'un qui ne se contrôle plus («Je ne suis plus à moi, je suis tout à ma rage») et qui atteint très vite l'extrême de ses possibilités : il crie, il bafouille, il brise tout autour de lui, il menace, il en vient aux voies de fait. Or cet état mental est contrarié par les exigences et les conventions théâtrales : tout geste, au théâtre, doit être contrôlé, délibéré, le débit doit rester assez lent pour être audible, la durée du spectacle (et la répétition, soir après soir, du même spectacle) interdit qu'on casse sa voix par des éclats intempestifs; il n'est pas question de briser le mobilier de scène et encore moins de frapper ses partenaires. C'est là que la redondance expressive intervient puisqu'elle permet de multiplier les signes de la colère dans d'autres systèmes signifiants que ceux que l'on attend et connaît.

Dans la mise en scène de J.P. Roussillon les signes redondants de la colère sont fonctionnels car ils répondent exactement à ce qui est prévisible : cris, coups, mouvements désordonnés, contorsions diverses; la seule part d'expressivité réside dans le fait que l'on sent charnellement la colère d'Alceste alors qu'au niveau du *denotatum* il suffirait de la comprendre (et le texte y pourvoirait). De plus la démesure du jeu de R. Hirsch – démesure toute relative car il n'invente aucun geste fou – traduit expressivement la démesure des exigences d'Alceste entièrement muré dans ses refus et son ego. Au contraire la colère d'Alceste, dans la mise en scène de J.P. Vincent, est riche d'effets mais encore de nuances : la voix sourde et chaude du comédien, ses tremblements intérieurs, ses bouderies, la lenteur de ses mouvements, ses silences même et surtout, tout contribue à faire de sa colère un état complexe. Toutes les composantes en sont proposées en même temps au spectateur hors de toute hiérarchie du dénoté et du connoté : timidité, tendresse, mauvaise conscience, tentatives pour se dominer, souffrance. Et c'est par la redondance que les signifiants qui portent ces divers signifiés sont articulés, homogénéisés, intégrés à la conception d'ensemble du personnage. La redondance expressive donne un sens à la lecture, elle relie des fils épars dans le texte, elle lui fait dire ce que, sans elle, il dirait très imparfaitement et très incomplètement.

La redondance structurale

On débouche ainsi tout naturellement – il suffit d'élever l'expressivité de la redondance au rang de système – sur la redondance structurale. Nous entendons par là celle qui est productrice de sens, qui structure le message théâtral et lui fait inventer son propre code, parallèlement (plutôt qu'indépendamment) au code verbal. Sans doute les formes paroles/gestes, mouvements/gestes/paroles, intonations/paroles, fournies par le théâtre et résultant d'un assemblage codifié de signes montrent-elles que le message théâtral dans l'originalité même des combinaisons qu'il propose, «doit pour s'imposer s'appuyer sur des «bandes de redondance», qui sont des rappels de codes existants» (19). Soit, mais la redondance peut devenir une cadence «génératrice» faisant du message une parole qui invente sa propre langue, c'est-à-dire codifie l'incodifié, sinon l'incodifiable, et contrôle, jusqu'à peut-être le supprimer, l'erratisme de la connotation considérée comme un «éclatement du signe». L'œuvre, prise dans son ensemble, s'en trouve structurée (20) : à la fois dans sa continuité (ensemble des rapports de personnages, organisation des différents systèmes signifiants scéniques) et dans sa globalité (combinaison des systèmes textuel et visuel). Importe alors non la ressemblance des signifiants entre eux ou des signifiants avec le monde référentiel, mais l'articulation des systèmes : celle-ci exige le recours à la redondance qui se situe, pour ainsi dire, en aval du travail créateur du metteur en scène; la redondance est la résultante du cheminement accompli par le spectateur du fragment vers le tout; elle sort de l'ombre postérieurement à l'intelligence du message : on se dit que si telle mise en scène a tel sens c'est que l'assemblage des signifiants répondait à des modalités de continuité, de convergence, d'accentuation telles qu'il n'était guère possible de ne pas y trouver une orientation. La redondance est un vecteur plus encore qu'un facteur d'intelligibilité.

Ainsi à propos de la mise en scène du *Misanthrope* par Vincent essaierons-nous de montrer que tout – texte aussi bien que décor, jeu aussi bien que mouvements – est bâti sur le système de l'oblique. Oblique qui, à son tour, a une double raison d'être : à la fois individuelle et psychologique, collective et politique. Alceste est l'Hamlet du dire, celui pour qui la seule possibilité de parole vraie est le silence; tous les personnages sont prisonniers d'une parole qui leur tient lieu d'action et les oblige constamment à mentir.

Il y aurait donc une différence de degré, non de nature entre la redondance expressive et la redondance structurale : la première, déjà, élargit la lecture; la seconde la systématise : dans *Le Misanthrope* de Roussillon on en reste encore à l'expressivité; le rapport dominant/dominé qu'il souligne d'Oronte à Alceste et Philinte est bien le résultat des signifiants redondants qu'il invente; mais c'est une lecture partielle, valable pour cette seule scène dont les autres rapports de personnages ne sont nullement affectés. De même la construction du personnage de Célimène est novatrice, mais, si elle ne manque pas d'extension sur la durée de la pièce, elle manque de cohérence car elle contrevient au texte (ce qui n'aurait pas autrement d'importance, étant donné sa souplesse) et surtout au système de rapports que Roussillon continue à proposer entre Célimène et la société qui l'entoure.

En somme la redondance structurale casse la linéarité de la lecture habituelle d'un spectacle. On croit d'ordinaire qu'on en a pris une vue globale parce qu'on s'est reposé sur la continuité simplement matérielle, concrète, offerte par le personnage, le comédien, le décor, les costumes. D'une succession on fait volontiers un enchaînement. Mais ce n'est qu'un enchaînement formel. La redondance structurale va à l'encontre de cet automatisme de lecture, en instituant un autre ordre, interne aux signifiants, et qui n'aura plus de contact avec un signifié présupposé sauf de loin en loin et d'une façon oblique, c'est-à-dire lorsqu'il y aura rencontre des signifiés respectifs des différents systèmes proposés par l'œuvre.

Poussant plus avant, on pourrait avancer l'hypothèse, familière à la critique la plus moderne qu'il y a homologie entre le projet sémiotique et le principe de la redondance lui-même. Laissons parler Cl. Reichler qui, dans un texte intitulé «Don Juan jouant» et sous-titré : «La sémiologie et le double texte» écrit ces lignes pénétrantes : «Le problème du double texte a toujours été posé comme constitutif de l'écriture; la reduplication interne, la référence, la citation, le palimpseste ou la parodie trouent le discours littéraire dans son entier et chaque texte particulier [...]. Aux yeux du sémiologue tout texte est double, et pas seulement ceux qui explicitent la reduplication dans leur thématique ou dans leur structure [...]. La sémiologie de la littérature formule (tente de saisir) le problème du double texte à travers des notions qu'elle doit se forger, tel le paragrammatisme ou l'inter-textualité : intuition, pratique et mise en place théorique de multiples inscriptions parallèles, tordues, torsadées, offertes en grappes ou quadrillées par le texte. Ce qui l'intéresse, ce n'est pas tant de séparer les niveaux textuels que de décrire le travail d'imbrication des codes.» (21). On est loin désormais des timides définitions de la redondance dans ses rapports avec la théorie de l'information. On peut cependant relier les deux bouts de la chaîne : perçue tantôt comme une tare, tantôt comme une servitude, la redondance mérite en fait d'être considérée comme le meilleur soutien d'une mise en scène créatrice. Sans elle aucune communication ne s'établit de la scène à la salle; sans elle la mise en signes ne saurait aboutir à un spectacle et sans elle le spectacle ne saurait parvenir à l'intelligence du spectateur.

*
* *

Envisager l'analyse des signes par le biais de la redondance a pour principal intérêt de les aborder comme des ensembles et comme des ensembles articulés. Ce qui veut dire que le signe considéré isolément (à supposer qu'il existe) n'a aucun intérêt opératoire puisqu'on peut, selon des glissements métaphoriques ou métonymiques, lui faire dire n'importe quoi. La perception d'un ensemble de signes qu'impose, par définition, la redondance, a des chances d'offrir des garanties d'objectivité supérieure, sans exclure, naturellement, la part de risque interprétatif. Surtout si ces ensembles, en s'articulant, s'emboîtent en nouveaux ensembles, de plus en plus généraux, dont la lisibilité même est à la mesure de leur degré d'extension. Ainsi seraient évités dans une analyse sémiologique des travers dont nous trouvons une illustration dans une étude, sémiologique elle-même, consacrée au décor et au jeu des *Molière* montés par Vitez (22) :

1. Abus de la subjectivité interprétative par commentaire d'un seul système de signes considéré comme suffisant pour transformer une hypothèse fragile en assertion solide. Ainsi du décor : il est vrai qu'il est la reproduction d'une fresque de la Villa des Mystères de Pompéi; mais outre que cette référence culturelle échappe à neuf spectateurs sur dix et que, dans une analyse de réception spectaculaire force est de s'aligner sur les facultés de perception moyennes du spectateur, peut-on, par dérives interprétatives successives dire que la citation d'un décor cher à la Rome impériale suffit à évoquer la grandeur du Roi-Soleil et ajouter que «son anachronisme délibéré exprime implicitement une critique de l'idéologie dépassée du Grand Siècle» ? Ces trois signifiés décelés par le critique, «citation», «critique idéologique», «glorification romaine», sont-ils lisibles ? Ils ne le seraient, à nos yeux, que s'ils étaient redondants. Est-ce le cas dans la mise en scène de Vitez ? Il ne le semble pas.

2. La précipitation idéologique en vertu de laquelle un signe est immédiatement inscrit dans une grille de lecture surplombante avant toute confrontation progressive et toute vérification expérimentale. L'idéologie, dans la mesure même où elle propose cette grille de lecture totalisante, devrait être au point d'arrivée de l'analyse, non au point de départ. Aussi nous paraît-il abusif d'écrire, à partir du simple constat d'une opposition de lumière : «Le contraste entre la lumière du ciel et la pénombre où demeure l'édifice terrestre manifeste la distance apparemment insurmontable entre

l'univers divin et humain, voire même entre la sphère du Roi-Soleil et le monde de ses sujets». Si la première partie de la phrase est acceptable, la deuxième qui assimile Ciel et Roi, hommes et sujets paraît beaucoup plus hasardeuse. L'est beaucoup moins le commentaire du premier geste d'Arnolphe : il entre en scène et se tient debout, quelques instants, le bras levé. De Lannoy en tire l'idée que ce geste est «celui d'un homme qui prétend s'égaler à un modèle souverain. C'est Louis XIV en effigie». Mais si cette proposition mérite d'être retenue à titre d'hypothèse, tant que ce signifié ne sera pas confirmé par d'autres signifiants, le sens politique de ce geste restera illisible : il n'est pas certain que le spectateur moyen ait la perspicacité idéologique du critique.

3. La métaphorisation qui dépasse constamment le niveau des perceptions brutes pour en élargir induement la portée, le sens figuré d'un signe étant toujours beaucoup plus vaste que son sens propre. Ainsi, est-il dit, le jeu d'Horace qui, sortant de la chambre d'Agnès, tombe sur les épaules d'Arnolphe «a la force d'une *figure* archétype du comique et de la condition humaine. C'est la rencontre forcée de la raison et de la nature». Quant à la fumée qui est produite au dernier acte de *Dom Juan* et vient flotter devant la toile où le ciel est peint, que signifie-t-elle ? Que «le ciel se voile la face» !

4. Le psychologisme et la critique de contenu par reconstitution abusive des états d'âme du personnage dont on interprète les intentions comme si toute la force du théâtre – et sa limite –, comme si tout l'intérêt de la critique – et sa limite – n'était pas de s'en tenir aux seuls comportements, aux seuls signifiants avant toute autre considération. On éviterait alors des phrases du genre : «Pour Don Juan, homme qui théâtralise la vie, il semble que l'idéologie et le travail théâtral soient de même nature, soumis aux mêmes lois de changement : *à ses yeux* (c'est nous qui soulignons) la présence divine ou royale n'a guère plus de poids que les effets de lumière sur un certain genre de nuages, et leur vanité *justifie* son hypocrisie».

De ces quatre travers nous voudrions nous garder en procédant de façon beaucoup plus humble et plus ambitieuse à la fois.

Plus humble : que nous interrogions soit le mixte représentation/texte tel que fourni par des documents photographiques et des commentaires métalinguistiques (pour le *Tartuffe* de Ledoux), soit les mises en scène (pour tous les autres spectacles) observées et inventoriées aussi minutieusement que possible, nous avançons de façon progressive et linéaire, évitant tout apriorisme, ignorant délibérément les intentions et les commentaires des metteurs en scène et travaillant uniquement sur la matière visuelle et auditive des œuvres.

Plus ambitieuse car la clé de voûte de toutes nos analyses, quelque trajet qu'elles suivent, ne peut être qu'un système de lecture englobant, totalitaire même, une isotopie qui, même plurielle ou bâtie sur plusieurs systèmes d'opposition, n'en permet pas moins de donner aux textes comme aux mises en scène une orientation, un sens : sens propre à intégrer le maximum de matière théâtrale (mots, gestes, etc.); propre à signaler aussi les lignes de force les plus originales d'une mise en scène; propre enfin et surtout – c'est évidemment le risque le plus grave que nous prenons – à présenter les hypothèses les plus personnelles comme des sortes de certitudes.

Les mises en scène modernes des œuvres du passé prennent ce risque aussi et quand elles sont réussies, elles s'imposent, au moins pour un temps, par leur caractère d'évidence. La lecture sémiologique suit la même voie. Souhaitons-lui la même chance.

CHAPITRE II

DE L'INUTILITÉ DE LA MISE EN SCÈNE : LE *TARTUFFE* DE FERNAND LEDOUX

Un des constants soucis des critiques est d'insister sur les rapports de la mise en scène au texte et de juger la première en termes de fidélité au second. Ainsi R. Nataf à propos de *Tartuffe* : «C'est que Planchon a, semble-t-il, pris le texte comme unique base de son travail : enfermant résolument sa mise en scène dans les limites de ce qui est *écrit*, il s'est efforcé de *restituer à l'œuvre* une cohérence sans faille, et sa façon de traiter chaque réplique témoigne avant tout d'une *volonté d'approfondissement*» (1). Remarquons l'ambiguïté et même les contradictions que contient cette phrase :

1. Un texte de théâtre est-il écrit ? Certes, mais on peut, en le disant (et à plus forte raison en l'animant) lui *faire dire* à peu près n'importe quoi. Un des exemples les plus probants est fourni par la scène de séduction de Charlotte par Don Juan (II, 2) dans la mise en scène de R. Planchon. Traditionnellement c'est une scène rapide où Don Juan agit par routine et, en quelques échanges stéréotypés (flatteries grossières, promesse de mariage) réussit à «mettre dans sa poche» une Charlotte d'avance conquise et dupée. Or Planchon a choisi de faire de cette scène quelque chose de tout différent : Don Juan, bien loin de parvenir à ses fins de but en blanc, se heurte à une Charlotte très avertie et très lucide; elle finit sans doute par basculer dans l'illusion, mais après s'être défendue pied à pied avec son bon sens populaire et l'exacte perception de tout ce qui la sépare de Don Juan. Il est bien évident qu'ici le système de redondance «gestuelle/

prosodie» construit un sèns en totale opposition avec le texte, si tant est que le texte – dont pas la moindre virgule n'est escamotée – soit un donné qu'on puisse prendre comme référence indiscutable. L'idée que le texte parle haut et clair, tout seul, résulte d'une confusion assez naïve entre le rôle de l'énonciateur-auteur et celui du récepteur-spectateur. Toute la théorie de l'information va, au contraire, depuis Jabokson, à prouver qu'entre les deux pôles de l'émission et de la réception toutes sortes d'intermédiaires s'interposent, soit pour enrichir, soit pour brouiller la transmission du message; et que, surtout, le sens ne descend pas de l'émetteur-producteur, irréversiblement,vers le récepteur-consommateur : il est produit, à nouveaux frais et sur des bases dont l'émetteur ne saurait avoir le contrôle, par un spectateur pour qui le texte – à supposer même qu'il ait un sens et un sens uniquement n'est qu'un matériau parmi d'autres.

La croyance en la transparence du langage relève d'une vision quasi théologique d'un monde cohérent et harmonieux où nul hiatus ne se glisse entre le mot et la chose, le dire et le faire, l'intention et l'action. Il y a beau temps que cet optimisme a perdu toute crédibilité. Il faut croire que le théâtre, lui, en appelle à des mécanismes totalement archaïques de l'intellection, car cette exigence de lisibilité immédiate est le pont aux ânes que maints critiques ne répugnent pas à sillonner journellement.

2. «Restituer à l'œuvre une cohérence sans faille». C'est donc que la pièce l'avait perdue et qu'il ne suffit pas de la lire pour la retrouver. N'est-ce pas l'aveu qu'une œuvre théâtrale est, dans sa nudité textuelle, incohérente, on dirait plutôt : neutre, plate; si quelqu'un n'intervient pas – et ce quelqu'un c'est déjà le lecteur avant d'être le metteur en scène – elle est, proprement, insignifiante.

3. «Volonté d'approfondissement». Approfondir c'est dépasser les apparences. Mais une fois de plus ces apparences, à quel niveau se situent-elles ? Au niveau de la surface, répondrait M. de La Palisse, mais autant dire que c'est une réponse tautologique. La surface d'un sens, ou bien c'est déjà un sens complet, un sens construit, un sens qui résulte de l'interconnexion de toutes les perceptions spectaculaires, ou bien ce n'est qu'une absence de sens, une paresse intellectuelle, un refus de percevoir autre chose que des images. Là réside peut-être le vrai cancer du théâtre dit

de texte : en fait il serait bien plutôt un théâtre d'imagerie, une suite de mouvements et d'éclats de voix qui engourdissent littéralement le désir de compréhension du spectateur. Ce n'est pas pour rien que la critique traditionnelle a fait du «mouvement» théâtral, qui se doit d'être «endiablé» quand il s'agit d'une comédie, la pierre de touche de tous ses jugements (2).

*
* *

La même exigence (on pourrait presque dire la même évidence) de fidélité au texte définit «la mise en scène des œuvres du passé» dans l'ouvrage du même nom publié par le C.N.R.S. en 1957. Dans son prologue (p. 7-13) J. Jacquot pose le problème de savoir «comment présenter au public d'aujourd'hui des œuvres qui sont nées dans une société très différente de la nôtre», et pour justifier la liberté de la mise en scène à l'égard du texte représenté, il estime, adoptant une attitude normative et pour ainsi dire défensive, qu'étant donné l'insuffisance des données dont nous disposons sur les œuvres anciennes, «et quel que soit le respect qu'on témoigne à l'œuvre telle qu'elle fut représentée à l'origine, on est *obligé* [c'est nous qui soulignons] d'interpréter».

Très prudemment et toujours guidé par l'impératif de «préserver l'esprit des œuvres», il épouse les idées d'André Villiers cherchant à définir les «limites dans lesquelles cette transgression inévitable restait valable» et il cite des phrases de sa *Psychologie de l'art dramatique* qui, aujourd'hui, nous paraissent relever d'un dogmatisme plus idéaliste qu'inquiétant : «La dictature du meneur de jeu est un danger quand elle s'exerce au détriment de l'œuvre [...]. Le désir de créer hante légitimement le metteur en scène; il l'égare s'il n'éprouve pas la joie de la création dans l'interprétation même». Comme si, de l'œuvre à l'interprétation il n'y avait, pour peu qu'on se fasse suffisamment humble et attentif, nul divorce à craindre, nulle distorsion à redouter. L'illusion d'un sens premier de l'œuvre, caché sans doute, mais immuable et incontournable constitue le *credo* de J. Jacquot écrivant : «On ne peut commencer à mettre en cause le metteur en scène, au nom du «respect», de la «fidélité» à l'œuvre, que lorsque celui-ci modifie délibérément la forme ou le sens au nom de principes esthétiques ou idéologiques différant profondément de ceux qui l'ont inspirée».

Revenant dans un ouvrage récent (3) sur ces problèmes, J. Jacquot manifeste les mêmes réticences; il reconnaît, s'agissant de mises en scène de pièces élisabéthaines, que les universitaires spécialistes de cette période peuvent être gênés par les libertés prises par certains metteurs en scène et il propose des garde-fous, aussi bien pour couper court aux réactions de mauvaise humeur des critiques que pour estimer à leur juste valeur les inventions arbitraires des metteurs en scène : «Deux critères pourraient aider à former des jugements de valeur sans laisser à la subjectivité (ou au dogmatisme) une part trop grande. Critères d'ailleurs interdépendants qui sont la *lisibilité* des signes et la *cohérence*». Mais ces critères, apparemment irréfutables, ne sont peut-être pas si limpides qu'il semble. Peut-être faudrait-il s'interroger sur les dangers d'une excessive lisibilité qui pourrait bien conduire à la platitude, et sur les pièges de la cohérence : comme elle peut se saisir à des niveaux différents de perception, faut-il l'exiger immédiate ou retardée; étalée, pour ainsi dire, ou construite ?

Nous voudrions justement montrer, par l'examen d'une mise en scène classique, celle du *Tartuffe* par F. Ledoux telle que consignée dans l'ouvrage de la collection «Mises en scène», que le prétendu sens patent d'une œuvre est, en fait, le produit du ressassement des mêmes procédés et des mêmes parti-pris qui, à force de redondances, prennent une allure d'évidence et finissent par s'occulter en tant qu'éléments redondants jusqu'à donner l'impression que le «texte» parle seul. Précisément l'un des traits les plus reconnaissables de la redondance fonctionnelle est de se mettre si bien au service du texte qu'elle rend inutile, soit le texte lui-même, soit la mise en scène, mais de toute façon passe inaperçue comme procédure d'articulation du texte et du jeu.

*

* *

Ledoux n'y va pas par quatre chemins : puisqu'à ses yeux *Tartuffe* est «la pièce la plus simple et la plus claire du répertoire dramatique français», son travail va consister à débarrasser l'œuvre de toutes les excroissances, de tous les sédiments postiches que trois siècles d'interprétation délirante ont déposés sur elle. La vérité de *Tartuffe* est dans sa «nudité» et tout l'effort du metteur en scène est de s'effacer devant le texte.

Le premier postulat de Ledoux est qu'une œuvre classique visant à l'éternel se définit essentiellement par «la vérité intérieure des personnages». Primauté du psychologique donc sur toute prétention interprétative : «S'il veut bien limiter son travail au jeu des acteurs appuyé uniquement sur le texte, à la présentation décorative soumise au texte et au jeu, il [le metteur en scène] servira utilement et honnêtement la pièce».

Deuxième postulat corollaire : le naturel; ce «naturel se confond chez lui [Molière] avec la vérité intérieure de ses personnages, les caractères prennent racine dans l'intimité la plus secrète de l'homme». Le psychologique s'étoffe donc d'un humanisme existentiel qui émane des «profondeurs de l'être».

Troisième postulat : les pièces de Molière sont construites sur l'opposition des héros, qui sont presque tous des «passionnés» et des autres personnages «qui eux tentent de demeurer dans le juste milieu»Dès maintenant on voit se profiler les lignes de force de la lecture «non-interprétative» de Ledoux : primauté du personnage sur la situation, du cas psychologique sur l'histoire, du moral sur le social.

S'agissant de *Tartuffe*, Ledoux affirme sans la moinre hésitation que «jamais dans Tartuffe, il [Molière] n'a attaqué la religion «pour la raison simple que Tartuffe le méchant est châtié et que Cléante, porte-parole de Molière et croyant sincère, tire la leçon de la pièce en V, 6. Passant en revue les différents personnages, le metteur en scène insiste sur l'imposture de Tartuffe, sa goinfrerie, son hypocrisie voyante. Aucune ambiguïté à son propos n'est concevable puisque «tout en lui n'est qu'artifice». Sans doute Ledoux s'appuie-t-il sur le sous-titre de l'œuvre et sur les portraits brossés par l'exempt et par Dorine, caractérisations que Ledoux met sans hésitation au compte de Molière lui-même, sans prendre garde que la pièce a connu trois versions et que les modifications successives destinées à désamorcer la critique n'ont pu totalement éliminer les zones d'ombre qui provoquèrent son interdiction; sans prendre garde que les jugements de l'exempt ou de Dorine ne sont que des points de vue aussi subjectifs que ceux d'Orgon ou de Madame Pernelle. Sauf à considérer d'entrée de jeu que certains personnages ont raison – encore le jugement moral ! – et d'autres tort. S'appuyer d'autre part sur le discours explicite de Molière dans ses différents placets c'est oublier que l'auteur fait alors un plaidoyer *pro domo* et que son argumentation polémique ne peut pas si facilement faire passer pour mauvaise foi délibérée la levée de boucliers quasi générale qu'a provoquée son *Tartuffe*.

Le souci historiciste, pour ne pas dire anecdotique, de Ledoux est poussé jusqu'au ridicule : Molière ne peut pas avoir eu «la moindre intention d'attaquer ou de blâmer la religion» puisque les titulaires du rôle Du Croisy et La Grange étaient de parfaits chrétiens ! A telle enseigne que *Tartuffe* finit par être «une œuvre d'inspiration tout aussi chrétienne que le *Polyeucte* de Corneille» ! Tartuffe doit donc informer immédiatement le public de son caractère monstrueux et bassement matérialiste et tous les efforts de spiritualité qu'il pourra déployer doivent être tournés en «parodie comique ou répugnante». C'est le cas de dire qu'un a priorisme idéologique, en ôtant au personnage toute chance de défendre son texte – et sa personne à travers lui – introduit une double lecture parfaitement interprétative : ce que dira le texte sera, au fur et à mesure, démasqué, commenté et jugé par la mimique et la gestuelle. La redondance des éléments visuels sera chargée de ce dédoublement. Qu'on ne parle pas alors de fidélité à Molière !

Quant à Orgon, c'est un «désaxé» qui souffre de «déséquilibre mental», «un homme hébété, sans aucune retenue, voisin de la folie», «un outrancier», ceci pour les raisons qu'il a commis une imprudence en protégeant Argas, une bêtise suspecte en se remariant sur le tard avec une femme jeune et dépensière, pour la raison encore qu'il n'arrive pas à trouver ses mots pour qualifier Tartuffe : «C'est un homme... qui... ah ! un homme enfin». Toute cette argumentation est loin d'être innocente : faire d'Orgon un fou c'est expliquer sa conduite présente en face de Tartuffe par un déséquilibre caractériel ancien où la religion n'a aucune part. Tartuffe alors n'est que le révélateur d'un travers éternel, vieux comme la tragédie grecque, et nommé démesure.

Quant à Cléante il est le parangon de toutes les vertus, non pas un tolérant agnostique précurseur de Voltaire, mais un chrétien sincère, d'autant plus pénétré de ce qu'il dit qu'il est la voix de Molière lui-même. Son rôle est essentiel car «lui seul peut redonner à l'œuvre de Molière son véritable esprit. Tartuffe n'est qu'un imposteur, se cachant derrière le masque de la dévotion. Orgon est un fou et un hébété qui ne voit dans la religion qu'une politique ménagère. Cléante, lui, distingue le vrai du faux. Il croit sincèrement, il craint Dieu et il aime profondément son prochain». C'est lui le centre positif de la pièce, son porte-sens. Du coup il faut bien admettre que *Tartuffe* est une sorte d'homélie à la Saint-Paul (que cite d'ailleurs longuement Ledoux) sur les mérites et les devoirs de la charité chrétienne. On n'aurait peut-être pas soupçonné qu'au nom de la fidélité au texte, on fasse de Molière une sorte de Père de l'Église !

En somme Tartuffe est une œuvre morale et moralisatrice qui oppose à la fourberie et à la déraison représentées par Orgon, Madame Pernelle et Tartuffe, la raison heureuse et solide symbolisée par Dorine qui, étant fille du peuple, ajoute une touche sociale à cette vision idyllique d'un monde de bon sens qui finit par triompher de tous les excès.

Dès lors la mise en scène est toute tracée : elle est «dictée par la soumission la plus scrupuleuse aux indications qui nous sont fournies par le texte», comme si les didascalies renseignaient sur autre chose que des mimiques, des intonations ou des déplacements, comme si cette «soumission scrupuleuse» était autre chose qu'un alibi fait pour masquer ce que la lecture *antérieure* à la mise en place comportait d'initiative et de subjectivité. Aussi est-on en droit de considérer comme illusoire la déclaration de principe suivante : «Toute mise en scène qui créerait un désaccord entre le texte et sa traduction scénique, superposerait un spectacle à un autre, dont le résultat serait une hybridation». Au vrai, l'accord entre le texte et sa traduction scénique ne peut exister pour la raison simple que texte et scène sont de natures différentes, qu'il n'y a pas de sens premier de l'œuvre antérieur à l'exécution scénique. Admettons même que ce sens premier existe : à partir du moment où il résulte de l'articulation et de l'organisation d'éléments hétérogènes (personnages, personnages/situations, points de vue divergents, etc.) peut-il prétendre à une cohérence si cette articulation et cette organisation ne sont pas le fait d'un esprit qui prenne ses responsabilités et impose ses idées à coup de redondances ?

*

* *

Quelles sont les dirèctives de mise en scène proposées par F. Ledoux ? Ce sont, pour une part, des indications de mise en place, destinées à souligner, à ponctuer ce que le texte dit déjà : fidélité au texte sans doute, mais fidélité sans objet et redondances mortes : ainsi au vers 15 quand Damis, pour la première fois, lance le nom de Tartuffe, «tous les acteurs, à l'exception de Damis et Flipote, dirigent leur regard vers D», c'est-à-dire vers la chambre de Tartuffe (photo 1); ainsi au vers 27, quand Dorine laisse planer un doute sur les sentiments de Tartuffe pour Elmire, Ledoux commente : «Ce vers annonce toute l'action. Il faut qu'il sorte du débit général»; ainsi aux vers 322 et suivants, quand Cléante attaque les faux dévots, Orgon «sourd à tous ses propos» se bouche les oreilles ou lui tourne le dos. De même quand Orgon est furieux contre Dorine qui se mêle de ce qui ne la regarde pas en II, 2, il «fonce sur elle» ou frappe sur la table quand il prononce les vers :

> «Vous avez pris céans certaines privautés
> Qui ne me plaisent point, je vous le dis, mamie».

et il accompagne son «vous ne vous tairez point ?» (vers 549) d'un coup de pied au sol. Ce genre d'indications est tellement fréquent qu'il est inutile d'en prolonger la liste.

Autre type de proposition scénique redondante : en III, 7, vers 1147 Tartuffe dit : «J'ai le cœur si serré [...]», Ledoux commente : «Tartuffe retire ses mains d'entre les mains d'Orgon. Tartuffe simule une attaque cardiaque et s'appuie sur le dossier du fauteuil. Orgon le soutient». Ce qui explicite et justifie par avance le vers suivant :

> « Que je ne puis parler et crois que j'en mourrai»,

avec cette indication : «Tartuffe essaie de parler, aucun son ne sort de sa bouche. Il parle enfin et s'écroule dans le fauteuil». La seule invention réside dans le passage du sens figuré (la métaphore) au sens propre (le comportement). Y apparaît aussi le désir commun à tous les metteurs en scène, qu'ils aient ou non réfléchi sur le sens de l'œuvre, de mettre la gestuelle en place antérieurement au texte, de telle sorte que le texte apparaisse comme le commentaire redondant du geste. C'est évidemment d'un intérêt limité.

Quant à la fameuse fidélité au texte, il n'est pas malaisé de montrer qu'en fait elle est sollicitée dans le sens qui *paraît vrai* à

Ledoux : il use alors des ressources offertes par l'intonation pour l'imposer comme une évidence. C'est le cas du «que me conseillez-vous ?» (vers 695) de Mariane à Valère. On peut y voir une provocation plaisante, une rouerie de fausse ingénue aussi bien qu'une «adorable naïveté». Choisir ce dernier sens comme allant de soi, c'est orienter le personnage de Mariane vers la platitude; ce qui, de fait, est le droit le plus strict du metteur en scène, mais à condition qu'il admette que le texte, en lui-même, est neutre et ouvert à des interprétations multiples.

Tous les mouvements des deux amants, dans cette scène de dépit, sont d'une redondance appuyée, les indications «sans regarder Valère» ou «Mariane lui tourne le dos» étant surabondantes. Il vaut la peine cependant de remarquer qu'au moins une fois le metteur en scène suggère une gestuelle contraire au texte : quand Mariane refuse l'intervention de Dorine et dit : «Non, non, Dorine, en vain tu veux me retenir», Ledoux commente : «Mariane en contradiction avec son texte tend sa main gauche vers Dorine». Au nom de quoi, pourrait-on objecter à Ledoux ? Si le texte est si contraignant et si explicite, qu'est-ce qui autorise à contrevenir à ses exigences ?

C'est dans les grandes scènes, à partir du III, que les options de F. Ledoux vont apparaître pleinement. Puisqu'il a choisi de montrer en Tartuffe un imposteur grossier et que le texte ne dit rien de tel (du moins avant la fin du IV), il faut construire tout un réseau de redondances qui le doublent et, à coup de mimiques et de mouvements, imposent un sens second. Ainsi dès l'entrée de Tartuffe : «Se croyant seul il est béat et souriant»; quand il aperçoit Dorine, «il se compose un visage». L'excès de dévotion(«Tartuffe les yeux au ciel» pour dire : «Couvrez ce sein [...]»), comme sa lubricité («Tartuffe se tourne vers Dorine et plonge son regard dans le corsage de celle-ci» quand il dit : «[...] et cela fait venir de coupables pensées») suffisent déjà à trahir son hypocrisie (photo 2). Non que Ledoux estime nécessaire, par ces redondances extra-textuelles, d'anticiper sur ce que le texte finira par dire, mais, plus insidieusement, pour empêcher le spectateur d'impliquer la religion dans le mauvais usage qu'en fait Tartuffe. N'est-ce pas là une intervention idéologique ?

Dans la scène 3 du III, il est entendu, selon Ledoux, que Tartuffe, amoureux de longue date d'Elmire, ne peut plus se contenir et multiplie, bien au-delà de ce que le texte de Molière suggère, des signes de sa pulsion. Comme il est admis de plus que Tartuffe est un «hypocrite luxurieux, insolent, obscène, qui ne peut nous inspirer que du dégoût», il faut que le physique du personnage ait quelque chose de glissant et de repoussant (chose que n'indique nullement Molière) et que l'acteur adopte une mimique machiavélique propre à le faire rejeter par le spectateur en même temps que par Elmire. Aussi est-il dit que «le visage du fourbe exprime la luxure dans un large sourire prometteur. Tous les vices passent dans ses yeux» (photo 3). Ce qui est en parfaite contradiction avec un texte qui essaie, au contraire, en mélangeant le discours mystique et le discours amoureux, de tourner les obstacles et de convaincre, sans obliger Tartuffe à sortir de son personnage. Au vrai, chez Ledoux, Tartuffe n'a pas de personnage puisqu'il n'a pas d'autonomie : non seulement il est jugé et rejeté par Elmire et par le spectateur, mais il se juge lui-même, car le vers 969 : «Je sais qu'un tel discours de moi paraît étrange» est commenté par : «Il convient de l'étrangeté de son discours avec cynisme». Quant au vers suivant :

«Mais, Madame, après tout, je ne suis pas un ange»,

qu'on peut tout aussi bien prendre pour l'aveu de la faiblesse humaine, Ledoux en fait le défi d'un Vautrin : «Ce vers contient tout le rôle. Il le dit en souriant, c'est le monstre qui se complaît dans sa monstruosité».

Cette totale transparence du personnage s'accompagne d'une mise au jour du «sous-texte» qui le détermine et qui, sous des dehors d'évidence, n'en relève pas moins de la reconstitution psychologique des états d'âme. Suivant la méthode de Stanislavski, Ledoux essaie de montrer par quel cheminement de pensées et de désirs Tartuffe et Elmire en arrivent, au niveau de la conscience claire, à dire ce que les spectateurs entendent. Mais cette plongée dans l'invisible et l'intériorité des personnages qui – il faudrait avoir l'honnêteté de le reconnaître – n'existent que par les mots qu'ils disent et non par les pensées qu'on leur suppose, a un caractère éminemment hypothétique. Ainsi les deux vers :

«On ne peut trop chérir votre chère santé
Et pour la rétablir j'aurais donné la mienne»,

donnent, vus de l'«intérieur», le commentaire suivant : «Déjà de l'amour dans la voix de Tartuffe», pour le premier vers, et, pour le second : «Peut-être sent-il qu'il a été trop vite, aussitôt il emprunte le ton charitable». De même pour le vers 930 :

«Mon sein n'enferme pas un cœur qui soit de pierre»,

Ledoux glose : «Tartuffe prometteur et avec un sourire qui en dit long sur ses intentions».

Autrement dit Tartuffe ne saurait être que cynique, fourbe et lubrique, avec une sorte d'ingénuité considérée comme ignoble parce qu'elle contrevient aux schémas moraux du chrétien Ledoux. On se demande dès lors si une telle précipitation dans l'élucidation du personnage ne fait pas de cette scène le doublet de la future scène 5 du IV. Cette double redondance de l'intentionalité et du comportement, d'une part, par-delà la lettre même du texte; d'une scène d'approche amoureuse et d'une scène d'attaque érotique de l'autre, tue l'évolution du personnage et en réduit la complexité à des stéréotypes de roman-photo.

Le traitement d'Orgon est, de façon tout à fait identique, destiné à souligner la stupidité quasi bovine du personnage, mu par deux ressorts élémentaires : la colère à l'égard de son fils et l'admiration béate pour Tartuffe. La violence se manifeste par divers signifiants lourdement redondants : «indignation qui l'étrangle», «fonce sur Damis», «tance son fils avec véhémence», «secoue son fils», «saisit Damis au collet», «le saisit une fois de plus», «saisit vivement son fils». Si l'on admet que cette violence est justifiée par l'injure faite à Tartuffe, l'admiration d'Orgon pour lui est, elle, simplement constatée et réitérée en signifiants hyperboliques, sans qu'un seul instant Ledoux cherche à la rattacher à une motivation intérieure : elle n'est qu'un comportement brut.

Comme le dira Planchon dans les commentaires de son propre *Tartuffe*, si Orgon agit en imbécile, encore faudrait-il expliquer comment et pourquoi il l'est devenu. Ledoux, lui, se contente de signifiants répétitifs : «Il l'embrasse [...] il l'admire, béat»; «regardant Tartuffe avec amour et vénération»; «Orgon tombe aux genoux de Tartuffe»; «Orgon pousse un «non» tragique qui arrête Tartuffe. Il se tourne vers Orgon qui dit avec des larmes dans la voix : «Vous demeurerez, il y va de ma vie»; «Orgon se déchaîne, il se dépasse, il est en pleine crise, il donne, il se dépouille, il parle, il parle. C'est un torrent».

Pour enrichir ce que ces notations ont de tautologique et de mécanique, Ledoux insiste sur le ressort comique – très propre à masquer l'absence de cohérence du personnage – en faisant pousser à Orgon un «non» (vers 1165) ou un «ah !» (vers 1167) qui le ridiculisent, ou en faisant dédoubler, par Tartuffe, son propre jeu, de telle sorte que se produit ce strabisme dont parle R. Fernandez (3) – très propre à provoquer le jugement comique du spectateur : ainsi «Tartuffe dès qu'il sent qu'il n'est pas observé, pose le masque» (à propos du vers 1108), et à la fin de la scène 7, quand Orgon est sorti : «Tartuffe découvre un visage de satisfaction, il se carre dans le fauteuil, étend les jambes». Quant à la double embrassade du vers 1116, Orgon et Tartuffe se jetant aux genoux l'un de l'autre, «c'est le sommet de la scène, le comique touche au sublime» : comique de voir le malin manœuvrer sa victime consentante en prenant des airs de vaincu. Soit, mais ce sublime ne dépasse guère le comique des fabliaux, le cas individuel d'Orgon, par refus d'ancrage dans une réalité psychologique ou sociale quelconque, se réduisant à l'agitation d'une marionnette grotesque. Ce qui sera accentué encore par le jeu de la table en IV, 4 : «Orgon se met à quatre pattes et, dos au public, se glisse sous la table. Dès qu'il est sous celle-ci comme un chien dans sa niche, il se retourne face au public et passe la tête». On rit certes, mais de quel rire ?

Un bel exemple de redondance fonctionnelle ou, si l'on préfère, d'interventionnisme redondant de l'énonciateur-metteur en scène est donné à la scène 5 du IV où Tartuffe, une fois sa méfiance tombée, attaque Elmire à la hussarde... tout en restant dans les limites de la bienséance, tandis qu'Elmire l'aguiche avec des mines provocantes... tout en cherchant dans la fuite le moyen d'échapper aux entreprises du satyre. Les jeux de scène sont donc limités et répétitifs et surtout réduisent la scène à une épure gestuelle qui désamorce toutes les subtilités du texte. On a les mouvements suivants : Elmire minaude (3 fois); Elmire se rapproche de Tartuffe (5 fois); Tartuffe veut la saisir, elle s'échappe (2 fois); Tartuffe saisit Elmire, à la taille ou aux mains (11 fois), Elmire est prise de panique et fuit (6 fois); Elmire tousse et/ou tape sur la table (12 fois), sans parler du jeu avec le paravent du fond vers lequel Tartuffe veut invariablement entraîner Elmire : souvenir peut-être des pièces de Feydeau où le paravent présage des ébats amoureux et cache, par exemple, le déshabillage de la môme Crevette !

La dernière scène de l'acte V peut nous fournir, enfin, la démonstration que le refus de prendre parti et de choisir, pour un dénouement ambigu, un axe de lecture qui en éclaire le sens, n'exempte pas le metteur en scène de choix scéniques tout aussi subjectifs. L'un est totalement arbitraire, qui consiste à faire de Tartuffe un méchant, sinon repenti (comme le souhaite le bon Cléante aux vers 1951 et suivants), du moins pénétré de sa faute et accablé de honte : «Tartuffe veut fuir, mais voyant les gardes, se tourne face au public et baisse la tête son chapeau à la main» (ceci à propos du vers : «Ce n'est pas vous à qui j'en veux rendre raison») et encore : «Celui-ci a perdu sa morgue, c'est une masse inerte qui sent le bagne» à propos du vers : «Celui-ci n'était pas pour le pouvoir surprendre». Non seulement ces mimiques sont gratuites, mais elles sont en contradiction avec tout le portrait que Ledoux a jusqu'ici brossé du «traître» : sûr de lui et calculateur, cynique et sans scrupules, pourquoi faudrait-il qu'à cet instant il abandonne sa morgue provocatrice, sinon pour satisfaire l'esprit de charité chrétienne du metteur en scène qui s'identifie, à cet instant, avec Cléante ?

Comme, dans ses commentaires antérieurs Ledoux avait assimilé Cléante à Molière, voici donc réalisée, de la façon la plus démonstrative, l'union des trois pôles majeurs de la pièce : l'auteur, le metteur en scène et leur porte-parole commun, Cléante ! L'exempt, quant à lui, réalise la synthèse de la religion et du politique, résolvant d'un coup tous les conflits au nom d'un moralisme qu'on peut dire naïf : «Si l'on veut bien laisser à la pièce son sens chrétien, le personnage de l'exempt, représentant le pouvoir royal, s'éclaire d'un jour nouveau. Le roi tient son pouvoir de Dieu. Le coupable sera châtié, mais déjà Cléante demande le pardon de ses fautes [...]».

Puisqu'il faut d'autre part que le comique, surtout au dénouement, ne soit pas négligé, Ledoux a inventé le jeu redondant du chapeau. L'exempt commence au vers 1904 à arracher le chapeau de Tartuffe et à le jeter au sol; «Tartuffe se lève, ramasse son chapeau [...]»; au vers 1947 «Orgon se précipite, saisit Tartuffe [...]. Dans la lutte, le chapeau de Tartuffe reste dans les mains d'Orgon [...]»; on fait sortir Tartuffe et «Orgon passe sa colère sur le chapeau du fourbe, Cléante le lui arrache des mains [...]»; au vers 1953 «Dorine a pris le chapeau du bout des doigts [...] et elle va jeter le chapeau dans la cheminée». Ainsi le chapeau, métonymie de Tartuffe, finit au bûcher, comme le mériterait Tartuffe lui-même – ce qui n'est pas une invention sans intérêt – mais surtout, en mobilisant l'attention sur ce qu'il a de dérisoire, il souligne et la mesquinerie de Tartuffe (il ne peut sortir, fût-ce pour aller en prison sans sa coiffure !) et l'infantilisme d'Orgon qui pique une colère et se venge sur un objet.

Est-il encore besoin, après tous ces relevés, d'insister sur le caractère illusoire de la prétendue fidélité au texte ? Sous les dehors d'une mise en place humble et respectueuse, Ledoux propose une vraie mise en scène, c'est-à-dire une interprétation personnelle, très orientée et, à plus d'un titre, très paradoxale de *Tartuffe*. Les redondances auxquelles il recourt si complaisamment ne sont fonctionnelles que dans le cas où elles doublent le texte et transposent en gestes et mimiques ce qui est déjà proposé en mots; le plus souvent elles ne cherchent à se faire passer pour fonctionnelles que dans la mesure où elles s'affichent comme redondances : elles peuvent alors, par leur insistance ingénue, donner au spectateur l'impression qu'elles sont le fait de Molière lui-même alors qu'elles n'émanent que du seul Ledoux. A telle enseigne qu'à travers cette mise en scène de *Tartuffe*, il serait très aisé de faire, non le portrait du fourbe, mais celui du metteur en scène lui-même.

A ce compte la redondance fonctionnelle n'est qu'un leurre : ou bien elle est insignifiante, ou bien elle bascule du côté de la redondance structurale : celle-ci ouvre alors la voie à une mise en scène qui prend ses responsabilités et assure, tout en affichant la subjectivité de ses choix, la productivité de son intervention.

CHAPITRE III

RAJEUNIR LES CLASSIQUES ?
LE MISANTHROPE DE JEAN-PAUL ROUSSILLON

La mise en scène du *Misanthrope* par J.P. Roussillon avec Robert Hirsch dans le rôle d'Alceste permet, jusqu'à la caricature, de saisir ce que redondance veut dire, dans son plus mauvais sens de surcharge des signifiants, de convergence des différents systèmes de signe (costumes, intonations, mouvements, etc.), de répétition à n'en plus finir des mêmes mimiques, des mêmes manifestations de colère et de mépris. L'agitation et la surexcitation continues, jusqu'à la monotonie de la violence, sont le lot d'un acteur qui pense sans doute par là retrouver la tradition de l'atrabilaire en proie à une poussée, comique dans sa démesure, de vertu intolérante et insupportable. La redondance dès lors n'a plus aucune valeur théâtrale ni même informative : elle isole chaque système signifiant, le fossilise en le surindiquant et bien loin de favoriser la compréhension de l'œuvre par insistance sur des notions évidentes à force d'être martelées, elle déboucherait plutôt sur l'incohérence par construction parallèle d'axes de lecture inconciliables. Ainsi le costume ridicule et donc risible d'Oronte et des marquis crée une identité de signifié entre ces seigneurs (ce sont des pantins) et pourtant, chez Roussillon, Oronte porte une vérité politique assez neuve mais qui risque d'être contaminée et édulcorée au contact de l'autre système, venu, lui, tout droit de la tradition «Comédie-Française».

Plus généralement, l'intention comique reçue de l'héritage moliéresque, à supposer qu'elle soit réalisée par la prestation survoltée de Hirsch, peut-elle faire bon ménage sémiologique avec une lecture moderniste qui réduit *Le Misanthrope* à une suite de débats sur les difficultés d'un couple ? Elle s'attache, surtout avec Célimène et accessoirement avec Philinte et Éliante, à rendre compte de la fragilité et de la versatilité d'un psychisme adolescent, tandis que celui d'Alceste paraît relever d'une déformation caractérielle. Peut-être alors la redondance, par sa monotonie et sa pauvreté mêmes acquiert-elle une valeur psychique : de substance de l'expression et d'outil formel à présenter des systèmes signifiants, elle devient substance du contenu, signe analogique de la monomanie d'Alceste, caractérisée par l'incapacité à échapper au ressassement de la même idée fixe, du même rejet spasmodique, à tout propos et en toute circonstance, de la société environnante.

Mimétiques et modernes en ce qui concerne la psychologie féminine, culturellement codés en ce qui concerne Alceste (le furieux ridicule) socialement et historiquement flottants en ce qui concerne le décor et les costumes, monotones dans leur présentation répétitive, les divers signifiants tirent la mise en scène à hue et à dia et produisent une impression double et paradoxale de fragmentation et de pesanteur. En voici quelques effets.

La plantation du décor tout d'abord : la scène représente une sorte de jardin intérieur ou de véranda, des portes-fenêtres à jalousies (par lesquelles passe une lumière vive) séparant le lieu scénique des coulisses censées représenter des corridors ou des vestibules richement ornés de balustres, telles qu'on peut les apercevoir quand les portes-fenêtres sont poussées à l'occasion de l'entrée ou de la sortie des acteurs. Des pots de citronniers agrémentent (et caractérisent) ce jardin, et un jardinier vient régulièrement, avant le début du dialogue entre Alceste et Philinte et entre chaque acte (c'est à ce signe qu'on reconnaît le changement d'acte) en modifier quelque peu l'ordonnance. La construction en trapèze du lieu scénique est soulignée par une balustrade qui réduit encore l'espace, balustrade avec, en avant, une rampe sur et avec laquelle les acteurs vont jouer constamment, en s'y appuyant, en glissant sur elle, en s'y asseyant, en la contournant, etc. De la balustrade à l'avant-scène plusieurs marches marquent la différence de niveau. C'est donc dans un espace assez étroit, mais assez diversifié qu'évoluent les personnages (photo 4).

Ce choix décoratif, sémiologiquement parlant, est assez

habile car s'il évoque le Grand Siècle des orangeries et des balustres en bois tourné, il est assez peu individualisé pour renvoyer tout aussi bien au jardin d'hiver de quelque hôtel particulier ou de quelque villégiature huppée. Il fournit de plus un outil à jouer à la fois souple et nu autorisant une grande variété de mouvements : les différences de niveau et la rampe permettent aux acteurs de jouer avec leur corps et par là d'exprimer par leur gestuelle des sentiments contrastés. Le risque étant, par les facilités qu'offre cette disposition scénique, de favoriser une surexpressivité redondante des états d'âme, sous forme d'attitudes trop immédiatement lisibles.

Redondance et mise en jeu

De fait on va avoir affaire à une redondance constante des tons, des mouvements, des gestes, de la mimique avec le signifié qui est donné d'emblée comme celui d'une opposition totale d'Alceste avec tous les autres personnages, enfermé comme il l'est dans une hypocondrie tonitruante. Sans doute Roussillon ne s'en tient-il pas à une interprétation constamment «classique», notamment dans le traitement de Célimène et d'Oronte. Mais là encore la surabondance expressive balise le sens et l'écrase à force d'insistance ou plutôt ne réussit pas à articuler les sens seconds et originaux inventés par Roussillon avec le sens premier — on pourrait dire archaïque — reçu de la tradition; comme si deux strates se superposaient sans parvenir à se combiner.

Alceste apparaît dès l'abord fulminant dans ses mouvements d'aller et retour à l'avant-scène; il entre en claquant la porte et se cache dans le coin cour. Il est en gris, Philinte en rose. Les gestes d'Alceste sont brusques, son ton exalté; même sa colère, quand elle est rentrée, reste très visible; il a les bras croisés. Son «lâche» (dans : «c'est une chose indigne, lâche [...]») est dit d'un ton survolté. «Non, non» («il n'est pas d'âme un peu bien située») est lancé très fort, les bras serrés sur la poitrine; le «je veux qu'on me distingue» est crié, le «oui» (avant : «Quoi ! vous iriez dire à la vieille Émilie [...]») est sifflé avec rage, ce qui provoque le rire de l'assistance. Dès lors le contact est établi avec la salle et Alceste jugé : il appartient à la catégorie des fâcheux, plus ridicule que pitoyable. Les «je n'y puis plus tenir» et «j'enrage» sont accompagnés de coups de pied et de claques sur les cuisses; et à «pied plat» («digne qu'on le confonde») Alceste donne un double coup de poing sur la rembarde, alors que déjà à «vice» (dans : «que doit donner le vice aux âmes vertueuses») il avait donné un coup de poing sur ladite rembarde. Hirsch invente une interjection du genre «Tschtt», pour annoncer ou ponctuer ses interventions. A «fuir dans un désert l'approche des humains», il s'écroule sur la balustrade.

Tandis que Philinte fait sa longue tirade, il lui tourne le dos. Auparavant, de façon symétrique, quand Philinte était en état d'infériorité devant l'explosion d'Alceste, il avait le dos tourné : double signifié donc pour un même signifiant, de mépris quand il s'agit d'Alceste, d'accablement quand il s'agissait de Philinte; mais aucune ambiguïté n'est évidemment à craindre; on regretterait plutôt la pauvreté d'invention gestuelle . Quand Philinte répond : «Oui, je vois ces défauts», Alceste se frappe les cuisses avec son chapeau et à :«Morbleu, je ne veux point parler», il bafouille littéralement de colère. A :«j'aurai le plaisir de perdre mon procès», il est au summum de la colère, absolument survolté. Même quand il dit : «Je confesse mon faible», il est encore très en colère et frappe sur son chapeau, et il n'est jusqu'au :«je ne l'aimerais pas si je ne croyais l'être» qui ne soit dit encore d'une voix très forte.

On se dit qu'à ce rythme l'acteur va rapidement s'épuiser, mais surtout que le personnage n'aura bientôt plus les moyens gestuels et vocaux d'enrichir et de nuancer les manifestations de son déplaisir. Il est arrivé à une sorte de butoir du signifiant. On espère néanmoins un renouvellement de sa prestation en face d'Oronte et de Célimène.

Pour préparer l'arrivée d'Oronte, on apporte un fauteuil Louis XIV. Entrée d'Oronte, empanaché, grimé très blanc, rubans, canons jusqu'au sol, canne, perruque très fournie, tonalité rouge du costume, le tout très caricaturé. Les deux marquis porteront le même costume, en un peu moins riche. Alceste et Philinte sont plutôt XVIIIe siècle, sans aucun colifichet; ils jouent sans perruque. Les femmes sont costumées dans le style fin XIXe siècle, telles qu'on les voit sur les toiles de Monet ou de Degas. Pour le costume du garde, Roussillon a travaillé à contre-texte : Molière dit de lui qu'il porte «une jaquette à grand-basques plissés avec du dor dessus», et il apparaît en noir, très terne. A quoi tend cette disparate des costumes ? A «achroniser» *Le Misan-*

thrope, à opposer, dès le premier coup d'œil, les personnages en trois groupes : les ridicules d'«un autre âge» (Oronte et les marquis), les aristocrates élégants sans afféterie (Alceste et son ami), les femmes printanières et respirant déjà, dans leur tenue «belle époque» une joie de vivre faite de spontanéité et de sensualité. Soit. Mais la difficulté sera d'accorder ce symbolisme des costumes et des couleurs (claires ou criardes pour tous sauf pour Alceste) avec l'ancrage historique et social que Roussillon semble vouloir sauvegarder au moins pour Oronte. La référence historique risque bien alors de n'être que culturelle : on cite le XVIIe siècle à l'occasion des marquis et d'Oronte mais son véritable impact sur les rapports des personnages s'en trouve désamorcé.

Oronte représente pourtant, dès l'abord, l'autoritarisme du Grand : tous les signes convergent pour soutenir ce signifié : le fauteuil dans lequel il s'installe en est le signe prémonitoire; il est suivi de ceux-ci : alors qu'Alceste est sur le point de sortir, Oronte l'arrête d'un mouvement de canne; à :«touchez-là, s'il vous plaît», il tend une main méprisante sans même regarder Alceste; il articule et détache toutes ses paroles d'un ton sinistre et menaçant, marque du très grand seigneur à l'égard d'un plus petit; il dit son sonnet assis, d'un ton morose et négligent, tandis que Philinte, debout derrière son fauteuil, tient sa canne et son chapeau en signe d'allégeance. Son ton faux traduit le mépris dans lequel il tient Alceste.

Si Oronte est ridicule, c'est par son costume; mais ses intonations fausses et la très mauvaise diction de son sonnet ne soutiennent pas ce signifié puisque ces deux signes sont intégrés dans le champ sémantique de l'autorité. Il y a là manifestement un défaut de convergence des deux axes sémantiques, l'axe «ridicule», insuffisamment redondant, paraît plaqué sur l'autre qui, lui, surabondamment exploité, inscrit le personnage dans une cohérence différente : le rapport de dominant à dominé à l'égard d'Alceste qui refuse la servitude et multiplie les mouvements de repli; il s'oblige au silence en s'agrippant des deux mains à la balustrade, alors que Philinte, par son immobilité et sa présence à Oronte, signe sa servilité. La franchise est gage de liberté et la politesse d'esclavage, telle est la claire leçon de la scène. Mais, à ce compte, pourquoi sinon pour faire rire, transformer Oronte en épouvantail chamarré ? On met ainsi le doigt sur l'idée qu'il est indispensable, pour conjuguer deux systèmes signifiants différents, sinon opposés («autorité vs ridicule»), d'équilibrer les éléments en redondance, faute de quoi l'un des deux systèmes occulte l'autre, en provoquant un «bruit» dommageable à la transmission du message.

Acte II, scène 1 : Célimène a été conçue par Roussillon à contre-courant de la tradition : bien loin d'être la coquette sûre de ses armes et de son langage, elle apparaît comme une très jeune fille, gamine presque, vive, enjouée, amoureuse d'Alceste, très Agnès par sa voix de tête, très inquiète aussi devant les coups de boutoir d'Alceste et très désireuse de ne pas le perdre. La multiplicité des signes et leur redondance est indispensable ici pour construire une image nouvelle et originale de Célimène.

Ainsi, quand elle entre, elle virevolte, une ombrelle à la main; elle la confie à un Alceste perplexe et elle s'enfuit. Alceste resté seul répète pour soi sa tirade («Madame, voulez-vous que je vous parle net [...]») à mi-voix, le fauteuil dans lequel Oronte s'était assis gisant toujours renversé à la suite de l'altercation qui avait explosé entre Philinte et lui à la fin du I, 3. Célimène rentre à pas feutrés, dans le dos d'Alceste et lui place ses mains sur les yeux. Enjoleuse, elle le prend dans ses bras; elle rit, elle boude (à : «un bâton pour les mettre dehors»). Pendant qu'Alceste prononce sa longue tirade («Non, ce n'est pas, Madame [...]»), elle minaude et joue avec son ombrelle, assise sur l'un des bras du fauteuil renversé, Alceste sur l'autre. Elle penche amoureusement la tête vers lui et rit sans arrêt pendant qu'il fait le portrait de Clitandre. Elle s'asseoit ensuite sur la balustrade, tient Alceste enlacé, par derrière, et dit avec beaucoup d'âme : «Le bonheur de savoir que vous êtes aimé». Elle sur la balustrade, lui debout dans ses bras, forment un couple très amoureux; elle le câline et le caresse.

A la fin de la scène, elle fait un caprice et s'adresse, d'un ton enfant, au fauteuil, pour dire : «En effet, la méthode en est toute nouvelle». Ils rient tous deux. Le ton remonte quand on annonce l'arrivée d'Acaste; elle essaie, en papillonnant, de convaincre Alceste de rester et lui dit avec émotion : «Demeurez»; elle essaie même de lui barrer le chemin. Pendant ces trois scènes, Alceste apparaît donc tout à fait différent de ce qu'il était en face de Philinte et d'Oronte : il n'a pas paru nécessaire de noter une nouvelle fois qu'à la fin de la scène du sonnet, il bondissait, se livrait à des boborygmes et crachotements divers, accompagnés d'interjections(«Ouich!») et de coups sur le fauteuil. Alceste, en face de Célimène est un autre homme, totalement domestiqué : la cohérence du personnage s'en ressent, mais sa complexité classique («l'atrabilaire amoureux») en est illustrée.

Voici maintenant la scène des portraits. La redondance se manifeste très lourdement dès l'apparition des deux marquis : ils sont rigoureusement symétriques : même chapeau à plume, même perruque bouillonnée, même canne, même culotte rouge, mêmes canons. Leurs attitudes aussi sont symétriques : ils mettent ensemble la main sur le pommeau de leur canne, pendant les tirades de Célimène, ils se lèveront ensemble, ils se rassiéront ensemble à la fin de la scène et poseront négligemment chacun une jambe sur le bras de leurs fauteuils. On ne peut plus guère parler dans ces conditions de redondance, puisque les deux personnages sont le double l'un de l'autre et puisqu'ils offrent en même temps des signifiants strictement identiques. Il n'y a de redondance possible que si est perceptible une différence, dans l'accentuation, le rythme, l'articulation avec d'autres signifiants ou simplement l'ordre de succession des éléments identiques.

Du côté d'Alceste on retrouve presque autant de similitude entre son comportement actuel et celui des scènes avec Philinte et Oronte : il a les bras croisés, soutient avec morgue le regard insolent des marquis, explose dans sa tirade («Allons, ferme, poussez, mes bons amis de cour»), s'agite sans arrêt (à partir du moment où Célimène parle de son «esprit contrariant») et ne décolèrera pas jusqu'à la fin de la scène. La redondance des signifiants proxémiques, kinésiques, prosodiques et verbaux est patente.

La composition à laquelle se livre Célimène est beaucoup plus originale : n'étant plus inscrite dans le texte de Molière, elle exige de la part de la comédienne une redondance des seuls signifiants visuels et prosodiques capables de construire à côté et contre le texte (ou plutôt contre les habitudes de réception du texte) une autre figure : elle n'est plus du tout une coquette, mais une amoureuse inquiète, soucieuse de ne pas froisser celui qu'elle aime, le suppliant de se taire et lui faisant comprendre, comme une bête traquée, qu'elle ne peut se soustraire à un jeu social qui, en fait, lui déplaît souverainement. Du coup la fameuse scène des portraits, «scène à faire» entre toutes, est bâclée, hachée, morcelée par les mouvements presque spasmodiques d'une Célimène qui, sans arrêt, s'interrompt, và vers Alceste, affolée (en ses intonations et gestes). Elle s'asseoit tardivement pour se relever bientôt et aller chercher des boissons qu'elle distribue à la ronde pour détendre l'atmosphère. Puis elle se précipite d'une balustrade à l'autre, comme pour chercher une issue et un appui, prononce face à Alceste la tirade sur Damis : la gestuelle ici fait redondance avec un texte qu'il n'est pas malaisé d'interpréter comme destiné à Alceste, encore que tous les traits qu'il contient ne puissent le concerner.

Célimène éclate en sanglots ensuite, comme furieuse contre elle-même. Toute cette série de signifiants dessine un des profils de Célimène; l'autre apparaît avec : «Et ne faut-il pas bien que Monsieur contredise ?» C'est alors la colère qui l'emporte : le ton l'exprime ainsi que l'attitude : elle tourne le dos à Alceste au point que l'affrontement vire à la scène de ménage. Avec : «Brisons là ce discours» elle redevient l'amoureuse du début : elle est à genoux devant Alceste, suppliante, pour prononcer ce vers et c'est très inquiète qu'elle s'apprête à sortir de scène et à laisser en tête-à-tête, se provoquant du regard, Alceste et les marquis.

Retrouvons Célimène à la fin de l'acte III : elle est entrée très lentement à la fin de la scène 1, triste. Les marquis, qui étaient sortis à la fin de la scène 2, rentrent par une autre porte; le coup de canne qu'ils donnent sur le sol fait sortir Célimène de son rêve. Quand elle brosse le premier portrait d'Arsinoé, elle est comme affolée, son ton est très chantant, ses mouvements rapides; à : «Et même pour Alceste [...]», elle fait une longue pause, son silence est d'absence.

Arsinoé est entrée très cérémonieusement pendant le : «Elle est impertinente [...]»; Célimène se met vivement la main sur la bouche; les deux marquis sortent à reculons, comme effrayés par cette apparition. Arsinoé porte une robe vaporeuse et une voilette; elle la relève et parle lentement, d'un ton sinistre; elle prononce sa tirade, en second plan, derrière Célimène assise dans un fauteuil. A : «Hier, j'étais chez des gens [...]», elle descend, circule lentement, tourne autour des balustrades puis se colle au dos du fauteuil de Célimène, et reste là, immobile jusqu'à la fin de sa tirade («[...] à tous vos intérêts»). Elle va pour sortir. Célimène la retient par son «Madame»; elle cherche ses mots et ne trouve que ceux d'Arsinoé : habituellement cette reprise terme à terme des mots de l'une par l'autre est perçue comme le signe, chez Célimène, d'une grande maîtrise de soi. Ici elle se tourne brusquement et commence sa tirade le dos au public. Est-ce par gêne devant l'ennemi ? Par mauvaise conscience d'une jeune femme naturellement bonne et obligée, devant la méchanceté d'autrui, à devenir elle-même méchante ? La lecture de ce signifiant n'est pas immédiate, mais inscrit néanmoins Célimène dans une classe tout autre que celle de la mondaine.

Cette réserve ne dure pas : à : «[...] firent tomber sur vous, Madame, l'entretien», elle se retourne et explose d'une colère soudaine; sur un ton forcené, elle lance : «Là, votre pruderie [...]»; elle va et vient le long de la balustrade (redondance du ton et de la gestuelle). Tandis qu'Arsinoé s'est assise et a baissé sa voilette, Célimène se livre à une véritable course sur le plateau; elle se plie en deux; à : «Pour moi, contre chacun [...]», elle est le dos au public, les mains agrippées à la balustrade. Elle se retourne vers la fin de sa tirade, descend et se glisse dans un fauteuil; la fin est sifflée et à : «Madame, je vous crois l'âme trop raisonnable», elle s'est levée et elle est à nouveau tournée vers la balustrade.

Arsinoé reste assise pendant sa courte tirade («A quoi qu'en reprenant [...] blessé au cœur»). A : «Au contraire [...]», Célimène qui était restée dos tourné, revient, s'asseoit et dit très sottement sa tirade. Son autre réplique : «Si ma personne aux gens inspire de l'amour», est dite sur un ton de totale satisfaction, Célimène étant extasiée par elle-même. En somme elle apparaît dans ces échanges à la fois comme une ingénue un peu niaise et comme un esprit sincère en proie à l'inquiétude, avec de brusques éclats de colère, beaucoup moins emportée cependant qu'Arsinoé dont le ton est très tendu dans sa dernière longue tirade (pour dire : «de ce nombre d'amants dont vous faites la vaine», et pour : «[...] il faut acheter tous les soins».). Au contraire le : «Ayez-en donc, Madame [...]» est dit sans excès par Célimène.

La colère est réservée à Alceste qui va avoir l'occasion à la scène 5 d'en donner une nouvelle démonstration. Pendant tout le début il manifeste son indifférence et son hostilité à Arsinoé en restant debout, tandis qu'elle est assise et voilée; il ne cesse de regarder vers la sortie (c'est-à-dire dans la direction des appartements, sans doute, de Célimène), d'aller d'une porte-fenêtre à l'autre, de rester en arrière-plan, alors qu'Arsinoé parle de son «mérite». A : « [...] On peut remuer des machines», celle-ci se lève et se tourne vers lui, qui se met en colère dans sa tirade contre la cour; à : «[...] essuyer la cervelle», il est tout à fait furieux. Les attitudes deviennent plus brusques : quand Arsinoé aborde la confidence personnelle, quand Alceste, qui s'était assis, se lève et se tourne vers elle. Sa colère est tonitruante pour dire : «On ne voit point les cœurs», alors que le ton d'Arsinoé dans tous ces échanges reste très neutre, très monotone.

En somme Arsinoé est un personnage sacrifié qui ne parvient pas à acquérir un statut : elle n'appartient ni à la catégorie des jeunes gens à la mode (Célimène, Philinte, Eliante) ni à celle des caractériels comme Alceste. Il lui arrive, certes, de se mettre en colère mais comme quelqu'un... qui se met en colère. Détachée du contexte social où, chez Molière, elle avait tout son poids de dévote refoulée, de Tartuffe femelle, et ne s'inscrivant dans nul autre, elle n'est plus qu'un texte, c'est-à-dire l'expression de sentiments de jalousie et d'envie à l'égard de Célimène, de flatterie amoureuse à l'égard d'Alceste, suffisamment explicites par eux-mêmes et suffisamment soulignés par Molière pour qu'il soit utile d'y rien ajouter. C'est bien là qu'on peut parler de fidélité au texte. Qu'on prenne garde seulement qu'un personnage n'est pas l'addition des mots d'une ou de tirade(s) et que le sous-texte, indispensable comme tissu conjonctif liant les paroles entre elles, ne se limite nullement aux implications psychologiques prônées par Stanislavski.

Oui, Roussillon se sent plus à l'aise avec les jeunes gens : toute la scène 1 du IV est marquée par la fraîcheur et une intention de naturel, presque de réalisme quotidien. Eliante apparaît vêtue de rose, comme Philinte, très semblable à la Femme à l'ombrelle de Monet. Tandis que Philinte lui fait le récit des déboires d'Alceste et qu'elle donne son sentiment sur son comportement, ils sont tantôt assis sur la balustrade, tantôt sur les bras des fauteuils. Quand Philinte lui fait sa déclaration, elle sourit mais elle semble ennuyée par cet aveu car sur :«[...] vous vous divertissez, Philinte», elle sort. Philinte la suit. La scène reste vide. Qu'il y ait là un jeu de scène en opposition avec la didascalie de Molière, chez qui il n'y a pas de solution de continuité entre les scènes 1 et 2, n'importe guère. L'intéressant est la signification construite par cette attitude : en sortant Eliante oriente le sens d'une phrase plutôt anodine dont le signifié apparaît, *a posteriori*, par la réaction qui l'accompagne, susceptible de multiples interprétations, erratique. La gestuelle fixe le sens. Non seulement d'une phrase, mais de tout un personnage : par déduction en chaîne on se dira que si Eliante refuse Philinte c'est que sourdement elle préfère Alceste; mais si rien dans la suite (notamment à la scène 2) ne conforte cette hypothèse, l'interprétation se remettra à flotter et le signe «sortie d'Eliante», tout précis qu'il était pris isolément, redeviendra erratique à l'échelon du syntagme «conduite amoureuse d'Eliante».

D'autre part la redondance entre deux systèmes signifiants non verbaux («gestuelle/intonation») est assez rare dans la mise en scène de Roussillon pour mériter, par son caractère expressif, d'être relevé. D'où il ressort que le système verbal, dans le cas d'une pièce classique, a une force prégnante telle que la moindre convergence avec d'autres systèmes signifiants donne l'impression d'une surcharge nuisible. Le plus gênant, chez Roussillon, est la redondance interne au même sème de la «violence» à travers les paradigmes multiples de l'intonation, de la gestuelle, de la mimique. Non seulement R. Hirsch répète le texte, mais il se répète constamment. Ce que confirme l'acte IV, 2.

Entrée furieuse d'Alceste qui tient à la main une lettre qu'il chiffonne; il ferme la porte pour mieux lire, seul; il se cache les yeux. Il rugit quand entrent Eliante et Philinte. Il laisse tomber son chapeau, pleure, se tasse sur lui-même. «Les vices odieux» est craché avec rage; «ah ! morbleu» est dit en fulminant. Il ponctue «une lettre écrite pour Oronte» d'une sorte de grognement : «boutt !». Philinte fait les frais de sa rage tandis qu'il prend Eliante dans ses bras pour lui dire : «Vengez-moi». Son «acceptez-le» [mon cœur] est inarticulé. Eliante, surprise, se détourne. Alceste titube de douleur et tapote les mains d'Eliante qui essaie de le consoler et se met à genoux devant lui qui se tient la tête dans les mains. A : «Je romps» il se lève et accompagne Eliante et Philinte à la porte tandis que Célimène entre.

Alceste se cache d'abord dans l'encoignure d'une porte-fenêtre puis se précipite; il lui détaille ses griefs : il fulmine pour dire : «Il n'est pas temps de rire»; il tape sur la balustrade à : «Je cherchais le malheur qu'ont rencontré mes yeux». Si le «c'est une trahison» est à peine chuchoté, le «je puis tout permettre» est rageur et à : «Je ne réponds pas [...]», il esquisse un geste de menace et de violence contre Célimène. Elle répond d'abord timidement. Si la tirade : «Oui, oui, je l'ai perdue [...]» est dite très en dedans, quand Célimène ose demander : «De quelle trahison [...]», Alceste explose et va multiplier les mimiques de la colère, de la violence et de l'indignation : il frappe sur la lettre, la lui tend, se tape dans les mains, souligne les gestes d'affirmation, relit la lettre pour lui, tandis que Célimène essaie de se défendre. A «ruses grossières», Alceste est au summum de la rage et enchaîne les oh ! sur les ah ! ah ! ah ! de douleur expressive (photo 5). Elle, qui avait jusqu'ici les yeux fixés sur lui, laisse glisser son regard à l'horizon; elle se lève vexée, ceci par deux fois. Alceste l'arrête en se mettant à genoux (à : «non, non, sans s'emporter [...]»). Célimène dit avec beaucoup de cœur : «Non, il est pour Oronte». Alceste, toujours à genoux, pleure, le coude sur le fauteuil. Elle qui était à la balustrade revient vers lui, écroulé dans le fauteuil; il y restera et lui tendra le billet en lui disant : «Défendez-vous au moins [...]» (photo 6). «Allez, vous êtes fou» : elle revient vers lui : elle est pleine de douceur et, accotée à la balustrade, elle se penche vers lui toujours assis dans le fauteuil. Le «ah ! traîtresse» est soupiré longuement. Soupirs multiples et à : «Il faut suivre ma destinée», Alceste déchire la lettre. Retournement total (mais malheureusement prévisible) des attitudes et des tons : il se lève à «toute abandonnée», et se place près d'elle pour lui faire ses offres de services : il est tout réjoui dès lors et elle, très enfant, prononce la dernière réplique de la scène.

Bilan

Sans avoir besoin de pousser plus avant l'analyse de la mise en scène nous pouvons déterminer quelques constantes et déceler le travail effectué sur les redondances :

– Le texte est traité de façon classique et moderne à la fois : classique par le fait qu'Alceste répond à sa double caractéristique d'atrabilaire et d'amoureux : chaque état du personnage est juxtaposé à l'autre, la caricature étant jugée nécessaire pour maintenir la pièce dans le registre comique, comme le «voulait» Molière; moderne par le traitement de Célimène, d'Eliante et de Philinte : Célimène appartient à la génération actuelle des moins de vingt ans (et pourtant elle est déjà veuve !) dont la sensibilité à fleur de peau se manifeste par la spontanéité plus que par la sincérité;

elle aime Alceste ou du moins tient à lui et use pour le garder des armes du caprice et de la bouderie enfantine : elle est menteuse sans calcul et versatile sans arrière-pensée. Éliante est une jeune fille moderne, saine et heureuse de vivre. Philinte, beaucoup plus flou, ne sert que de faire-valoir à Alceste et à Eliante; il participe de la jeunesse ambiante sans représenter aucune tendance affirmée vers un modèle classique ou moderne. On pourrait faire la même analyse à propos d'Oronte : sa présentation empanachée est archi-classique; elle répond du moins à la lecture traditionnelle du personnage; l'arrière-plan politique est au contraire tout à fait moderne.

– Les redondances ont donc un aspect parfaitement répétitif quand il s'agit d'Alceste, la colère et l'excès étant par définition peu susceptibles de nuances et de renouvellement. Leur valeur expressive, surexpressive même, est évidente et par elle Alceste est transformé en une espèce de marionnette, totalement prévisible dans l'alternance de colère et d'abattement, de violence et de tendresse qu'il manifeste face à Célimène. Si la redondance n'ajoute rien à la connaissance conceptuelle qu'on prend du personnage, si elle n'enrichit pas (bien au contraire) le texte dont elle suit et grossit les orientations les plus immédiates, elle donne un corps et une matière à ces notions : par la redondance Alceste apparaît comme un tempérament (au sens où l'atrabilaire est un des quatre tempéraments de la médecine du XVIIe siècle), emporté par ses humeurs et dépassé par ses réflexes colériques.

– La redondance présente le même caractère, s'agissant d'Oronte et de Célimène, mais elle a, pour une part, une valeur créatrice : un autre texte est écrit, une autre lecture est proposée grâce à un système de redondance des signifiants gestuels et prosodiques dont le metteur en scène est le seul responsable. Si, dans le dosage de ces éléments, Roussillon a la main lourde et n'évite pas les redites, ce n'est pas là le principal inconvénient de cette procédure; il réside plutôt dans la menace d'incohérence qu'il contient et dans le caractère abstrait de ce type de redondance :

Incohérence des systèmes gestuel et prosodique – sur lesquels repose cette redondance créatrice – avec le système verbal dont l'ouverture n'est pas si grande qu'on puisse lui faire dire le contraire de ce qu'il dit. Non pas au niveau des mots en eux-mêmes, mais à celui de leur articulation dans un ensemble de rapports.

Ainsi la scène des portraits n'existe que par la focalisation de l'attention de tous les personnages (y compris d'Alceste, même s'il se tait) sur Célimène. Renverser le point de vue et faire d'Alceste le centre de l'action, à qui seul Célimène s'adresse, en lui faisant comprendre que ses paroles lui sont arrachées par un ordre social qui la dépasse, c'est transformer les autres personnages en figurants totalement étrangers à une scène à deux devant laquelle ils devraient réagir d'une manière ou d'une autre... si tant est que cette scène à deux existe. Se pose ainsi le problème de la parcellisation des séquences : elles ne sont plus constituées d'ensembles gestes/texte d'une certaine ampleur, pendant lesquels les personnages maintiendraient entre eux tension et identité de comportement, mais de sous-ensembles autonomes : un ou deux personnages s'isolent dans l'indifférence totale des autres qui, eux-mêmes ne semblent pas atteints par cette absence de leurs partenaires. Bien plus, Roussillon, en faisant d'Alceste un personnage muré en lui-même, établit une relation directe de la scène à la salle, sans passer par l'intercession des autres personnages; la relation triangulaire habituelle héros-partenaires-spectateurs devient une relation duelle où les éléments de redondance reçoivent, par cette concentration uni-directionnelle, un relief et une lourdeur d'autant plus voyants et dommageables.

Caractère abstrait, car à partir du moment où les signifiants ne sont choisis et répétés que pour transmettre un signifié insolite, ils perdent leur matérialité et deviennent des signes détachés, sans rapport entre eux et sans considération, ni de la situation, ni des limites d'abstraction que peut tolérer un spectateur : quand Célimène s'agite, dans la scène des portraits, comme une «bête traquée», c'est la partie intellectuelle de la métaphore qui est offerte à l'esprit, la partie visuelle n'étant que le support provisoire et somme toute négligeable de l'idée que l'on veut transmettre. Sinon toute cette agitation, si on la prenait pour un vrai mouvement, serait rapidement insupportable parce que totalement gratuite : elle n'est ni mimétique, ni «en situation». La redondance, même la plus lourde, doit toujours se justifier, dans la conception habituelle du jeu, par la majoration qu'elle propose des signifiants, des éléments sensibles. Ici, au contraire, n'étant ancrée ni à la réalité d'un texte, ni à la continuité d'un jeu (ce serait évidemment différent si Célimène apparaissait de bout en bout en hystérique comme dans la mise en scène de Dougnac), elle flotte à la dérive et n'est plus que l'alibi d'une mise en scène construite à coup d'intentions littéraires avant d'être scéniques. *A contrario*, cette approche permet de vérifier que la redondance est, malgré sa monotonie et la lenteur qu'elle impose au discours théâtral, une donnée fondamentale du phénomène spectaculaire. Sans elle, ou bien il ne reste qu'un texte, ou bien l'image se perd faute d'être intégrée à un système socio-culturel codé. La redondance promeut l'image scénique à l'existence; elle lui donne sa force.

Le vrai travail créateur consiste alors à briser les redondances usées et trop attendues, et à construire un réseau plus subtil, plus souterrain, mais néanmoins déchiffrable à qui sait voir. Laisser l'initiative aux images : il n'est pas interdit de penser qu'à la révolution poétique d'un Mallarmé peut répondre une révolution scénique comparable dans la construction de ces nouveaux réseaux, de ces nouveaux accords entre la scène et la salle. Le spectacle y gagnerait en richesse et le metteur en scène cesserait d'être le simple illustrateur d'un texte, tout autant que l'animateur complaisant d'une belle idée.

CHAPITRE IV

MOLIERE EN PROIE AU REVE :
LE *GEORGE DANDIN* DE DANIEL BENOIN

LE CORPUS DU SPECTACLE

Décor

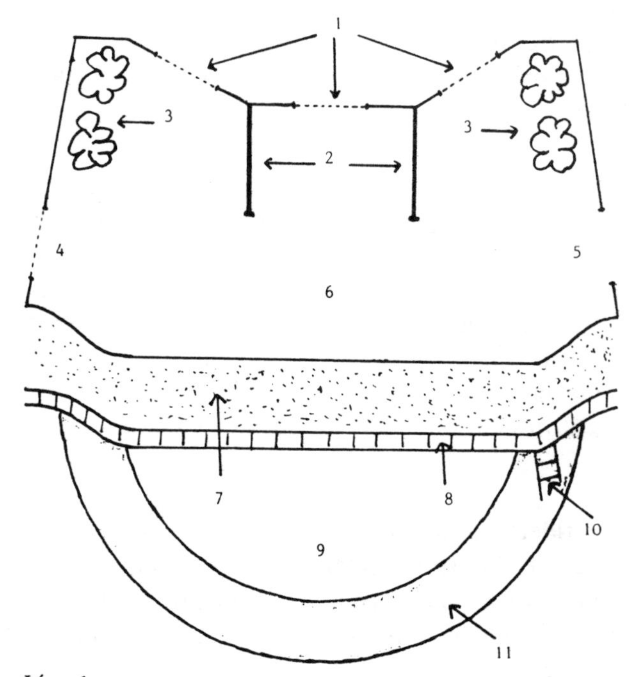

Légende

1) Portes-fenêtres donnant accès aux bungalows.
2) Murettes.
3) Bosquets.
4) Porte-fenêtre donnant accès aux «communs».
5) Pergola (vers le parc).
6) Terre plein de gazon.
7) Allée de gravier.
8) Rebord dallé.
9) Pièce d'eau.
10) Escalier de piscine.
11) Trou noir (piscine).

Décor XVIIe siècle de pierres taillées (architecture italienne de type Palais du Luxembourg) avec balustrade (style Jeu de Paume ou Orangerie du Jardin des Tuileries), pergola de verdure à la cour, communs au jardin. En avant-scène (ou plutôt en avancée) pièce d'eau semi-circulaire peu profonde (10/15 cm) où flottent deux canards en faïence portant respectivement, en lettres noires, les noms d'Alceste et de Célimène. Sur les trois portes-fenêtres munies de petits carreaux (comme celles du Palais de Versailles) trois dates inscrites (1667, 1668 et 1669); au-delà, du côté spectateur, une sorte de fosse semi-circulaire, obscure, à laquelle on accède par une échelle (mais cet accessoire«n'existera» pour le spectateur que beaucoup plus tard, quand les personnages s'en serviront. Buste de G. Dandin au-dessus de la porte principale. Branchages qui sortent d'un peu partout. Les vitres des portes sont des miroirs à la fois réfléchissants et translucides. Sur la porte et le mur des communs, on lit «bar» (dans un cartouche de pierre tournée) et «caisse». Devant ce mur, un bar-étagère avec des boissons et trois bustes de Molière (dont un est posé sur le sol).

Accessoires

Six chaises-longues, les unes dépliées, les autres dressées le long des murs; elles sont couvertes de tissu bleu-roi frappé d'une fleur de lys or; des vêtements sont disposés avec ordre sur le dos des chaises-longues; deux bouteilles de Coca-Cola, à moitié vides, sont posées sur le rebord de la pièce d'eau. Un projecteur est accroché à une des murettes; les portes des bungalows sont protégées par des stores de toile bleue en forme de coque.

Lumière

Pas de rideau de scène, ni aucun des éléments de l'architecture scénique à l'italienne (manteau d'Arlequin, trou du souffleur); lumière bleue d'ambiance (quatre projecteurs) avec addition de lumière jaune d'ambiance sur les communs et le côté jardin du décor.

LA MISE EN JEU

Scène 0

Lumière sur la pièce d'eau. Un personnage sort du bungalow 2 (central) (G. Dandin), habillé d'un pantalon blanc, sale et d'un tee-shirt délavé avec une grosse (fausse) pierre au cou; il porte des souliers noirs; il veut se suicider et se jette dans la pièce d'eau, mais il reste debout et l'eau lui arrive à la hauteur des chevilles. Aussitôt, un personnage en collerette et lunettes, au visage d'intellectuel, habillé d'une longue robe (de moine) en tissu éponge (mélange de style Henri IV et de modernisme) sort des communs, vient à G. Dandin, lui passe une redingote (coupe Louis XIV : basques évasées, manches à larges revers avec de gros boutons bleus); il sort d'une petite boîte un calmant (?) qu'il lui pose sur la langue et l'entraîne vers le côté jardin où se trouvent un tabouret (pour le personnage en collerette, qui se révèle être Colin) et une chaise-longue (où s'assied Dandin).

Les autres personnages (soit M. et Mme de Sotenville ainsi qu'Angélique et Claudine) sortent des bungalows : ils se saluent; s'embrassent (Angélique est en pantalon grège et porte de grosses lunettes de soleil); ils s'approchent du bar et se saisissent des trois bustes de Molière. Ils se mettent en rang et, sur l'ordre de Claudine qui frappe du pied comme dans une parade de horse-guards, brandissent les bustes de Molière et rentrent, en les tenant, dans leurs bungalows respectifs. (*)

Acte I

Scène 1

Le monologue de Dandin commence, entrecoupé à trois reprises par une voix off décrivant le décor et expliquant la situation. Nous sommes au Club Molière : «*Le club est là pour enrichir votre culture.*» A : «*C'est notre seul bien qu'ils épousent*», M. de Sotenville enlève par derrière, des mains de Dandin, un billet de 50 F. Le premier «*George Dandin*» est dit par Colin. Mme de Sotenville sort du bungalow 3 (qui se révèlera être son lieu alors

(*) Dans l'analyse qui suit, les citations de Molière ont été mises en italiques pour plus de clarté.

que le bungalow 1 est celui de Clitandre) en maillot de bain (tous sont en maillot bleu-roi – bikini pour Claudine et Mme de Sotenville, tandis qu'Angélique apparaîtra en maillot une pièce). Mme de Sotenville s'allonge sur une chaise-longue.

Scène 2

Dandin et Lubin s'observent en jouant sur les reflets des deux portes (Dandin avec la porte des communs et Lubin avec la porte du bungalow 2). Une fois leurs apartés respectifs terminés (pleins feux), ils s'asseoient sur le rebord de la pièce d'eau en sirotant les Coca-Cola déjà à moitié vides; Dandin se pose sur la tête un mouchoir noué aux quatre coins et barbotte dans l'eau avec ses souliers noirs. Leur ton est très moderne («parigot» même), plus niais chez Dandin. A : «*j'ai peur qu'on nous écoute*», Colin passe la tête par la porte des communs. Claudine sort, en bikini, du jardin, avec un transistor; elle va vers la cour en lançant un clin d'œil à M. de Sotenville qui entre en maillot bleu-roi, tenant à la main un collier de verroterie qu'il se passe au cou; il s'installe sur une chaise-longue à côté de sa femme. Le passage de Claudine justifie le «*entendez-vous ?*» et le «*ah*» prolongé (et ajouté au texte) suivi de «*voilà la raison*» que Dandin et Lubin prononcent en désignant la porteuse de radio.

Dandin et Lubin se lèvent et rapportent leurs bouteilles au bar; ils se servent à boire. quand Lubin renverse sur lui son whisky, Dandin dit :«*C'est bien fait*». Sur «*Si cela venait*», Lubin fait des calembours : il prononce : ve-*nez* et touche son nez puis ses oreilles. Lumière jaune (c'est la lumière de l'intériorité) quand Dandin «*à part*», dit :«*J'avais bon nez*». Jeu sur les sonorités du nom de Clitandre que Lubin ânonne «*gli, gli, gli* [...]». Retour à la lumière blanche. Quand Lubin parle de Claudine :«*Oui, j'ai trouvé là-dedans*», Claudine sort de la cour et se dirige vers le bungalow 2. Lubin répète la phrase : «*Oui, j'ai trouvé là-dedans*», la deuxième fois en élevant le ton (par énervement ou désir d'attirer l'attention ?); à :«*trois pièces d'or*», Lubin sort un billet de 50 F. Pendant ce temps, les Sotenville feuillètent fébrilement et bruyamment leurs livres. Quand Lubin rapporte ce qu'Angélique lui a dit de transmettre à Clitandre, il fait semblant de déchiffrer sur sa paume le texte du billet galant.

Dandin se déplace pendant ce temps en titubant de droite à

gauche; il va vers la pièce d'eau comme pour s'y laisser tomber, par trois fois, et il est trois fois retenu par Lubin.

Scène 3

Musique religieuse du XVIIe siècle. Lumière jaune. Colin ramène Dandin de la pièce d'eau à son coin jardin. C'est lui qui dit : «*Eh bien ! George Dandin*». Lumière franche sur eux et tamisée sur les Sotenville toujours assis sur leurs chaises-longues et qui dorment. Si la lumière jaune est celle de l'intériorité, le coin jardin de Dandin est toujours éclairé de façon nette; «*Quoi, écouter impudemment*» est dit par Colin. Dandin marche en traînant les pieds. A :«*les voici*», lumière vive, blanche.

Scène 4

«*Paraissez*» est repris en «*paroissez*» par Claudine. Les deux Sotenville se lèvent de leurs chaises (ce sont deux mondains de club); Monsieur fait des exercices d'assouplissement; la robe en tissu éponge de Madame, qui fait à la fois grand siècle et moderne, ouvre sur un maillot bleu. Fond de musique XVIIe. Lubin apporte à Dandin un menu bleu avec une plume bleue; ils s'asseoient tous, en ligne, dans l'ordre : Lubin, Mme de Sotenville, Dandin, M. de Sotenville, Claudine. Lubin et Claudine sont muets mais c'est à eux que s'adressent alternativement M. et Mme de Sottenville quand ils cherchent une approbation dans leurs commentaires de l'étiquette. M. de Sotenville fait la cour à Claudine (par exemple tandis que sa femme dit : «*Ne sauriez-vous vous accoutumer à me dire*» [long silence] «*madame*»). Auparavant, «*que vous avez peu de civilité*» avait été adressé à Lubin qui interrompait la conversation en soufflant dans un mirliton. Dandin, dans ce début, tient sa plume bleue au-dessus du menu ouvert. Quand Dandin s'adresse à M. de Sotenville, celui-ci échange sa place avec sa femme; on a désormais la disposition : Lubin, M. de Sotenville, Dandin, Mme de Sotenville, Claudine. Le dialogue est découpé (du moins dans la façon de l'orienter) entre les cinq personnages, Lubin et Claudine servant toujours d'interlocuteurs muets. Quand Mme de Sotenville dit : «*Si vous aviez épousé une de vos pareilles*», elle se tourne vers Claudine. Coup de lumière jaune pour le «à part» de G. Dandin : «*Ah ! George Dandin, où t'es-tu fourré ?*» Quand il parle, tous rient bruyamment et quand il dit : «*L'aventure n'a pas été mauvaise pour vous*», les parents se mettent à lire et font tinter dans une boîte des chewing-gums qu'ils distribuent. M. de Sottenville parle avec du chewing-gum dans la bouche et il guide en chef d'orchestre Mme de Sotenville quand elle dit qu'elle est «*i ... ssue*», et qu'elle possède le «*pri ... vilège de ...*». Tout le texte de Mme de Sotenville («*Tout beau, prenez garde à ce que vous dites* [...]») est boulé. Monsieur fait son discours à l'adresse de Claudine : quand il dit :«*Je lui passerai mon épée* [...]», le ton est ambigu et il regarde en même temps Claudine d'un air concupiscent.

Dandin calme ses beaux-parents en leur distribuant des billets de banque. Quand il dit : «*Tout ce que je* **puis** *dire* », tous applaudissent à cette élégance de style. A :«*serrer le bouton*», M. de Sotenville secoue Dandin par les revers de son habit. Lorsque Mme de Sotenville parle de son «*sage exemple*», attitude dubitative de son mari qui n'est pas dupe. Pendant ce temps, il caresse Claudine tandis que Mme de Sotenville fait la cour à Lubin. Dandin donne encore de l'argent à ses beaux-parents pour les calmer.

Scène 5

Clitandre sort de la piscine, tout mouillé; bellâtre, il a l'allure d'un «gommeux» des années 30; il bombe le torse, fait des exercices d'assouplissement (photo 7), puis s'allonge sur le gazon et allume une cigarette. Claquement de doigt sur «*Monsieur*», comme pour appeler un garçon dans un bar. Dandin imbécile, est collé à son beau-père, le menton dans son dos, le têtant presque quand M. de Sotenville se déplace. «*Monsieur mon père*» : Sotenville ouvre sa veste et on voit, à l'intérieur du vêtement, un portrait de bourgeois. «*Qui, moi ?*» est dit à la fois par Clitandre et par Dandin. «*S'il vous plaît*» soutient une demande de feu par M. de Sotenville; Clitandre lui allume sa cigarette. «*Tirer un éclaircissement*» :Sotenville donne des coups de poing sur le sol. Clitandre va vers le bungalow chercher ses lunettes de soleil et sa robe de chambre. A:«*Si je savais*» (prononcé «sav**ois**» pour faire snob), M. de Sotenville part d'un oh ! d'admiration (hors texte); mais «*je lui apprendrais*» est prononcé ai et suscite un «*ti, ti, ti*» de réprimande (hors texte) de la part de Sotenville; Clitandre se reprend en apprendr**ois** avec un geste d'intelligence.

Colin, assis dans son coin, lit.

Scène 6

Musique : «Entrée pour les soupers du roi». «*La jalousie est une étrange chose*» : M. et Mme de Sotenville sortent du bungalow 2 et s'approchent de Clitandre. «*Moi*», dit Angélique en entrant; elle embrasse son père et minaude avec Clitandre tout en tournant autour de Dandin. Tous font la queue au bar pour un verre d'alcool. Les communs représentent un self-service de luxe : Lubin a une toque de cuisinier et sert à manger, tandis que Claudine sort du jardin avec une table roulante de style Louis XIV. «*Comment aurais-je dit*», repris en «*aurois-je*». «*Hé ! la, la*» : Clitandre pousse brutalement Dandin dans la direction opposée en lui désignant un objet fictif pour l'écarter un moment d'Angélique. Colin lit toujours dans son coin. Clitandre collé à Angélique lui sussure, dans la file d'attente, des mots tendres; là se placent ses deux répliques («*Voussavez si je vous ai parlé d'amour*», etc.)

Les uns et les autres s'assoient au centre autour de la table roulante élargie par des rallonges. Clitandre pousse trois rugissements propres à effrayer Dandin qui est assis un peu à l'écart sur une chaise-longue. Au troisième rugissement, Dandin tombe par terre; Colin qui fume une cigarette relève la tête et regarde. Quand Dandin dit : «*une ambassade*», le mot jette un froid et Clitandre le reprend sur un ton injonctif, comme pour demander un verre d'alcool ou un divertissement. A :«*Claudine*» dit par Angélique, entrée de Claudine et de Lubin costumés en paysans (ils en prennent le ton); ils installent le projecteur; musique. Tous les regardent sauf Dandin qui reste face au public. La phrase de Dandin : «*Ne faites point tant la sucrée*» (dit sur un ton geignard) est reprise par Lubin et intégrée dans la «pièce» qu'il joue avec Claudine; même procédé pour la réplique suivante de Dandin. Tous rient et quand Dandin s'écrie : «*Taisez-vous, vous dis-je*», tout le monde le montre du doigt en disant : «*ah !*» (ajouté au texte). Dandin qui rit jaune est contraint d'entrer dans la pièce avec Lubin et Claudine (photo 8) qui lui mettent entre les mains un buste de Molière (le tout dans une lumière jaune). Retour à la lumière blanche pendant que Claudine se déshabille et se remet en maillot (elle a une bourse d'or au cou, fruit de sa complicité avec Angélique) et qu'Angélique fait un caprice (sur ses deux répliques : «*C'est une imposture si grande* [...]» et : «*Tout mon malheur* [...]»). Tous mangent puis s'arrêtent, tandis que Dandin reste assis avec son buste de Molière dans les bras.

Quand Claudine dit : «*Vous devez, pour le punir, faire l'amour à ma maîtresse*», (dit à haute voix, et non en aparté, à Clitandre), Angélique, en colère, sort, suivie de Dandin qui revient aussitôt; et Claudine prend la place d'Angélique.

Tout le monde mange, sauf Dandin. Mme de Sotenville lui met quelques morceaux dans son assiette. «*Je vous demande raison de l'affront*» est adressé par Clitandre à Dandin (et non à M. de Sotenville) d'une voix forte. Tous se moquent et rient bruyamment, notamment quand Sotenville prononce «*faites satisfaction*» avec un accent anglais et quand Dandin persifle : «*Si je le trouvais couché avec ma femme*». M. de Sotenville embrasse l'épaule de Claudine qui se trouve à côté de lui; Dandin bégaie quelque peu. La disposition des personnages est la suivante : Dandin un peu à l'écart des autres, côté jardin, puis : Mme de Sotenville, Clitandre, Claudine et M. de Sotenville.

«*Votre bonnet*», dit M. de Sotenville en désignant le mouchoir noué que Dandin a toujours sur la tête. «*Je vous demande pardon*», est dit sur deux tons (d'interrogation et d'excuse) tandis que sa belle-mère le fait manger comme un enfant, à la cuillère. «*Et je vous prie de croire*» est dit sur un ton de colère. Mme et M. de Sotenville se lèvent et se déshabillent. «*Il suffit, Monsieur*» signale le refus par Clitandre du vin que lui offre M. de Sotenville (situation de repas). «*Je vous baise les mains*» est adressé par M. de Sotenville à Claudine tandis que «*C'est trop de grâce*» est dit par Clitandre à Mme de Sotenville. Tous deux se dirigent vers l'escalier de la piscine et y descendent.

Scène 7

Lumière jaune. Musique d'opéra du XVIIe siècle. Quand Colin dit à Dandin (alors que c'est un monologue) : «*Vous l'avez voulu, George Dandin*», Dandin ne regarde pas de son côté; il est au centre de la scène. Lumière blanche sur eux avec, sur le décor du fond, une lumière jaune. Retour côté jardin.

ACTE II

Scène 1

Claudine entre avec un transistor, pendant que Colin et Dandin sortent. Lubin entre; Mme de Sotenville sort de la piscine et va vers son bungalow (le n° 3). Claudine et Lubin, en maillots, débarrassent la table, puis Claudine entre dans le bungalow 1 et en tire des serviettes de toilette sales qu'elle lance à Lubin. Ton vulgaire des deux personnages; Claudine bouscule Lubin. «*Morgué, je t'aime*» : Lubin lance les serviettes en l'air. «*Je m'en réjouis*» : elle s'allonge sur le rebord de la pièce d'eau. Lubin essaie de lui dégrafer son soutien-gorge («*Comment est-ce que tu fais* [...]» traduit la difficulté de cette opération). Musique de l'adagio d'Albinoni qui sort du transistor de Claudine. «*Mari et femme*» : jeu de jambes de Claudine que Lubin n'arrive pas à faire tenir en place alors qu'il essaie de l'enduire de crème («*Il ne faut point tant de beurre*») (photo 9). «*Point*» est adressé aux deux jambes qui ne veulent pas rester allongées. Angélique, pendant ce temps, s'est glissée dans le bosquet de la cour et les observe intensément, comme une jeune fille tenaillée par une curiosité malsaine.

Clitandre sort de la piscine avec de petites lunettes de plongeur et un bonnet de bain en caoutchouc bleu. Sur «*Voilà comme il faut faire pour n'être point trompé*», les deux Sotenville entrent, venant des communs et jouent au ballon (photo 10). Dandin est là qui espionne aussi, caché derrière le bosquet du jardin. «*Prenez*» : Claudine lance à Clitandre, qui a fait le geste de le demander, le tube de crème solaire. Angélique s'est baissée quand ses parents sont passés devant elle. «*Marier avec toi*» : ton de matamore de Lubin (ironique en fait). Lubin, après avoir essayé de caresser les cuisses de Claudine («*qu'on te caresse*») joue à nouer ses jambes et à faire la roue, pour séduire Claudine. «*Ah ! doucement*» dit Claudine qui a été bousculée au cours du jeu. «*La farouche*», «*la sauvage*» sont dits sur un ton vulgaire par Lubin qui, un peu après, prend le ton paysan pour demander «*un petit baiser*». Il essaie d'amuser Claudine en faisant le chien. Ils se sont levés à : «*qu'on te caresse*»; à : «*j'y ai déjà été attrapée*», elle faisait signe à Lubin d'enlever les serviettes. Le : «*Je t'en prie*» de Lubin est dit d'un ton naturel. L'«*adieu*» de Claudine est adressé au vicomte à qui elle jette une œillade. L'«*adieu, rocher*» est prononcé par Lubin sur un ton gouailleur. La fin du texte de Claudine est boulée, tandis qu'elle sort.

Scène 2

Angélique entre, revêtue d'une robe de plage; elle se penche au-dessus de Clitandre allongé et s'apprête à se défaire : elle est en maillot de bain une pièce, bleu. Son mari survient : «*J'ai de meilleurs yeux* [...]»; elle sursaute. Clitandre disparaît alors dans la piscine et nage. Colin est derrière le lierre qui sépare les bungalows 1 et 2 et fume. «*Encore*», dit Dandin en voyant Clitandre nager. Pendant que Dandin parle, Angélique s'étire et bâille. Clitandre les asperge tous les deux depuis la piscine, ce qui provoque le «*Mon Dieu*» de George Dandin. Le «*oui*» de Dandin (dans «*Oui, oui, mal fait à vous*») est la réponse qu'il fait à une demande de feu d'Angélique; elle tousse en disant, pour alerter Clitandre : «*Je ne sais ce que vous voulez dire*». «*Un moment d'entretien*», dit Clitandre en sortant la tête de la piscine, avant de s'y replonger. Mimique tout à fait forcée d'Angélique tendue vers Clitandre qui continue à nager. Colin sort du bungalow 1.

Dandin est collé à Angélique : il place sa tête entre ses seins et rit d'un air bête; il se met à quatre pattes et fait le chien. Angélique se lève; Dandin tombe sur la chaise-longue puis enlace Angélique qui le repousse. «*Je vous déclare que mon dessein* [...]» : elle se met à pleurer et c'est dans les bras de Claudine qui est entrée par la cour, qu'elle fait sa déclaration de guerre. Elles se maquillent toutes deux; Angélique danse de plaisir; «*Je me moque de cela* [...]» est dit alors qu'elle est penchée vers la piscine. Claudine sort.

Deuxième tentative d'enlacement par Dandin : «*C'est ainsi que vous satisfaites* [...]»; deuxième rebuffade : «*Moi ? je ne vous l'ai point donnée* [...]». Révolte d'Angélique; folle exaltation de jeunesse et de plaisir. «*Que mon père et ma mère* [...]» : elle jette un verre d'eau dans la direction de leurs bungalows : «*Je veux jouir* [...]»: elle tord sa robe entre ses seins. Dandin marche en pantin, les jambes croisées. «*M'ouïr dire des douceurs*» : arrêt du texte; Dandin est foudroyé et silencieux (il est debout, côté cour). Il va alors à Angélique pour une accolade; elle s'esquive, va toucher l'eau du bassin, dépose son verre au jardin et revient face au bungalow 1; elle s'installe sur sa chaise et s'asseoit dos au public. «*Préparez-vous y* [...]» : ton de menace. «[...] *Je n'entends pas cela*» : Dandin sort un couteau et passe sa colère sur le feuillage.

Lumière jaune : Colin vient chercher Dandin et le ramène au centre en disant : «*Allons, George Dandin*». Ils s'asseoient tous deux dans leur coin jardin.

Scène 3

Entrée de Claudine; remise du billet à Angélique. C'est à Colin que Claudine dit son aparté : «*A ce que je puis remarquer* [...]». Angélique sort vers la cour pour rédiger sa réponse. Passage rapide des Sotenville avec leur ballon, de jardin à cour. Colin et Dandin sont toujours dans leur coin.

Scène 4

«*Vraiment, Monsieur* [...]» : Claudine bouchonne amoureusement Clitandre qui vient de sortir de la piscine; elle l'enlace. Lubin est derrière elle et essaie d'imiter Clitandre en revêtant une tenue de plongée. M. et Mme de Sotenville entrent venant de cour et s'assoient au soleil. «*Je te suis obligé*» : Clitandre donne à Claudine un billet de 50 francs. «*Je vous ferai parler à elle*» : ton très ambigu, très aguichant de Claudine avec arrêt sur «*ferai*». «*Je m'abandonne* [...]» *: Clitandre et Claudine sortent et vont dans le bungalow 2 dont ils ferment la porte.*

Scène 5

Lumière jaune pour le «à part» : «*Voici mon homme de tantôt* [...] *ne veulent point croire !*».Lumière blanche à nouveau sur : «*Ah ! vous voilà, Monsieur le babillard* [...]» : menace de Lubin à Dandin devant la pièce d'eau; et il fait l'important en singeant la mimique que faisait Clitandre en I, 5, quand il sortait de la piscine : il s'asperge les aisselles avec un déodorant imaginaire.

«*A cette heure*» : jeu sur «*cette*» compris comme étant «*sept*», car il regarde sa montre. Dandin surveille jardin et cour pour voir s'il n'y a personne; en fait, M. et Mme de Sotenville sont assis devant le bungalow 3. Lubin et Dandin descendent vers la pièce d'eau. «*Arrête un peu*» prend içi le sens de : «cesse ce jeu» Lubin heurtait du pied la margelle de la pièce d'eau, ce qui agaçait Dandin.

M. de Sotenville souffle silencieusement, en agitant un billet de 50 francs, la réplique que Lubin devrait donner à Dandin, alors qu'en fait, il est en train de vendre la mèche (depuis :«*Je ne te veux dire qu'un mot*» jusqu'à : *l'a mené chez sa maîtresse*»). Quand Lubin en a fini de sa dénonciation par prétérition, Sotenville, déçu, rempoche son argent.

Scène 6

Lumière jaune. Musique grand siècle. «*Je n'ai pu me servir avec cet innocent* [...] *effronterie de leur fille*», est dit par Dandin, en confidence, à Colin. A :«*m'éclaircir*», les fenêtres du bungalow central s'éclairent et l'on voit en transparence Clitandre caresser un bras tandis que les deux Sotenville dorment dans leur chaise-longue.

Scène 7

Les beaux-parents apparaissent avec des cannes de croquet, des boules et des arceaux et se mettent à jouer sur toute la largeur de la scène; Dandin toujours riant jaune d'un air niais. Les Sotenville ponctuent leur jeu de paroles marquées de fortes pauses : «*Ne vous lassez-vous /point/ de vous rendre importun*». A : «[...] *me défaire d'une femme qui me déshonore*», Dandin prend la canne des mains de Sotenville et lance la boule avec rage dans le parc côté cour. M. de Sottenville va donner des coups sur la porte du centre : Clitandre et Claudine en sortent, se rhabillent; Angélique à leur suite. Angélique et Clitandre s'assoient sur les chaises-longues, devant la porte, Claudine restant debout derrière eux.

A :«*Quoi ? Parce qu'elle est demoiselle* [...], Colin remet une lettre à Dandin. Quand celui-ci dit : «*Oui avec elle, et dans ma maison*», Clitandre, Angélique et Claudine sont toujours dans la position qui vient d'être indiquée, assis ou debout, devant la maison. Clitandre et Angélique sirotent en silence des jus de fruit.

Noir puis lumière blanche.

Scène 8

Clitandre et Angélique échangent leurs premières répliques à voix basse. Lumière jaune, puis blanche, puis survoltée. Succession très rapide et répétée de jeux de lumière. Les deux parents sont sortis (pendant le noir).

«*Quoi, vous osez* [...]» : lumière jaune; les deux amants se lèvent. Lumière blanche : ils se rassoient et se mettent, en pouffant, à jouer la brouille. Dandin est derrière eux, les yeux vagues, sans les voir et sans être vu. Clitandre et Angélique se tordent de rire à : «[...] *toute femme que je suis* [...]». Dandin est immobile. Angélique gifle les deux hommes, alternativement, comme dans un jeu d'enfant. A la fin, Dandin se frappe la joue comme pour se réveiller.

Tous s'embrassent : réconciliation générale; long baiser d'Angélique sur la joue de Dandin. Clitandre fait avec sa bouche un bruit de baiser, imité par M. de Sotenville. Musique XVIIe siècle. Lumière successivement jaune, blanche, jaune, blanche, avec arrêt sur l'image : tableau vivant des personnages tenant chacun un bouquet de fleurs en tissu. La fin du texte de M. de Sotenville est complètement boulée, tous les personnages, sauf Dandin, ayant pénétré dans le bungalow 3.

Dandin reste debout avec son bouquet à la main. «*Je ne dis mot* [...]» : la lumière baisse. Colin est sorti par le bungalow 2; il vient frapper à l'épaule Dandin qui va s'asseoir côté jardin; Colin le suit.

ACTE III

Scène 1

Lubin sort des communs, côté jardin : il appuie sur un bouton, déclenchant une musique XVIIe siècle (diffusée ostensiblement par hauts-parleurs); il allume des bougies sur les deux murettes. On voit, par transparence, à travers la porte-fenêtre du bungalow 1, Clitandre mettre sa perruque. Les Sotenville entrent : Monsieur ajuste sa perruque sur scène. Il a un habit de cour blanc avec redingote et long gilet; ce costume dénote une nette intention de reconstitution archéologique. Les deux Sotenville dansent. Lumière jaune d'ambiance. Sotenville s'embarrasse dans la traîne de la robe de sa femme et donne des coups de pied pour s'en dégager. Dandin dort dans son coin jardin. Lubin s'approche de Clitandre et discute avec lui tandis que Colin observe ce qui se passe. Les phrases sur «*collegium*» sont reprises trois fois, signe de l'importance «*politique*» que le metteur en scène accorde à ces mots. Clitandre, pendant ce temps, envoie des baisers à Mme de Sotenville. Le «*oh ! cela est admirable*» est provoqué par l'entrée de Claudine, côté cour. «*Nous voici*» : Clitandre danse avec elle (elle a une écharpe bleue sur la tête) la tenant très serrée. Lumière blanche éclatante sur Claudine qui sort alors.

Scène 2

Entrée d'Angélique sur musique XVIIe siècle : elle porte une écharpe dorée sur la tête et un grand manteau blanc semé de fleurs de lys brodées. «*Ce sont elles*» : la lumière est survoltée (pour désigner la nuit ?); les quatre personnages (dans l'ordre, de jardin à cour, Angélique, Claudine, Lubin et Clitandre) allument des cigarettes et marquent un temps d'arrêt. Lubin va à Angélique et Clitandre à Claudine; ils dansent. «*Ma pauvre Claudine*», «*Doucement, Monsieur*» : les vrais couples, cette fois, se forment. «*Est-ce pas vous, Clitandre ?*» arrêt de la musique; les couples se défont. «*Mon mari ronfle*» : George Dandin, qui était allongé sur le sol, en avant-scène, relève la tête à cet instant. Clitandre et Angélique sortent par les communs. Dandin est réveillé.

Scène 3

Lumière jaune sur Dandin disant : «*J'ai entendu descendre*». Retour de Clitandre et d'Angélique qui viennent du jardin et sortent à la cour par la pergola. Dandin les suit en somnambule, les bras ballants. «*Où es-tu donc, Claudine ?*»:Lubin sort du jardin, la cigarette à la bouche. Au centre, en lumière survoltée, s'assoient Lubin et Dandin tandis que Claudine est assise dans la pénombre le long du bosquet, côté jardin. «*Par ma foi*, etc...» : Lubin dit son texte d'une voix gouailleuse, alors que Dandin reste silencieux et immobile. A:«*Tu ne dis mot, Claudine*», Lubin se tourne vers Claudine, signifiant par là qu'il connaît l'identité de son voisin. Dandin, lui, ne voit pas que l'autre se moque; il est comme inconscient. A:«*personne*», Claudine se lève en même temps que Lubin et ils sortent tous deux vers les communs. Colin sort à son tour.

Scène 4

Colin apparaît à la cour avec un masque à la main, sur le premier «*Monsieur*» : il abandonne le masque entre les mains de Dandin qui le laisse tomber à:«[...] *venir tout à l'heure ici. Entends-tu ?*».Colin réapparaît avec un autre masque, à demi détruit (brûlé ?); troisième apparition de Colin, à la porte du bungalow central, avec un masque complètement noir à la main, alors que lui-même est masqué. «*Il m'a estropié*» : Dandin est à genoux entre les deux chaises-longues, placées devant la porte centrale (photo 11).

Colin est sorti et Dandin se lève; il court de gauche à droite et parle dans le vide. «*Oui, Monsieur*» est bien dit cependant par Colin qui est revenu des coulisses s'asseoir au jardin. «*Me serve de l'obscurité qu'il fait*» : Dandin s'allonge au jardin, dans le noir. Musique XVIIe siècle.

Scène 5

Clitandre et Angélique sortent des communs (jardin); Claudine sort de droite, Lubin de gauche. Clitandre et Angélique dansent amoureusement. «*Adieu*» : Angélique tend à Clitandre une main raide et lointaine. Sur :«*ah ! Madame puis-je assez* [...], Clitandre enlève sa perruque; claquement de doigts qui déclenche une musique 1930 (fox-trot). Il allume une cigarette et prend le genre rosse; il écarte Angélique qui va s'asseoir à distance, pour faire son numéro de séducteur. Ton vulgaire avec adjonction de «ah !» au texte de Molière. Il apporte à boire à Angélique assise qui, la bouche ouverte, l'admire. Il lui souffle au visage la fumée de sa cigarette; elle est tendue vers lui. Il lui plonge une cigarette dans la bouche; elle se tortille de passion.

Dandin est toujours allongé par terre. Clitandre s'approche d'Angélique tout en faisant des signes de connivence à Lubin; les deux amants s'embrassent farouchement. Dandin se relève pour dire sa phrase : «*Voilà nos carognes de femmes !*».Clitandre caresse les cuisses d'Angélique qui se touche la bouche, toute endolorie par le baiser; il embrasse avec la même fougue Claudine et... Lubin, accompagnant son baiser d'un «tchatch» sonore. «*C'en est assez*» : Dandin sort par la porte du centre, vite; en même temps, Colin sort vers les communs. Lubin sort à son tour, tout en demandant : «*Où es-tu, Claudine ?*»; il fait «tchatch» en sortant.

Scène 6

Lumière bleue. «*J'ai le passe-partout*» : Angélique essaie d'ouvrir la porte. Claudine se croise les bras, face au public, très insolente. Apparition, sur la terrasse des bungalows, de George Dandin en chapeau noir, battant des gerbes de blé; il déploie une tablette, sort un pain rond, du pâté et une bouteille de vin. Il prend le ton paysan pour dire en se frottant les mains : «*Je vais être vengé*». «*Voilà un coup sans doute* [...]» : il montre la bouteille et en boit une gorgée; il saucissonne. Claudine s'installe dans une chaise-longue à droite du bungalow 2 et ouvre un livre avec une parfaite indifférence. Dandin prend un accordéon et joue : «Ah! le petit vin blanc [...]», tout en disant : «[...] *quelque prétexte spécieux* [...]». «*Non, mon intention* [...]» est dit par Angélique avec la violence du dépit. Un projecteur éclaire Dandin quand il promet de «*convaincre de fausseté*» sa femme; il range son accordéon et à :«*je vous baise les mains*», il étale le pâté sur le pain.

«[...] *un moment d'audience*» : Angélique a un couteau à la main. «*Hé bien, quoi ?*» est dit d'un ton vulgaire par Dandin. Pendant l'aveu d'Angélique, Dandin disparaît derrière les balustres. «*Pardon de tout mon cœur*» est dit avec violence. A:«[...] *reproches fâcheux de mon père et de ma mère* [...]», elle jette avec rage les deux chaises-longues vers la gauche et la droite. «[...] *le pouvoir de mes parents et les liens du mariage*» : elle regarde vers la chaise de sa mère jetée du côté de celle de Dandin (jardin). «*En un mot*» : elle tend les bras vers la balustrade; «[...] *n'aurai de l'attachement que pour vous*» : Dandin réapparaît à travers les balustres et montre son nez peu à peu (photo 12). «*Oui, je vous donne ma parole* [...] *crocodile*» : Angélique lui tend la main et Dandin d'en-haut lui tend aussi la sienne. Mais à : «*point d'affaires*», il lance sur elle du sable avec une pelle; Claudine s'époussette.

«*Et que ferez-vous, s'il vous plaît ?*» : hésitation de Dandin; il bégaie d'ivresse, jette une gerbe au sol et boit à sa bouteille vide; il reprend son accordéon dont il ne sort aucun son, mais seulement un souffle. «*Je me tuerai sur la place*» : elle tend vers lui le bras armé du couteau. «*Dernière extrémité*» est dit par Angélique à son couteau; ton très chuchoté; elle caresse la lame. «*Voici qui nous contentera tous deux*» : elle va s'ouvrir les veines, mais Claudine, qui s'est approchée peu à peu, lui retire le couteau des mains : Angélique était donc sérieuse.

Une fois que Dandin est descendu ouvrir, Angélique rentre

dans le bungalow du centre, Claudine dans les communs. Dandin s'écroule devant la porte, pantin désarticulé, et Angélique apparaît, porte fermée, en transparence (photo 13); Claudine également, à la porte du bungalow 1.

Scène 7

Renversement de situation : Angélique lance sa tirade sur un ton de bateleur; elle traite son mari en poupée de chiffon, le secouant de droite et de gauche par le revers du col. M. et Mme de Sotenville sortent du bungalow 3, Claudine du bungalow 1. Lumière très forte qui émane de l'intérieur. Clitandre, lui aussi entré en scène, lutine toujours Claudine. «*Il a tant bu*» dit Claudine : Dandin est à genoux, puis il tombe sur le dos et se roule sur le sol. Tous rentrent au centre, juste après que M. de Sotenville eut dit : «*Descendez, ma fille, et venez ici.*» Ils ressortent tous, un verre à la main. Monsieur va vers Claudine et lui baise la main, puis il se dirige vers sa fille, tandis que Mme de Sotenville va tout de suite vers sa fille et l'embrasse. Tout le monde est au centre, devant la porte, quand M. de Sotenville exige : «[...] *demander pardon à votre femme*», tout en continuant à faire la cour à Claudine, alors que Mme de Sotenville caresse, par derrière, la joue de son mari. «*De semblables séparations*» est chuchoté, l'intérêt supérieur de la famille recommandant la discrétion.

Lumière jaune; un peu de musique XVIIe siècle. George Dandin est allongé, prostré (photo 14). «[...] *une puissance absolue* [...]» est dit par Angélique d'un ton badin. Tout le monde fait «ah !» et lève son verre. Le reste du texte est boulé jusqu'à : «*Mettez-vous à genoux.*» Tous sont groupés autour de Dandin, y compris Clitandre. «*Extravagance* [...] *de vous épouser*» : Angélique gifle Dandin.

Tous rentrent au centre; la fin du texte est boulée, prononcée comme elle l'est de derrière les vitres des portes-fenêtres. Lubin s'est retiré par les communs. Dandin est seul en scène, toujours prostré.

Scène 8

Dandin se relève; les autres le regardent à travers les vitres. La pièce d'eau s'éclaire. Dandin titube en se dirigeant vers l'eau;

il se bouche le nez et saute par trois fois en redonnant trois fois son monologue. Il va alors au jardin et s'allonge sur la chaise-longue; Colin est déjà assis à côté. La musique grand siècle monte. Obscurité sur les personnages du bungalow centra .

Dandin prend un bouquet dans sa main, le respire. Obscurité. Il se lève, va aux bungalows. Lumière blanche, forte. Il libère les personnages pour le salut final.

Musique religieuse pour la toute fin, pendant que les spectateurs sortent.

PROPOSITIONS SÉMIOLOGIQUES

1. **L'enclenchement des hypothèses** (analyse du décor et de la scène 0)

Dramaturgiquement, le dispositif scénique n'a rien que de très usuel : le découpage de l'espace en deux zones nettement différenciées par leurs volumes (horizontalité du plein air vs verticalité de l'habitation), leurs matériaux (pierre vs gazon), leur mode d'emploi (latéral pour l'extérieur, frontal pour la maison) place d'emblée le spectateur dans le système esthétique de l'illusion scénique. On se croit invité dans la cour intérieure de quelque château classique (disons, par exemple, du Petit Trianon) et l'on s'attend à y voir développer le conflit, vieux comme l'homme des cavernes, qu'on pourrait appeler «la conquête du territoire» :la rivalité d'espace va mettre aux prises un sédentaire, propriétaire du lieu clos, intérieur, et un conquérant nomade qui va tout faire pour se substituer au premier et se saisir des biens dissimulés par la surface du décor (qu'on songe aussi à *L'École des femmes*, à *Tartuffe* ou au *Barbier de Séville*). L'illusion scénique, dès lors, résulte moins de la qualité iconique des éléments du décor (quelle que soit la minutie de l'imitation, on sait bien qu'il ne s'agit que de figures, de métaphores) que de l'enchaînement pseudo-logique des lieux et des mouvements avec la réalité des situations et l'intériorité des personnages. Il est admis qu'une façade riche désigne métonymiquement la richesse qu'elle cache, comme il est admis que l'affrontement des rivaux ait lieu sous forme de discours et dans un espace ouvert (même si, comme dans maintes pièces classiques, il est situé dans un salon) et suffisamment dégagé pour que la mobilité des actants soit perçue comme l'indice de leur agressivité ou de leur stratégie défensive. Ce fonctionnement indiciel constant (qui nous présente la partie pour le tout, l'effet pour la cause, les moyens pour les fins) situe l'action scénique, du moins pour le spectateur d'aujourd'hui, non dans le domaine sensoriel (où ,depuis plusieurs générations, le théâtre n'a plus de quoi rivaliser avec des arts réellement imitatifs) mais dans le domaine intellectuel, puisqu'elle résulte de ce qu'on ne nous montre pas et que nous reconstituons avec les yeux de l'esprit.

Mais qu'elle résulte de procédures métaphoriques ou métonymiques (1), l'illusion scénique n'est qu'un piège dont les faux-semblants sont immédiatement démasqués par la confrontation sémiologique avec les autres systèmes de signes combinés en syntagmes. Alors que le champ sémantique de la richesse versaillaise, surabondamment indiqué par des items relevant de codes multiples (matières, formes, couleurs) paraissait construire l'isotopie de la noblesse classique, on s'aperçoit vite qu'elle est rompue au bénéfice d'une hétérogénéité dont la raison d'être est totalement étrangère aux impératifs dramaturgiques de l'illusion scénique. Il n'est même pas besoin, pour ce faire, de songer que *George Dandin* se situe dans le monde de la paysannerie enrichie et de la petite noblesse de campagne et que, du coup, les fleurs de lys et autres éléments de décoration «grand siècle» ne peuvent avoir qu'un caractère citationnel de référence culturelle extra-scénique. Recréer l'environnement louis-quatorzien à travers *George Dandin*, c'est renvoyer au public l'image conventionnelle qu'il se fait d'une époque mythique et intervenir dans le fonctionnement de la pièce pour y déposer un commentaire idéologique.

Indépendamment même de ce renvoi au texte et à ses situations, il suffit, pour constater le caractère métalinguistique du décor et des accessoires, de rassembler les multiples signes qui relèvent de ce même code idéologico-culturel. Les canards de faïence dénommés Alceste et Célimène, qui flottent sur un bassin ridiculement peu profond, les bustes de Molière mêlés aux bouteilles du bar ne répondent pas seulement à une intention parodique : le canard a beau être l'avatar campagnard du cygne et le bassin tenir plus de la flaque que de la pièce d'eau, ce qui importe c'est cette réinsertion de l'héritage culturel sous forme fossilisée et statufiée dans ce qui ne devrait être que la mise en place d'un dispositif de jeu exempt de toute intrusion étrangère à son fonctionnement. Au contraire, D. Benoin se met en scène au moyen de ses interventions réflexives tout autant qu'il met en scène *George Dandin* au moyen de ses inventions expressives. Le passé de la situation (actualisé comme dans toute représentation dans le présent du déroulement du spectacle) est doublé par le présent du metteur en scène, de sorte qu'aucun élément iconique ou indiciel ne demeure le signe de telle ou telle réalité référentielle (le branchage en plastique comme signe de l'arbre et, par delà, du parc) mais le signe d'un système de signes, le branchage à lui seul n'ayant pas une charge de métalangage suffisante pour marquer la distance que le metteur en scène établit entre ce qu'il montre et ce qu'il dit qu'il montre.

On dira qu'il n'y a là rien de bien neuf et que Planchon, dans ses deux *Tartuffe*, sans même parler des grands metteurs en scène russes des années 20, procédait constamment avec cette duplicité, le décor (2) tenant le discours du metteur en scène dans un présent immobile tandis que le jeu des comédiens transmettait le faire des personnages dans une temporalité dynamique. Mais précisément, les deux langages n'interféraient pas (3) au point de rendre impossible la distinction entre la prestation illusionniste d'un rapport «vrai» de personnages et la présentation d'images scéniques feuilletées dans l'album mental du metteur en scène. Chez Benoin, au contraire, le mixage des deux temporalités, par le biais du mélange des divers systèmes de signes, va empêcher le personnage d'être pris pour autre chose qu'un comédien, la situation pour autre chose qu'une illustration exemplaire, le conflit pour autre chose qu'un fantasme. Refusant de baliser ses projections individuelles à l'aide des piliers dramaturgiques de l'espace et du temps scéniques, Benoin s'échappe en plein onirisme, non pas au sens où il rêverait éveillé sous nos yeux, mais au sens où rien de ce qui est vu et entendu ne doit accéder au statut de réalité dont bénéficie pourtant, quasi-automatiquement, tout phénomène sensoriel.

Il est de moindre importance, dès lors, de repérer d'autres signes qui relèvent du sémème «modernité», et il serait même réducteur de les considérer indépendamment de tout ce qui vient d'être dit pour les intégrer dans un syntagme «classicisme/modernité», comme si la mise en scène, au présent, d'une œuvre du passé, consistait dans l'articulation plus ou moins artificielle de deux mondes autonomes : d'un côté l'architecture générale du décor, de l'autre les indications «caisse» et «bar» qu'on lit sur la porte et le mur des «communs»; les stores en forme de coque qui protègent les portes-fenêtres ou encore les deux bouteilles de Coca-Cola à moitié vides posées sur le rebord de la pièce d'eau. Un peu plus tard, dans la scène 0, on en apprendra un peu plus sur la modernité de *George Dandin* : les portes-fenêtres donnent sur des bungalows occupés par des vacanciers de luxe venus se dorer au soleil «culturel» du club Molière. La lecture isotopique de ce syntagme serait assez aisée et propre à restituer une illusion scénique au second degré qui intégrerait dans son fonctionnement toute une part du métalangage logique du metteur en scène : les personnages ne sont pas paysans et hobereaux de jadis, mais bourgeois d'aujourd'hui qui jouent à jouer (4) un sketch distingué, intitulé *George Dandin*. Tout a été conçu dans leur environnement pour donner l'illusion qu'ils sont chez Molière (5), mais un Molière d'apparat (voire de tape à l'œil), car la culture est un luxe et l'exhibition de ces bourgeois, le signe de leur aliénation. Peut-être. En fait, le fonctionnement illusionniste de ces données va être si rapidement subverti (dès la scène 0) qu'il sera impossible de s'y tenir.

En effet, dès la mise en jeu, le personnage (G. Dandin) qui sort du bungalow central apparaît par son costume, sa mimique et sa gestuelle (avec sa fausse pierre de carton au cou et son suicide manqué) comme étranger au club Molière tout autant que le personnage en collerette et robe monacale (Colin) qui vient poser une hostie (à moins que ce ne soit un calmant) sur la langue de Dandin avant de l'entraîner du côté jardin, où les deux personnages resteront, la plupart du temps, dans une situation de hors jeu. Dans une interprétation isotopique de ce début, on dirait que Monsieur Dandin, bien que fondateur richissime du Club (il a son buste au-dessus de la porte centrale) est la risée de sa femme et de sa belle-famille avec qui il passe ses vacances. Il se néglige et son chagrin lui est monté à la tête au point qu'il tente un suicide dérisoire. Mais son secrétaire-directeur de conscience veille et le ramène au calme. Ce ne serait là rendre compte ni du carton de la fausse pierre ni des canards en faïence ni en somme de tout ce qui désigne l'intervention surplombante du metteur en scène : en tenant à distance ses pantins et en nous signifiant qu'il les manie, il ramène le regard sur lui, montreur de ces ombres qui s'agitent sur le mur de la caverne scénique.

Il est de fait que l'hétérogénéité des systèmes signifiants est à la base du fonctionnement théâtral : il n'y a rien de commun, ni pour l'extension matérielle du signe ni pour sa compréhension conceptuelle, entre l'architecture du décor et la couleur d'un tissu, entre l'accessoire à peine visible et la façon dont les personnages entrent en scène (costumes et gestuelle). Il n'en reste pas moins que cette hétérogénéité des matières, des formes et des couleurs, doublée par celle de la hiérarchie de leurs valeurs et de la durée (ou de l'intensité) de leurs manifestations se résorbe vite à mesure que se constituent des classèmes : ces sèmes contextuels, entendus au théâtre au sens où ils tirent leur pouvoir d'unification de l'appartenance des signifiants les plus variés, voire les plus hétéroclites, au même axe sémantique, permettent l'instauration d'un syntagme où la juxtaposition des contraires est surmontée au bénéfice de l'articulation des différences.

Ici, dans la mise en scène de Benoin, tous les éléments qui ressortissent au classème «classicisme» se combinent à ceux du classème «modernité» pour élaborer sans doute un syntagme; mais l'interprétation véritablement isotopique n'en sera possible qu'après l'intervention du code idéologique émanant du metteur en scène; «classicisme» et «modernité» ne résultent pas de l'action dramatique jouée mais de la situation globale jugée. Jusque là on est encore dans le cadre de l'esthétique classique puisque l'on met encore en branle l'illusion scénique. Un degré de plus dans la manifestation du métalangage critique (sous forme de parodie, de citations extra-scéniques ou d'accentuation de l'hétérogénéité des paradigmes) et l'isotopie est rompue en même temps que l'illusion scénique. Reste à savoir si sur de telles bases le fonctionnement théâtral peut encore avoir lieu : du fait que la relation du spectateur au spectacle par la médiation d'un metteur en scène est inversée au profit d'une relation du spectateur au metteur en scène à l'aide d'images discontinues non exclusivement scéniques (6), il n'est pas certain que les habitudes – sinon les lois – de la réception spectaculaire n'en soient gravement perturbées : peut-être assiste-t-on à la naissance d'un nouvel usage de la communication théâtrale.

2. Redondance et construction du sens

Ce n'est pas du texte de Molière et de ses redondances propres qu'il s'agit. Celles que propose la mise en scène de Benoin sont d'autant plus faciles à répertorier qu'elles ne recoupent celles de Molière qu'incidemment et sous forme de dérivations métaphoriques qu'on pourrait prendre pour des citations plus ou moins parodiques alors qu'elles s'inscrivent, de droit, dans le système général de lecture. Que dit en effet Molière ? Que Dandin, *paysan* enrichi, a épousé la fille de hobereaux, d'autant plus entichés de leur *noblesse* qu'elle est de souche *médiocre*. Le rapport social des personnages est donc montré en même temps que jugé. Chez Benoin rien de tel apparemment, et pourtant la paysannerie apparaît à deux reprises (en I, 6 et en III, 6) mais *jouée*; l'aristocratie apparaît constamment mais élevée... à la dignité royale et *mimée*. Ce qui chez Molière est donné comme rapports vrais est ici subverti au profit du rêve de gloire que s'octroient des parvenus en vacances. Ainsi quand Lubin et Claudine se déguisent ostensiblement en paysans (I, 6) ils donnent à leurs congénères une saynète rustique intitulée «une ambassade amoureuse» pour divertir leur oisiveté; et quand Dandin surgit sur le toit de la maison, costumé en paysan, battant le blé et saucissonnant (III, 6) il a choisi ce déguisement et ces activités comme diversion et pour mieux se moquer d'Angélique.

Quant aux paradigmes de la «richesse» et de la «royauté», omniprésents (architecture grand siècle, pièce d'eau, parc, habits à la française, tissu bleu roi, fleurs de lys brodées) ils mènent à un double signifié : richesse et royauté sans doute, mais d'emprunt et démasquées dans l'instant même que montrées : l'architecture d'orangerie royale cache des communs (ce sont en fait des bungalows de plage), la pièce d'eau est une pataugeoire, les habits sont destinés à un bal costumé, les fleurs de lys ornent des chaises-longues ou des peignoirs de bain. Ainsi donc, au moment même où Benoin rejoint Molière dans sa double démarche d'affabulateur et de juge de ses personnages, il s'écarte de lui pour construire un système totalement autonome et beaucoup plus complexe, puisqu'il va enrichir les paradigmes à peine esquissés de «grandeur», «fantasme» et «dérision» de quantités d'autres occurrences qui les rendront lisibles indépendamment de toute référence à Molière, et il en construit plusieurs autres comme «métalangage» ou «sexualité», les uns et les autres courant à travers des systèmes signifiants multiples, et le tout s'organisant en vue d'une grande syntagmatique dont il faudra bien essayer de découvrir le fil conducteur.

Essayons pour l'instant de suggérer seulement comment la redondance de signifiants multiformes peut imposer un sens, sans oublier un seul instant l'interdépendance des systèmes ainsi décelés : la «grandeur-richesse» est à la fois le fait de l'architecture, du costume, de la musique, du comportement des personnages, du langage aussi dont Benoin souligne, par adjonction d'onomatopées hors-texte, le caractère archaïque et valorisant : chacun sait que par*o*issez (I, 4; cf. aussi I, 5) se prononçait par*ai*ssait au XVIIe siècle, comme aujourd'hui, même si la graphie restait moyenâgeuse. En attirant l'attention sur une prononciation faussement noble, le metteur en scène fait coup double : il enrichit le texte ou plutôt il en exalte les richesses involontaires et il manifeste son intervention «politique», en surimprimant son métalangage critique au langage innocent de Molière : ces bourgeois qui croient bien parler ne sont que des demi-habiles esclaves des signes. On n'est pas loin alors de retrouver le Barthes du *Système de la mode* ou le Baudrillard du *Système des objets* : les bourgeois n'ont pas de rapport direct aux choses, ils n'en consomment que les signes, surtout dans cette situation particulière de transgression nommée la (les) vacance(s), où ils donnent libre cours à leurs démons. L'aristocratie n'est qu'un costume, la noblesse des formes n'est qu'une façade, les emblèmes royaux ne sont que des motifs de décor, le beau langage est réduit à une prononciation : le signifié «noblesse» n'est qu'un signifiant et un faux-semblant. Par une sorte de rétro-projection la redondance des signifiants construit un signifié qui s'annule en tant que tel et renvoie au signifiant même comme contenu de signification.

Le paradigme «fantasme» est bâti sur des redondances transversales encore plus complexes puisqu'y concourent la lumière, la gestuelle de Dandin et sa décomposition actantielle, ainsi que l'utilisation incohérente de l'espace. Ou bien Benoin fait n'importe quoi au mépris des indications impératives du texte et prend plaisir, notamment, à subvertir, pour rien, le rapport fondamental dedans-dehors, ou bien il intègre des absurdités apparentes à un système de lecture dont le fantasme est la clé et la redondance l'organisateur secret. Déjà Dandin a sa lumière : lumière jaune, de l'intériorité, réservée à tout ce qui, chez Molière, se présente sous forme de monologues. Mais ce n'est là, encore, qu'introduire une certaine rationalité dans l'irréel, la lumière jaune isolant Dandin des autres personnages et créant autour de lui, de façon intelligible à force de répétitivité, une *aura* protectrice. La scène 8 de l'acte II, au contraire, va beaucoup plus loin dans l'entrelacement des lumières jaunes et blanches, à telle enseigne que la lumière blanche – qu'on pourrait supposer lumière du réel – est pour ainsi dire dévoyée, déréalisée, par les atteintes incessantes de jaune qu'elle subit : l'alternance rapide du jaune et du blanc ne peut être déchiffrée comme une succession de scènes rêvées et de scènes vécues, car aucune des attitudes ou des paroles n'a les moyens d'acquérir, si brièvement que ce soit, un statut autonome. Littéralement Dandin rêve sa vie et, les yeux ouverts, projette hors de son cerveau, en images scéniques, ses craintes et ses désirs : il rêve son échec en voyant Clitandre et Angélique se moquer de lui et feindre la brouille; il rêve son bonheur en voyant Angélique lui donner une tape amicale comme par jeu, et en composant le tableau idyllique d'une réconciliation générale : tout le monde embrasse tout le monde, Angélique Dandin, Clitandre et Sotenville lançant des baisers, chacun immobilisé dans une pose pacifiée, un bouquet de fleurs à la main.

Le comportement redondant de Dandin, dans cette scène, ponctue ce que la lumière à elle seule ne saurait que suggérer sourdement : il est derrière les deux amants, les yeux vagues, sans les voir et sans être vu; il reste immobile; il se frappe la joue comme pour se réveiller; Colin vient lui tapoter l'épaule pour le réveiller : Dandin souffre de catalepsie hallucinogène.

A partir de quoi s'explique l'attitude perpétuellement absente, endormie de Dandin, Pierrot lunaire qui se laisse aimanter par son beau-père (I, 5) ou s'affale entre les seins d'Angélique (II, 2). Son ton geignard, ses bégaiements, son sourire niais, sa démarche entravée ou traînante, autant de signes de son incapacité à être au monde et à agir sur lui. Chez Molière, Dandin est présent dans 18 scènes sur 23, comme un sujet mu par un désir pugnace de sauvegarder son bien et d'écarter son ennemi; il sera écrasé sans doute – car l'objet de son désir est en même temps son opposant et s'institue en contre-sujet tandis que le destinateur, le beau-père, est le complice de ses opposants – mais il lutte. Au contraire le Dandin de Benoin, bien qu'il soit présent en permanence, ne cesse de refuser le combat, soit qu'il se réfugie dans son coin (I, 1, 3, 7; II, 3, etc.), soit qu'il s'absente dans le sommeil ou le somnambulisme (III, 1, 2, 3, 4), soit qu'il s'écroule comme un pantin (I, 5 ; III, 7), soit qu'il laisse les autres le manœuvrer : l'image la plus significative à cet égard est représentée par le geste de Mme de Sotenville «maternant» Dandin et le nourrissant à la cuillère à la scène 5 du I. Enfermé dans une entreprise cyclique (la pièce finit comme elle a commencé), répétitive (il essaie à 3 reprises de se suicider) et impossible (il ne parviendra pas à se tuer : il n'y a pas assez d'eau dans le bassin), Dandin est un personnage en creux, situation d'autant plus paradoxale que toute l'action scénique est vue et déformée, sinon construite selon son seul point de vue. Dandin est un carrefour de songes, comme eux inconsistant mais, comme eux, fourmillant d'images.

L'espace dès lors n'a plus lieu de nous étonner s'il s'organise en contravention, et du texte de Molière et des propositions que l'architecture scénique elle-même suggère. Car enfin si l'action possède une dynamique chez Molière, ce n'est pas celle, psychologique, de la jalousie et de la déchéance : d'entrée de jeu Dandin est trompé par sa femme et humilié par les nobles; mais il est de plus en plus dépossédé de son bien au fur et à mesure que l'ennemi pénètre de plus en plus intimement chez lui, chez (dans) sa femme. Benoin conserve bien l'apparence d'un dedans, celui des bungalows, et d'un dehors; mais Dandin n'est l'occupant que du seul bungalow central. A supposer, comme le buste placé au-dessus de la porte semble l'indiquer, que Dandin soit le mécène de cette «fondation», rien n'indique, en cours de jeu, sa domination financière. Tout se passe dans un lieu public (piscine, patio, allées), mieux dans un lieu d'emprunt (un club de vacances) qu'aucun personnage ne peut revendiquer pour sien. Bien plus, au milieu de la scène 7 du II, M. de Sotenville, poussé par les soupçons de Dandin, frappe à la porte centrale; en sortent Clitandre et Claudine, ce qui n'a pas autrement d'importance, conjugalement parlant, puis Angélique. Ils s'assoient tranquillement sur les chaises-longues, sans provoquer la moindre réaction de M. de Sotenville et *avant* même que G. Dandin ait dit : «[...] *Je vous fais voir maintenant que le galant est avec elle* [...] *oui, avec elle, et dans ma maison*» ! Loin de s'enchaîner, comme l'articulation du texte l'impose, les scènes 7 et 8 sont séparées par un noir dont profitent les parents Sotenville, pourtant juges souverains du débat, pour s'éclipser ! L'incohérence est flagrante. Elle l'est encore davantage à l'acte III, scène 7 puisqu'Angélique qui a pris possession du lieu intérieur (à peine intérieur car il est transparent) en sort aussitôt pour maltraiter son mari, *avant* même que ses parents n'interviennent. Tous les personnages sont dehors tout d'abord puis rentrent dans le bungalow central juste *après* que M. de Sotenville eut dit : «*Descendez, ma fille, et venez ici*» !

Ce refus systématique de redondance entre les paroles et la gestuelle qui va jusqu'à la rupture d'isotopie s'inscrit pourtant dans une isotopie seconde relevant elle-même de redondances autres que celles qui articulent d'ordinaire le textuel et le visuel : ce sont des redondances d'ordre onirique qui, dans leur incohérence même, contribuent à fonder solidement le paradigme du «fantasme» : Dandin ne sait plus ce qu'il dit ni où il est parce qu'il est de nulle part et qu'au vrai il ne parle pas mais se contente de projeter les images mentales de son délire. Elle n'est pas gratuite l'image de la fin de la scène 6 (cf. photo 13) où Dandin apparaît écroulé, le visage comme traversé d'une vision, aux pieds d'une Angélique fantomatique dont la silhouette vibre à travers la lumière. Tout Dandin et toute la pièce sont là, dans cet éblouissement nocturne où toute frontière s'estompe entre le vrai et le faux, entre le voulu et le refusé : à force d'être rêvé, ce que l'on craint finit par être l'objet d'un désir négatif tout aussi palpable que les plus concrets des gestes et des mouvements.

La redondance s'insinue là même où elle paraît rejetée, car la distorsion entre gestes et paroles (7), dont nous venons de faire état, s'institue chez Benoin en système à force de réitération des mêmes procédés. D'ordinaire une réplique n'a de sens que dans un rapport contextuel, et à la situation et aux autres répliques qui l'entourent; cette double dépendance limite l'erratisme du signe et favorise déjà une redondance que la mise en scène, classique ou moderne, ne fait que renforcer : classique si le geste (ou la mimique ou les intonations) vient souligner ce que le texte dit déjà; moderne si le texte donne l'impression de venir en confirmation de ce que le geste a déjà suggéré (8). Mais de toute façon, si inventive que soit la mise en scène, il y a concordance (redondance) entre le contexte de situation et le contexte de parole. Au contraire Benoin disloque ce couple et non content d'installer, de par sa volonté souveraine de metteur en scène, une situation totalement étrangère à Molière, il fait éclater l'enchaînement des répliques dans ce que la logique du discours leur imposait d'articulations contraignantes. Autrement dit, dans toute mise en scène le domaine d'intervention est distribué entre deux parties prenantes : le metteur en scène qui interprète à l'aide des décors, du jeu, des costumes le sens général de l'œuvre et l'auteur qui prête aux personnages ses facultés discursives pour conduire un dialogue. Si un problème est posé dans une scène il n'est pas du ressort du metteur en scène, habituellement, de le subvertir en le faisant exploser dans toutes les directions.

C'est pourtant ce que fait constamment Benoin, manifestant par là l'intervention de son métalangage, greffé très consciemment et très visiblement sur le langage de Molière. Ainsi à la scène 2 du I : Dandin voit «*sortir Lubin de chez lui*»; toute sa stratégie va consister à essayer de lui tirer les vers du nez et chacune de ses paroles fonctionne comme une pièce d'échiquier, pour gagner la partie. Quand Lubin demande : «*Entendez-vous ?*», ce mot ne peut signifier que : «Comprenez-vous ?»; «*Voilà la raison*», une réplique plus loin, annonce l'explication du mystère dont s'entoure Lubin; et le «*c'est bien fait*», deux répliques plus loin est, de la part de Dandin, un mot d'approbation de cette conduite. Or le «*entendez-vous*», chez Benoin est provoqué par le bruit d'un transistor; «*voilà la raison*» est amené par l'entrée de Claudine qui traverse la scène, un poste de radio à la main. Quant au «*c'est bien fait*», il est lié à tout un jeu de scène : Dandin et Lubin se sont levés et sont allés au bar se servir à boire.C'est quand Lubin, par maladresse, renverse son whisky sur lui que Dandin, par petite vengeance, lui dit ces mots.

On n'en finirait pas de relever tous les exemples d'une semblable fragmentation du texte (9) en parties inégales, l'une qui continue à tenir le discours de Molière, l'autre qui tient le seul discours de Benoin, tant au niveau de détails comme ceux que nous venons de signaler qu'à un niveau plus vaste qui aboutit à gauchir si bien le langage qu'il en instaure des rapports de personnages totalement nouveaux. Il y a métalangage et redondance métalinguistique au sens strict quand le discours du metteur en scène ne peut pas être considéré comme justiciable du seul droit à l'invention d'un sens global qui métamorphose l'œuvre, mais comme relevant d'une intervention directe, ponctuelle d'un individu qui impose sa présence à l'instant même de la perception d'une image. Ainsi des deux canards de faïence flottant sur la pièce d'eau et portant en grosses lettres noires, sur leur dos, les noms de Célimène et d'Alceste.

Ils sont comme des rappels pédagogiques de l'identité de situation entre *George Dandin* et *Le Misanthrope*; n'entrant d'aucune façon dans la cohérence de la situation ils ne renvoient qu'à Benoin et constituent, parmi d'autres, les éléments d'une isotopie métalinguistique faite de citations, de clins d'œil et de commentaires sur le texte. Appartiennent encore à cette série les deux moments moliéresques du *Dandin* de Benoin : quand, après que Clitandre a demandé «*une ambassade*» comme on commande un apéritif ou un divertissement (I, 6), Claudine et Lubin se déguisent en paysans du XVIIe siècle et jouent à Molière; quand enfin (III, 6) Dandin apparaît costumé en paysan et fait du Planchon ou du Roussillon avec un vérisme caricatural : dans ces deux cas c'est le théâtre qui est l'objet de la référence culturelle : Benoin se cite lui-même et cite ses collègues; se glissant dans son spectacle il dédouble le jeu et en montre les ficelles.

*
* *

Le paradigme de la «sexualité» est si surabondamment illustré, et en tous sens, qu'il paraît à peine nécessaire d'en analyser les redondances. Déjà chez Molière la fable repose tout entière sur les relations amoureuses licites mais contrariées des uns, illicites mais triomphantes des autres : Dandin, Angélique, Clitandre (dans une moindre mesure le couple Lubin-Claudine) sont constamment mobilisés par ce problème. Benoin multiplie les rapports amoureux en proposant presque toutes les combinaisons possibles (Clitandre-Claudine, M. de Sotenville-Claudine, sans parler des agaceries de Mme de Sotenville à Lubin). Surtout, ce qui chez Molière était sujet de préoccupation devient chez Benoin objet de démonstration; la sexualité, du coup, s'érotise en costumes, mimiques et gestes qui créent un climat de sensualité plus ou moins appuyée et vont jusqu'à évoquer des relations charnelles très précises. Les corps, tout d'abord, sont offerts, très largement dénudés; seul Dandin entièrement et constamment vêtu refuse de participer à cette fête des sens, cadeau du club Molière à ses adhérents. Ça et là dans la pièce on relève comme plus particulièrement érotiques tel geste de Lubin essayant de dégrafer le soutien-gorge de Claudine (II, 1), telle attitude d'Angélique se déshabillant au-dessus de Clitandre allongé (II, 2), telle insistance amoureuse de Claudine à frictionner Clitandre (II, 4), de même que la scène 1 du III quand Clitandre et Claudine dansent étroitement enlacés et la scène 5 du même acte quand la fascination exercée par Clitandre fait prendre à Angélique une attitude lascive. Baisers farouches, caresses sur les cuisses, dans la même scène, participent du même climat. Les relations amoureuses de Clitandre et de Claudine sont plus directes encore puisqu'ils s'enferment dans le bungalow central à la fin de la scène 4 du II : on verra par transparence à la scène 6 Clitandre caresser un bras de femme et ils sortiront du bungalow à la scène 7 en se rhabillant !

Ce paradigme voit ses occurrences se multiplier d'autant plus aisément qu'elles se développent dans le seul ordre du visuel et prolifèrent en totale indifférence au texte. A deux reprises cependant, le climat érotique étant suffisamment installé, Benoin invente une redondance gestuelle/texte, mais à l'intérieur de son système, le texte de Molière étant évidemment de tout autre orientation , en I, 4 : «*Je lui passerais mon épée au travers du corps à elle* [...]» est dit par M. de Sotenville qui regarde à cet instant Claudine d'un air concupiscent; en II, 4, quand Claudine propose ses services à Clitandre : «*Oui, venez avec moi, je vous ferai parler à elle*» : l'arrêt insistant sur «*ferai*» présage de rares voluptés auxquelles Clitandre ne résiste guère puisqu'un peu plus loin il dit : «*Je m'abandonne à ta conduite*». Lancé sur cette voie, il est remarquable que Benoin n'abuse pas des facilités qu'offre le texte pour une dérive de connotations égrillardes. Tant il est vrai que dans la hiérarchie des systèmes signifiants comme dans celle des paradigmes, le visuel et la sexualité l'emportent sur tous autres composants ou thèmes. Et à peu près pour les mêmes raisons.

Ce qui donne en effet à un système redondant sa puissance irradiante et sa force assertive c'est à la fois le nombre d'occurrences dont les signifiants sont susceptibles et la netteté du signifié. Or les signifiants visuels sont d'une variété infinie : ils mettent en jeu la mimique, la gestuelle, le décor, les objets, le costume, la lumière de plus ces différents signifiants jouent à plein des possibilités offertes par les dérivations métaphoriques et métonymiques : un couple qui sort le fait nécessairement dans un but amoureux, une intonation appuyée sur un verbe neutre comme «faire» le charge immédiatement de valeurs adjacentes parfaitement claires dans leur ambiguïté. Quant au signifié «sexualité», il appartient si couramment à notre monde référentiel et culturel que l'apparition du moindre maillon érotique suffit à faire venir toute la chaîne. Chaîne san nystère d'ailleurs, dont les articulations bien connues se nomment : éduction, caresses, actes d'amour. Les signifiants de la sexualité ont eux-mêmes, malgré leur variété, si parfaitement codés et si par-aitement unifiés dès l'abord puisqu'ils se construisent tous ou pres-que autour du corps-objet, qu'ils forment système en dehors même le toute redondance délibérée.

On met ainsi le doigt sur les paradoxes de la redondance au héâtre : pour répondre aussi strictement que possible à l'ambition le construire un signifié net par pluralité de signifiants, elle devrait e méfier de tout signe un peu fluide et ne recourir qu'à des signi-iants déjà éprouvés, ceux précisément que le monde extra-théâtral nous offre en foule à propos de sexualité. Mais alors où est l'inven-tion du metteur en scène ? A l'inverse si l'invention est incontesta-ble, le message risque de ne pas être reçu, par l'esprit du spectateur, comme une langue décodable : le signifié flottera à la dérive faute d'être fixé par des signifiants qui s'organiseraient d'eux-mêmes en ystèmes de signes, en codes. La mise en scène de Benoin offre jus-tement deux exemples de signifiants, erratiques pour être des créa-tions trop individuelles, des faits de parole : ils n'arrivent pas à s'ag-glomérer aux autres signifiants pourtant de signifié semblable au leur et, bien qu'ils soient des éléments d'un ensemble redondant, ils restent en suspens, autant dire incompris.

Le premier exemple se situe à la scène 4 de l'acte III quand Dandin cherche Colin. Déjà la scène se joue dans une pénombre peu propice à l'identification exacte des signifiants : que désignent les trois masques que Colin présente à Dandin ? On voit bien que le deuxième, puis le troisième, sont abîmés et indistincts, mais à la suite de quel dommage ? Surtout, à quoi tend ce triple jeu de scène d'un Colin, jusqu'ici personnage-absent, personnage-témoin, qui se met à affoler Dandin en apparaissant comme un démon de porte en porte, lui-même masqué lors de sa troisième apparition ? En fait cette séquence est l'une des pièces maîtresses du paradigme redon-dant «fantasme» et permet de l'enrichir en y intégrant le personnage de Colin, considéré jusqu'ici comme une «utilité», tout juste bon à éviter l'artifice des monologues, qu'il fractionne en en prenant une partie à son compte. Au vrai, Colin est la conscience dédoublée de Dandin : à force de se parler à lui-même, le malheureux paysan est victime de solipsisme, voire de schizophrénie. Colin n'existe pas, bien sûr, dans toutes les scènes où Benoin le fait surgir du néant; il n'est, jusqu'à cette scène 4, que l'écho apaisant, dominé, de la propre voix de Dandin. Ici s'il se déchaîne, c'est que Dandin s'affole; c'est bientôt le moment de vérité où il lui faudra reconnaître sa totale défaite conjugale. Il se voit donc enfin, tel qu'il est : détruit. Trois masques, trois états de plus en plus décomposés de son propre visage, de son propre cœur. Et s'il s'affale entre les deux chaises-longues, face au bungalow central (cf. photo 11) c'est que de cette porte, qui est la sienne, est sorti son malheur en la personne de Clitandre et d'Angélique; et ils sont venus précisément (en II, 7) s'asseoir sur ces deux chaises-longues.

Dès lors un détail, encore inexploité, prend tout son poids : les trois masques qui ornent les voussures des trois bungalows, de quel visage sont-ils le moulage sinon du sien, mais tranquille et quasiment divinisé parce qu'immobilisé dans la pierre ? Dandin a voulu se tailler dans le marbre et assurer son être en affirmant son avoir. Son être cependant n'en tirera aucune sérénité : il se brûlera, comme ses masques, à l'épreuve de la cruauté femelle. Trois têtes de pierre, trois masques de cuir, trois tentatives de suicide répétées chacune trois fois, que faut-il de plus, en fait de redondance, pour qu'éclate enfin la richesse d'un signifié ? Si Dandin rêve son malheur, il n'en vit pas moins ce rêve comme une passion et comme une idée fixe, bloquée sur elle-même et indéfiniment répétée.

Le deuxième exemple apparemment moins important car il ne semble pas engager le sens global de la pièce ressortit au sème «métalangage», repérable, on l'a dit, au fait que l'intervention du metteur en scène est immédiatement reconnue comme telle. Qu'en est-il à la scène 5 du III ? Quand Clitandre enlève sa perruque et se livre à son numéro de séducteur, il force sa gestuelle et Angélique tout autant. La parodie semble évidente et du coup le métalangage culturel ici, d'un Benoin qui cite des attitudes de films noirs américains. Voire, car tous les personnages, depuis le début, ne sont-ils pas en situation de jeu, mais en tant que personnages, non en tant que jouets du metteur en scène ? Clitandre dès lors ne serait ni plus ni moins hors de son rôle que M. de Sotenville quand il ajuste sa perruque sur scène, ou quand tout le groupe s'amuse à honorer le buste de Molière (I, scène 0). Les costumes, la scène jouée par Clitandre et Claudine, tout le texte de Molière sont entraînés dans la même suspicion : ou bien ils relèvent d'une situation installée comme possible (et à partir du moment où elle est possible elle est réelle de la réalité conventionnelle du théâtre) ou bien ils sont autant de signes de la distance que Benoin maintient constamment en face de *George Dandin*.

Tout ce qu'on voit est non seulement faux, mais n'existe qu'à l'état de commentaire critique dans la tête de Benoin, qu'à l'état de fantasme dans celle de Dandin. Puisque Dandin n'existe pas, d'une existence qui se traduirait en événements et en comportements, toute la pièce n'est vue que de l'intérieur d'un crâne : il importe peu dès lors de trancher pour savoir si c'est aux fantasmes de Dandin ou à ceux de Benoin que l'on assiste, les uns sexualisés, les autres «politisés». Là, de toute façon se situe l'épicentre de l'interprétation, certifiée par la hiérarchisation presque automatique des divers paradigmes répertoriés. Deux séries se sont peu à peu constituées : l'une, orientée autour des axes sémantiques «grandeur», «modernisme», «dérision», «métalangage», l'autre autour des axes «sexualité» et «fantasme». Mais le métalangage, culturel et idéologique, de Benoin intègre tous les autres de la première série, tandis que le fantasme de Dandin rend compte de la sexualité de la pièce. Métalangage et fantasme à leur tour se fondent, une fois effacé leur ancrage dans l'individualité de Dandin et de Benoin, au profit d'un grand syntagme qui articule tous les paradigmes du spectacle, et se résout à son tour en un paradigme décisif, celui du «délire de la passion jalouse».

LE SYSTEME ACTANCIEL : PERMANENCE ET ÉCLATEMENT

La réduction isotopique constitue un point extrême d'élucidation, satisfaisant peut-être pour l'esprit, mais néanmoins hypothétique : d'abord parce que malgré la cohérence et l'extensivité apparente des propositions, aucune sécurité scientifique n'est possible en matière d'interprétation sémiologique, ensuite parce que l'esthétique même de Benoin (comme d'autres metteurs en scène de sa génération, tel Lavaudant, Mesguich, Gironès) repose sur l'ouverture du sens et le culte de l'aléatoire : il n'est pas sain pour une mise en scène qu'elle oriente la perception du spectateur vers le goulot d'étranglement d'un sens univoque; ce dirigisme esthétique, malgré qu'on en ait, a quelque chose de didactique, où l'on voit trop la main du maître-d'œuvre. Au contraire, que le spectacle éclate en sens pluriels, sinon en tous sens, requérant des récepteurs qu'ils construisent eux-mêmes leur système de lecture et se frayent un chemin dans la jungle des systèmes signifiants, prévenus cependant qu'il y aura toujours, malgré leur effort de rationalisation, un résidu d'images ou un miroitement de la fable qu'il leur restera impossible de contrôler ou de résorber (10). Dès lors il est tout à fait concevable de faire machine arrière et d'examiner à nouveau le *George Dandin* de Benoin sous un autre angle : sous un angle qui laisserait à la fable et aux situations qu'il invente suffisamment d'autonomie, de «réalité» pour permettre d'y déceler les articulations dynamiques d'un système actantiel, perturbé cependant au point de frôler l'éclatement.

La constellation actantielle est, chez Molière, des plus simples et des plus stables : du début à la fin le «désir de sauvegarder son bien» est le «destinateur» qui pousse le «sujet» Dandin à faire front contre la coalition de ses ennemis, plusieurs d'entre eux adjoignant à leur fonction «d'opposant» une autre fonction : «objet» pour Angélique, «arbitre» pour M. et Mme de Sotenville (11), ce qui les rend d'autant plus dangereux : si celle qu'on veut se refuse et a les moyens, en bénéficiant de complicités directes (Claudine, Lubin) ou indirectes (ses parents) d'opposer une résistance victorieuse, le «sujet» est voué à l'échec, à moins qu'une force supérieure à la fois au «sujet» et à «l'objet», celle de «l'arbitre», ne jette dans la balance le poids de son autorité. Or les Sotenville ont, dès l'origine, un préjugé défavorable à l'encontre du «sujet» Dandin et l'enchaînement des circonstances ne fera qu'accentuer leur prévention : par réflexe de classe autant qu'au nom du bon sens, ils passent du côté de leur fille et de Clitandre. Il faut prendre garde cependant que cette disposition actantielle ne suffit pas pour rendre compte de l'ensemble de la pièce. Il y a de la part de Molière exploitation habile de la mobilité du point de vue privilégié : ce n'est pas constamment celui de Dandin.

On a déjà dit plus haut qu'Angélique se rebellait contre sa situation «d'objet» et qu'en affirmant sans ambages ses désirs et son appétit de liberté (II, 2 : «*Je vous déclare que mon dessein n'est pas de renoncer au monde et de m'enterrer toute vive dans un mari !*» etc.), elle reléguait Dandin dans une fonction «d'opposant» falot et impuissant, obligé de se réfugier dans un aparté rageur. Angélique met d'ailleurs en pratique les principes exposés dans cette scène puisqu'elle prend l'initiative de recevoir Clitandre («*J'ai pris ce temps pour nous entretenir ici*», III, 2) et dirige (en III, 5) la conversation galante avec une autorité et une netteté qui tranchent sur les stéréotypes amoureux de Clitandre. Son habileté est grande à se rétablir dans les situations périlleuses (en II, 8 et en III, 6); elle prend alors une stature de meneur de jeu qui évince totalement Dandin, qu'il soit présent en scène ou absent. La raison en est qu'elle est poussée, pour parler comme Souriau, par une «force thématique» positive, autrement industrieuse que la force négative de Dandin. Il n'est pas jusqu'à Clitandre qui n'acquière parfois (notamment en II, 2 au début) un statut de «sujet» : il réussit, dans le dos de Dandin qui tient vraiment alors le rôle de mari trompé – et ridicule – à faire la cour à Angélique.

On continuera cependant à dire que, dans tous ces cas, le point de vue déterminant reste celui de Dandin puisque son bon droit ne fait pas de doute et qu'il est difficile d'adopter le point de vue de menteurs malfaisants. Il se peut. Mais il est tout un ensemble de scènes (I, 5 et 6; II, 8; III, 7) où les événements sont perçus à travers le code aristocratique des Sotenville : quand Clitandre veut se disculper il lui suffit d'affirmer sa qualité «d'honnête homme» pour qu'aussitôt le soupçon s'effondre. Clitandre et Sotenville appartiennent à un monde où la *parole* a une valeur véridictoire (12). Les faits comptent si peu qu'à aucun moment Dandin n'a le loisir de rapporter un commencement de preuve. La lutte est entre deux langages de statut totalement opposé : celui de Dandin (reposant sur les «médisances» de Lubin) ne tient pas devant la parole d'un gentilhomme. Les deux scènes 5 et 6 du I ne sont que jeux sur les mots, et quand Dandin réduit à l'aphasie cède son tour de parole à son beau-père («*Répondez vous-même*»), et quand il est acculé à s'excuser auprès de Clitandre avec les mots d'un autre. Dandin est interdit de parole alors qu'à l'inverse ses ennemis usent d'un langage majoré doté d'un pouvoir magique. Et il faut noter qu'à cet instant de la pièce le spectateur n'a pas, pour adopter tel ou tel point de vue, d'autres moyens que de choisir entre deux discours, celui de la roture ou celui de la noblesse. Il en va autrement à l'acte II puisque Clitandre et Angélique sortent de la maison de Dandin sous les yeux mêmes des Sotenville. Mais là encore les faits seront de peu de poids en comparaison du discours de dénégation que tient Angélique : «*Vous aviez un juste sujet de vous alarmer*», reconnaît Sotenville, «*mais vos soupçons se trouvent dissipés le plus avantageusement du monde*». A l'acte III enfin le rapport spatial dedans-dehors dont sont témoins les Sotenville ne peut que les conforter dans leur attitude et mettre Dandin dans son tort.

Ainsi donc, soit qu'ils se fient à la vérité de leur langage de classe, soit qu'ils se plient à l'épreuve des faits, les Sotenville adoptent un point de vue parfaitement perceptible dont les conséquences sur le dynamisme dramaturgique sont de première importance : Dandin affirme son vouloir avec une obstination qui l'institue en véritable «sujet», tout autant que les aristocrates assoient leur pouvoir sur des assises indiscutables, celle du langage et des faits; ils sont donc «sujets» eux aussi. C'est à cet affrontement de fonctions actantielles identiques que la pièce doit sa virulence et son ambiguïté : à la vérité du «sujet» Dandin s'oppose la vérité des «contre-sujets» Sotenville et Angélique. Si la pièce fait rire, c'est au contraire lorsque le déséquilibre actantiel s'instaure : quand Dandin n'est plus qu'un «opposant» berné (II, 2) ou que les Sotenville se muent en arbitres faussement souverains («[...] *puissance absolue* [...] III, 7). On rit alors – parce qu'on est investi d'un jugement de supériorité – de la faiblesse inconsciente de Dandin et de la gloriole stupide des Sotenville victimes, tout autant que Dandin, de la rouerie de leur fille.

De ce système actantiel il ne reste pas grand-chose chez Benoin, ce qui n'aurait autrement d'importance si, à un rapport de fonctions, s'en substituait un autre d'une égale cohérence. Or c'est rendu impossible par le fait que le point de vue privilégié est uniquement, chez Benoin, celui de Dandin tandis que ce même Dandin ne remplit pas un seul instant la case «sujet». Proposition paradoxale et même contradictoire : comment en effet avoir constamment pour le monde qui l'entoure les yeux de Dandin alors que Dandin ne veut rien, ne peut rien, ne voit rien ? D'entrée de jeu la perception du récepteur est orientée dans une direction étroite par la primauté accordée au spectacle sur le texte : le rapport des personnages est mis en images qui ne prêtent à aucune ambiguïté : dès la scène I, 6 on voit Angélique minauder avec Clitandre tandis que Dandin cherche à s'interposer.

De ce fait toute la matière verbale sur laquelle on a glosé pour en souligner l'importance stratégique se trouve quasiment annulée : nous sommes constamment mis en garde contre le langage noble; il est trituré, parodié et démasqué : Sotenville et Clitandre ne jouent plus sur les mots comme chez Molière, mais avec les mots (par exemple, quand Sotenville prononce «*faites satisfaction*» (I, 6) avec l'accent anglais); encore plus nettement en II, 8 : Clitandre et Angélique se tordent de rire quand ils jouent à la brouille, alors que les Sotenville ne sont plus en scène et que Dandin s'est placé derrière les amants, les yeux vagues, sans les voir et sans être vu. La fonction actantielle des Sotenville est du coup complètement escamotée : celle de «sujet» ici, celle «d'arbitre» en III, 7, puisqu'une connivence patente s'établit, au niveau de la dérision, entre Angélique et ses parents : elle lance sa déclaration («*Approchez, de grâce, et venez me faire raison* [...] sur un ton de bateleur tandis que la phrase sur la «*puissance absolue*» est dite en se jouant. Le rapport de Sotenville à son gendre n'est plus du tout un rapport d'autorité, beaucoup plus occupé qu'il est à lutiner Claudine qu'à morigéner le coupable : on boit du champagne et on lève son verre entre gens du même monde. Dandin, depuis le début de la scène est tombé sur le dos et se roule au sol. Pas un seul instant il n'apparaît comme un soldat vaincu livrant un combat d'arrière-garde mais refusant jusqu'à la dernière réplique de reconnaître sa défaîte. Dans toute la pièce Dandin est assis, allongé ou couché; quand il marche, c'est avec difficulté, cherchant très physiquement auprès de Sotenville ou d'Angélique un tuteur à sa faiblesse. Transformé visiblement en Pierrot, le personnage ne s'appartient plus mais mime une icône culturelle étrangère au système actantiel de la pièce. Les deux personnages se pervertissent ainsi l'un l'autre : Pierrot, mimé, devient un signe complémentaire, surajouté, qui sous-tend l'intervention subjective du metteur en scène, et Dandin disparaît, évincé par sa mime. Personnage éclaté, Dandin n'est pas seulement réduit à un fantoche rampant : il est, par son jeu, effacé, dérobé à lui-même. Au moment même où il apparaît il a basculé du côté du symbole, du hors-jeu : il est déjà trahi de l'intérieur, dans la construction de sa propre figure scénique, avant d'être trahi à l'intérieur de sa propre maison.

*

* *

Parler de figure c'est évoquer les traits différentiels qui président à l'élaboration d'un personnage. Il n'est pas indifférent d'en faire le relevé pour voir si leur diversité ajoute encore à la confusion actantielle ou si au contraire elle contribue à mieux distribuer les personnages dans des fonctions nettes.

Dandin est gauche, niais, geignard et négligé, amoureux de

sa femme, tous signes qui le prédisposent au rôle de victime mais ne s'accordent guère avec une fonction de «sujet». Il est riche aussi, mais incapable de profiter de cet avantage puisqu'il se fait gruger par son beau-père. Tendre avec maladresse, il n'apparaît caustique et brutal qu'en III, 6 quand il joue au paysan. Mais précisément il joue et ce masque, on l'a vu plus haut, est un fantasme fugace provoqué par une mise en scène (costume et accessoires) non par une pulsion jusqu'ici enfouie.

Angélique est élégante et parfois provocante. Violemment éprise de Clitandre, elle méprise Dandin et clame son appétit de jouissance; elle a de brusques accès de fureur contre ses parents avec qui, le plus souvent, elle est en rapport de complicité; elle est capricieuse et d'humeur changeante. Elle sait aussi jouer la comédie du repentir mais se laisse prendre au jeu (III, 6) à moins qu'elle ne traverse une passe de vrai désespoir puisque Claudine est amenée à lui enlever le couteau des mains. Deux axes sémantiques opposés caractérisent donc Angélique : le sérieux et le jeu. Si le jeu convient bien à une fonction de «sujet», le sérieux coïncide plutôt avec celle «d'objet», dans la mesure où dans ces moments-là Angélique offre l'image d'une jeune femme fragile et menacée. Une duplicité actantielle se décèle donc à travers l'ambivalence des traits différentiels.

Sotenville est snob, bravache et hâbleur, parasite et surtout coureur de jupons. Son principal souci est de tripoter Claudine. Violent parfois et peu scrupuleux, il donne beaucoup plus l'impression d'un aventurier jouisseur que d'un aristocrate guindé. Il est naturellement disqualifié pour jouer les «arbitres» et encore plus les «destinateurs» car l'intérêt de sa fille paraît le cadet de ses soucis. Trop occupé de lui-même pour tenir quelque fonction actantielle que ce soit, il passe dans la pièce un verre à la main, l'œil rivé sur la chair fraîche.

Mme de Sotenville partage avec son mari fatuité et snobisme. Alors qu'elle tient le discours de la rigueur morale, elle reçoit de Sotenville, à la faveur d'une mimique, une qualification indirecte (quand en I, 4 elle parle de son «*sage exemple*», Sotenville montre par son sourire ironique qu'il n'en croit rien) qui ravale son attitude au rang de pruderie hypocrite. Et de fait elle paraît sensible au charme de Lubin et de Clitandre. Située au même niveau de caractérisation que son mari, elle pourrait le doubler actantiellement. Elle le double effectivement, mais dans l'insignifiance.

Clitandre vient tout droit des journaux de mode. Sa vie se divise en deux parts : le sport (il est le seul, avec Mme de Sotenville, à utiliser la piscine) et la chasse à la femme. Claudine semble beaucoup plus apte à satisfaire ses besoins qu'Angélique; il est l'homme des conquêtes faciles et rapides. Amoureux d'Angélique il charge tant sa gestuelle qu'il en devient suspect, d'autant que dans la scène la plus intime de la pièce (III, 5) il fait un signe de connivence à Lubin comme pour lui faire partager sa bonne fortune. Il est brutal et grossier avec Dandin. Actantiellement il travaille pour son propre compte, poussé par un désir qui ne se fixe qu'accessoirement sur Angélique; mais comme, avec Claudine, il ne rencontre aucun obstacle, il échappe à tout conflit théâtral.

Claudine et Lubin forment sans doute un couple de valets; ils en ont les fonctions serviles, mais leur caractérisation individuelle est considérablement enrichie. Si Lubin est encore proche du rôle codé moliéresque par sa balourdise, il est déjà beaucoup plus matois et agressif. Claudine quant à elle est un composé d'Angélique et de Clitandre : elle a moins le désir de plaire que de réussir; elle se sait belle et en joue pour séduire Clitandre et recevoir les hommages de Sotenville. Bien qu'elle soit la confidente d'Angélique, elle est assez indifférente à ses soucis (III, 6). Elle (comme Lubin d'ailleurs) se sent l'égale des maîtres et participe à leurs ébats. Les traits différentiels qui la définissent sont incontestablement trop forts pour le petit rôle actantiel «d'adjuvant» qu'elle devrait tenir, sauf à considérer – c'est un facteur supplémentaire de déséquilibre – qu'elle agit en «objet» à l'égard de Clitandre et de Sotenville et par là déplace totalement le centre de gravité de la pièce. On pourrait même aller jusqu'à dire, si l'on se souvient du rôle d'animateur qu'elle tient à la scène 0, qu'elle est le plus important des trois personnages féminins : elle est le «destinateur» qui tire les ficelles des intrigues amoureuses, manœuvrant Angélique, Clitandre et Lubin à son profit : son attitude insolente, bras croisés face au public au début de la scène 6 du III soutiendrait cette interprétation.

Colin, quant à lui, vient d'un autre monde. Alors qu'aristocrates et valets sont d'une iconicité sociale appuyée, très évocatrice des milieux arrivistes et jouisseurs dont les média diffusent l'image stéréotypée, lui est un «être de raison», l'incarnation d'une conscience, une sorte de Schmürz tutélaire qui ne dit mot et passe son temps à ramener Dandin à lui-même, c'est-à-dire hors du jeu.

Cette hétérogénéité dans la construction des personnages (les uns référentiels, les autres (Colin, Dandin) fictionnels) n'est pas l'une des moindres raisons de l'éclatement de l'œuvre, qui résulte encore de deux autres facteurs : les personnages sont, eu égard à la richesse de leur caractérisation différentielle, beaucoup plus romanesques que théâtraux : ils passent plus de temps à montrer qui ils sont qu'à agir et surtout leur action se développe presque indépendamment du conflit censé les solliciter. Le *Dandin* de Benoin est une pièce sans tension, preuve qu'aucune des cases actantielles n'est véritablement occupée et qu'à tout le moins le conflit est réglé d'avance. Enfin, les personnages sont instables et discontinus : bien sûr un Sotenville jouera les Don Juan sur le retour d'un bout à l'autre de la pièce,mais les situations parasites dans lesquelles les place Benoin les obligent sans cesse à oblitérer les rapports actantiels préalablement posés. Ce clignotement de l'action scénique sert parfaitement l'intention majeure du metteur en scène, s'il est vrai, comme on a cru le déceler, que tout *Dandin* n'est que la cristallisation d'un rêve avec son jeu de déplacements, condensations et dénégations. Mais force est de reconnaître que cette structure ne peut plus s'accommoder d'une organisation actantielle.

*
* *

Si analytique qu'on ait voulu être au cours de ce long cheminement à travers le *Dandin* de Benoin, il est indéniable qu'on n'est pas parvenu à traiter séparément de la construction iconique ou arbitraire du signe, des références culturelles ou de la dérive des connotations. Les deux pôles d'analyse majeurs auxquels semble rattaché le développement ne doivent pas cependant déguiser leur caractère simplement opératoire : c'est à travers la redondance et le système actantiel que, de proche en proche, les procédures d'une mise en scène sont globalement appréhendées autant que le permettent les souvenirs forcément imparfaits du récepteur; ce n'est ni la redondance ni le système actantiel en tant que tels qui constituent l'objet de cette étude. A la limite on aurait pu se dispenser de toute subdivision puisque le projet du metteur en scène est si bien clos sur lui-même, en une sorte de perfection inattaquable, qu'y faire une brêche à l'aide de la réflexion sémiologique c'est l'atomiser irrémédiablement ou au contraire prendre, d'un coup, la mesure de ses correspondances et de son architecture secrète.

Ce n'est peut-être pas le moindre intérêt de l'analyse sémiologique, dans son humilité attentive, que de corriger les impressions premières : le *Dandin* de Benoin est incontestablement une création foisonnante dont il est difficile de refuser la séduction comme d'accepter les impertinences. Au bout du compte la séduction demeure et les impertinences s'effacent dès lors qu'elles participent à la pertinence d'une organisation seconde où les systèmes signifiants se répondent et s'articulent. Dire qu'un tel travail peut aider à mieux lire un spectacle est peut-être d'une ambition ou d'un idéalisme démesurés. Il n'en reste pas moins que le plaisir du théâtre n'est pas si volatil et l'œuvre d'un soir vouée sans retour à l'oubli si l'on peut, pièce par pièce, reconstituer sur la scène imaginaire de notre esprit ce dont nos sens ne gardent que le signe d'un signe.

La sémiologie théâtrale, ou la voix du silence.

CHAPITRE V

UNE MISE EN SPECTACLE DE L'AMBIGUITÉ : LE *DOM JUAN* DE PATRICE CHÉREAU

Vue cavalière

Il n'est pas possible de présenter du *Dom Juan* de P. Chéreau une analyse linéaire et progressive pour la raison simple que l'idée originelle de cette mise en scène rend compte avant tout des dernières scènes de la pièce. C'est à partir d'elles que, de proche en proche, et par récurrence, toute la mise en scène a été bâtie. L'invention initiale repose en effet sur le traitement – qui résulte d'un contre-sens volontaire – de la statue du Commandeur : elle est «un parfait exemple de *Deus ex machina*, c'est-à-dire, écrit Chéreau, «du triomphe de la machinerie» (1). Dès le moment que Dieu s'efface et que la statue n'est plus qu'un objet, il faut bien que quelqu'un la manie (d'où le recours à des serviteurs de scène) et que le plateau possède l'appareillage technique nécessaire à ce maniement. De là résulte un décor «machiné» de treuils et roues dentées (photo 15) qui, à son tour, déteint sur la conception de l'ensemble, Chéreau tirant les conséquences esthétiques de ses partis idéologiques : la pièce va se «théatraliser», au sens où elle va laisser voir ses ficelles, s'afficher comme théâtre, et ceci aussi bien au niveau du jeu (Sganarelle jouant à jouer), de l'utilisation des accessoires (l'emploi des chaises, des malles, de la charrette) que du recours à une scène tournante et des références culturelles des costumes (Louis XIII transporté à l'âge des cavernes !)

La mise en scène de Chéreau apparaît unifiée dès le point de départ et c'est seulement à l'analyse que pourraient se déceler les étapes de cette unification due pour une large part à l'exploitation des valeurs polysémiques d'un objet ou d'un personnage en raison de leur situation contextuelle.

Chéreau a lui-même présenté avec une grande clarté les axes de son travail (2) :

1. «La mise en scène partira cette fois encore d'un lieu, d'un décor, c'est-à-dire d'une machine à jouer, qui nous dira fortement l'ambiguïté de la pièce : le discours idéologique et l'invention réaliste. Le décor remettra à sa place le merveilleux des contes de fées et le valorisera [...]».

2. «[...] machine à tuer les libertins [...]. Ce sont les machines qui feront apparaître les automates qui liquideront l'opposition libertine et présenteront alternativement deux lieux opposés : la ferme abandonnée où Don Juan [...] mène son aventure individuelle, et le mausolée du Commandeur, un chantier où [...] se dressent tout neufs les signes tangibles d'une chrétienté triomphante».

3. «Le mouvement de la machine racontera le temps qui s'écoule [...]».

4. «A l'intérieur de cette machine, une troupe jouera et fera naître la campagne française issue de la Fronde, et toute une population de valets [...] habitués à la ruse et à l'écrasement de leur destinée [...]».

De ces quatre idées : théâtralisation, orientation idéologique, sens du temps, inscription réaliste (3) seule la troisième ne trouvera pas place dans notre analyse car elle se déduit des trois autres plutôt qu'elle n'est traitée pour elle-même. Il faudrait également souligner que la notion de violence, très sensible dans la «machine à *tuer* les libertins» a une très grande extension dans l'ensemble de la pièce et colore les rapports de tous les personnages. Ainsi donc s'instaure une isotopie récurrente qui, par une sorte d'expansion à reculons et en jouant de toutes les connotations d'un terme (notamment de celui de machine), recouvre l'ensemble de la pièce et coordonne ses différents axes :

pièce à machine (théâtralité)
↓
machine à tuer (idéologie)
↓ ↓
travail ↔ violence
(réalisme) (rapports sociaux)

Notre analyse s'efforcera donc de «descendre» du sème de la théâtralité à celui du réalisme sans oublier que l'un et l'autre ne se justifient ni par un souci esthétique ni par un propos de reconstitution historique; ils ne s'articulent l'un par rapport à l'autre et par rapport à d'autres sèmes secondaires que par le biais de l'idéologie, axe sémantique autour duquel tout tourne. Plus nettement que Planchon, Chéreau met en scène sa lecture du texte avant le texte même : un des signes les plus flagrants en est la suppression de la scène avec Monsieur Dimanche qui n'arrivait pas à s'intégrer à l'orientation générale de la pièce : «La scène, dit Chéreau, avait quelque chose d'indéchiffrable dans l'optique où nous nous placions. Elle nous gênait à un moment où comptait surtout pour nous le durcissement des rapports valet-maître entre Don Juan et Sganarelle».

Dans cette mesure l'idéologie représente plus qu'un champ sémantique contextuel; elle est à la fois le point d'origine et la résultante de tous les autres systèmes signifiants. Elle ne pourra donc être envisagée isolément mais interviendra en contre-point constant de toutes les autres remarques.

Redondance et théâtralité

La théâtralité consciente et affichée peut se manifester selon deux paradigmes majeurs : les techniques de scène, d'une part; le jeu, les costumes, les accessoires, de l'autre.

a) Théâtralité et techniques de scène :

– surélévation du podium posé sur la scène et n'en occupant qu'une surface partielle (souvenir assez évident du *George Dandin* de Planchon);

– utilisation d'un cyclorama, fixé de façon délibérée à mi-hauteur; les coulisses, le mur du fond sont plus ou moins visibles, ainsi que les projecteurs;

– utilisation d'une scène tournante, d'éléments de décor miniaturisés (les palais versaillais de la perspective) qui interdisent toute illusion scénique;

– le surgissement sous les yeux des spectateurs, descendu des cintres, du tombeau du Commandeur (III, 5);

– la statue du Commandeur, sorte d'automate massif mu par des filins, «marionnette à fil à taille d'homme» (G. Sandier);

– les éléments de décor sont seulement suggérés : aux actes I et IV la ferme délabrée se réduit à un pan de mur avec une arcade; il n'y a d'autre part aucune continuité «réaliste» entre cette ruine et les palais visibles dans l'ouverture; au contraire il y a continuité entre la ruine, les pavés du sol et certains accessoires (sacs) que manient les sbires de Don Juan.

b) Théâtralité et jeu

Il ne saurait être question de suivre le jeu des comédiens dans toutes leurs nuances. On peut cependant relever :

– la démystification voyante du surnaturel en V, 5 : ce sont les pauvres en haillons du I qui se transforment en machinistes et actionnent à vue les câbles et les treuils qui sont censés faire avancer les deux statues de Commandeur; «un autre machiniste s'empare d'un porte-voix et déclame dedans, avec une *grandiloquence appuyée* [c'est nous qui soulignons] la sentence du Commandeur» (G. Sandier), tandis que d'autres allument en avant-scène les feux de bengale de l'Enfer. C'est vraiment une fête naïve de théâtre de foire, telle qu'on suppose que les contemporains de Molière, dans leur crédulité un peu enfantine, pouvaient en être friands. La théâtralisation a donc alors un caractère non plus technique ni esthétique mais idéologique : on montre moins les ficelles du théâtre qu'on ne les «cite» par une sorte de référence culturelle (marquée bien sûr d'intention politique car destructrice : «grandiloquence appuyée») à laquelle participe aussi le dédoublement du Commandeur.

Montrer deux statues (photo 16), c'est restaurer la surprise originelle d'un spectateur devant ce merveilleux à machine : puisqu'aucun spectateur d'aujourd'hui n'est assez ignorant pour entrer dans la salle sans savoir que la pièce comporte l'intervention d'une statue animée, on lui en présentera deux : court moment d'étonnement, destiné surtout à reconstituer, *en esprit*, la réaction du spectateur de 1665.

Au contraire quand ces mêmes pauvres en haillons font semblant d'actionner la scène tournante en II, 1, on peut croire à un jeu d'intérêt simplement esthético-technique, à condition toutefois que ce «semblant» ne soit pas perceptible. Sinon on revient au cas précédent d'un metteur en scène qui «cite» la théâtralité mais ne la joue pas vraiment;

– le jeu de Sganarelle : il faudrait pouvoir ici analyser pas à pas et geste à geste le jeu complexe de M. N. Maréchal, jeu dont l'axe sémantique paraît bien être la clownerie : bonimenteur de foire dans sa tirade sur le tabac (I, 1); narrateur ébloui par sa propre faconde qui grimpe sur une malle pour faire à Gusman le portrait de son maître; charlatan improvisé médecin, avec sa vaste houppelande, son haut de forme sur l'oreille et sa mêche en bataille (III, 1); camelot qui s'époumonne, avec un cabotinage étudié où la danse se mêle à la pataudérie, à prouver l'existence de son Dieu (III, 2) (photo 17) : héros-victime enfin (IV, 7) de la scène de «souper-torture» où Maréchal exploite toutes les ressources de sa gestuelle de «gros», multipliant les gags : «Charlot boulimique», l'acteur s'amuse et nous amuse jusqu'au point où, par renversement dialectique des signes, ce qui était perçu comme jeu pur à l'italienne se mue en «tableau délirant, d'une rare cruauté comique» (G. Sandier) : l'idéologie à nouveau pointe dans cette aliénation-destruction du faible pris au piège de ce qu'il croyait, au départ, une simple plaisanterie : on l'a installé sur la table, comme il avait grimpé sur la malle en I, 1, mais il ne joue plus, il est joué;

– l'utilisation de l'accessoire surélevant, indispensable à toute démonstration scénique («un tréteau, une passion», disait Lope de Vega...). On le retrouve à plusieurs reprises, chaque fois qu'un personnage fait le bateleur : constitution d'un paradigme «surélévation» donc à travers des signifiants variés : c'est la chaise sur laquelle Don Juan se dresse en I, 1, pour présenter son programme de séduction universelle, avec ce rien d'emphase qui dénote la distance à l'égard de son discours; c'est la malle sur laquelle Sganarelle grimpe à nouveau pour lancer à Elvire : «Madame, les conquérants, Alexandre et les autres mondes [...]»; c'est la charrette encore sur laquelle se hausse Pierrot (II, 1) pour éblouir Charlotte en lui faisant le récit du sauvetage (photo 18). Comme le dit G. Sandier, «il devient comédien, il fait du théâtre; il a fait de la carriole un tréteau, et il joue».

c) *Théâtralité et costumes*

A partir du moment où nous devenons sensibles à la citation, c'est-à-dire au clin d'œil d'un metteur en scène qui tient deux discours à la fois – le discours apparent de l'action en train de se faire et le discours second, et critique, qui nous alerte sur l'ambiguïté constante des propositions émises – il n'y a pas de raison de n'en pas chercher d'autres traces. Ainsi dans les costumes : déjà la dégaine clownesque de Sganarelle va dans ce sens car elle fait partie intégrante de son jeu; mais aussi le costume de Don Juan : il est une allusion directe aux blousons noirs de l'époque (4); comme aussi les costumes des trois nobles (Don Carlos, Don Alonse et Don Louis) vêtus de peaux de bête «féodales». Les disant sortis de «*Macbeth* ou d'un film d'Eisenstein», G. Sandier souligne bien ce caractère de référence culturelle qu'il serait naïf de prendre pour une lecture historique sérieuse de la condition nobiliaire au XVIIe siècle. Bien sûr ils sont archaïques et leur morale de l'honneur vient tout droit de l'âge des cavernes, mais par l'intermédiaire de la Horde selon Freud. L'interprétation idéologique reste entièrement valable mais marquée d'une surenchère propre à dégager une isotopie de l'ambiguïté, terme-clé auquel Chéreau revient sans cesse : «[...]. Face à ce nouvel ordre, Molière se situe avec une merveilleuse ambiguïté [...]. Mais voici qu'à la fin de son œuvre, Molière tient son propre discours, portant l'ambiguïté à son comble [...]».

Sans doute cette isotopie de l'ambiguïté émane, pour l'essentiel, de la conception des personnages, mais il n'est pas interdit de penser qu'elle réside aussi, pour une part, au niveau des perceptions scéniques, de la surimpression de deux séries signifiantes, l'une exprimant l'idéologie profonde du metteur en scène (réalisme, violence, aliénation des petits), l'autre, par la théâtralité, obligeant à prendre tous ces signes comme des métaphores ludiques ou culturelles.

Redondance et polysémie

Un même signifiant peut s'ouvrir à des sens multiples selon l'usage qu'on en fait et le contexte où il se trouve placé. La redondance ne concerne alors que la partie signifiante du signe, ce qui est loin d'être indifférent dans un art où les images s'imposent d'abord par leur matérialité. D'autant que le signifiant choisi pour cette illustration, la charrette, tout à fait inattendu dans le contexte donjuanesque, est chargé dès l'abord de connotations qui ne peuvent qu'enrichir les valeurs du paradigme (5).

La charrette telle qu'elle apparaît à l'acte III chargée de malles et de sacs est à l'évidence la métaphore de la fuite à laquelle – le texte de Molière le dit expressément – Don Juan est contraint; mais c'est une fuite misérable marquée d'un réalisme sordide : Don Juan est gueux parmi les gueux; il est un aventurier sans domicile fixe (la nudité du mobilier dans toute la pièce est patente), n'ayant pour refuge qu'un mur de ferme ruinée. Présente, au repos, dans le coin jardin de l'acte I, la charrette soutient, par sa redondance temporelle, le thème du voyage, avant même qu'il soit exploité.

A l'acte II, 2, c'est avec sa charrette que Don Juan enlève Charlotte : il la place sur le plateau comme on ferait d'une malle et lui fait faire un tour de scène : elle est sa chose. La charrette devient donc la métaphore de la possession. Auparavant, à la scène 1, la charrette s'était trouvée au centre de la scène, placée entre Pierrot et Charlotte. Elle perdait apparemment tout signifié spécifique et devenait un instrument à jouer : Pierrot grimpait sur elle. Il n'empêche que c'est la charrette de Don Juan et qu'à partir de là l'attitude de Pierrot comme celle de Charlotte se chargent de connotations symboliques : geste de provocation de Pierrot qui la foule aux pieds, provisoirement triomphant (il est dans son récit en position de supériorité sur Don Juan); geste d'allégeance amoureuse de Charlotte qui s'agenouille devant elle et en touche les roues, au moment où elle reconnaît qu'elle n'aime guère Pierrot. La charrette est bien le substitut métonymique de Don Juan : lui appartenant, elle le représente.

La charrette enfin sert au jeu cruel de la scène 2 du III, avec le pauvre : pour donner à la torture morale à laquelle Don Juan soumet le pauvre un caractère scénique aussi déplaisant, Chéreau utilise la charrette comme instrument de torture physique : placé de force sur elle, le pauvre est projeté d'arrière en avant au gré des secousses de Sganarelle, allié ici à Don Juan pour tenter le pauvre, en le laissant presque saisir le louis jeté à terre, et l'en écarter brutalement un instant après (photo 19). La charrette est donc ici la métaphore de la cruauté de Don Juan dont nous aurons maints autres exemples. Ainsi, pour récapituler, la charrette est la métaphore : de la fuite et de la pauvreté de Don Juan (III, 1) de la cruauté de Don Juan et de Sganarelle (III, 2), de la propriété de Don Juan (II, 2,rapport à Charlotte); elle est aussi la métonymie de Don Juan (II, 1, dans son rapport à Pierrot et à Charlotte).

La plupart de ces emplois s'articulent avec le jeu d'autres personnages : la charrette est donc une sorte de signifiant convergent qui focalise pendant trois scènes d'importance l'action de quatre des victimes de Don Juan : Sganarelle, Pierrot, Charlotte et le pauvre, même s'ils n'en sont pas conscients. Le jeu de la charrette, d'autre part, est construit en homologie avec le texte de Molière en III, 1 et 2; la fuite est dite ainsi que l'épreuve sadique; tandis qu'il est présenté en II, 2 comme la réalisation prochaine d'une intention explicite : Don Juan a gagné la partie : il a «soulevé» Charlotte, pour employer un mot vulgaire qui rend parfaitement la littéralité du jeu scénique; tandis qu'en II, 1 il est construit en contrepoint, travaillant sur le non-dit du texte et dégageant, par anticipation, un rapport prochainement patent.

La redondance du signifiant «charrette» a donc, dans la diversité de ses usages un pouvoir irradiant d'autant plus remarquable qu'il joue aussi bien sur l'inconscient du texte que sur celui des personnages; il satisfait aussi le système d'attente texte/gestuelle, sans être cependant, un seul instant, l'accessoire prévisible pour ce genre de comportement.

Permanence et mouvement

Un syntagme d'opposition «permanence/mouvement» court à travers toute la pièce. Permanence : du dispositif scénique (rouages, treuils, roues dentées); du podium surélevé avec, massé devant, tantôt en jardin, tantôt sur toute la largeur de la scène, le peuple en haillons; de l'architecture en ruine qui sert de repaire à Don Juan; de la charrette et de ses malles; des palais miniature (évoquant par leur perspective en fuite la scène du Teatro Olympico de Vicence) visibles à travers l'arcade de la ferme en I puis directement en II et III, masqués de nouveau à partir de III, 5 par le tombeau du Commandeur ou par le mur de ferme; des «muets», tant devant le podium que sur la scène : c'est la garde de Don Juan. Ils sont parfois totalement absents, endormis, parfois très attentifs à ce qui se passe.

A y regarder de plus près on s'aperçoit que la permanence n'est totale que pour le dispositif scénique, cette «machine à jouer» qui est en même temps «machine à tuer les libertins», point fort et majeur de toute la mise en scène. Tous les autres éléments sont, soit d'une permanence relative (la charrette) soit soumis à un clignotement qui introduit, pour ainsi dire, une rythmique décorative : la ferme – les palais – le tombeau du Commandeur. On remarque même que la ferme comporte une arcade comme le tombeau, alors que, comme ce dernier, les palais présentent une décoration de marbre faisant alterner fenêtres à rinceaux et frontons triangulaires : la succession est en fait articulation. La ferme elle-même change de statut avec la lumière rasante qui, en IV, 6, l'éclairant «mystiquement», se conjugue avec le discours extatique d'Elvire et la transforme en abbaye. Quant aux muets de l'escorte de Don Juan, ils changent de camp en V, 3 et 4 et par là sont acquis au mouvement. Il en est de même du peuple en haillons qui, non seulement change de côté (de jardin à cour) mais d'attitudes (couché ou assis, le dos au public ou face à lui, puis debout en III, 5), mais encore de statut : de loqueteux les gens du peuple se muent en machinistes (III, 1), en maçons (III, 5) (photo 20) avant de devenir en V, 6 un groupe de travailleurs conscients et organisés «Ces gens-là s'approprient, en achevant de le construire, le tombeau du Commandeur» (G. Sandier).

Mouvement : déplacements de Don Juan et de Sganarelle avec leur charrette; rotation du plateau tournant. Là encore nuançons : les déplacements de Don Juan sont quasiment immobiles : grâce au plateau tournant, il fait marcher ses jambes tout en restant sur place. De même la rotation du plateau ramène sans arrêt sous les yeux les mêmes décors : palais, ferme, tombeau (à partir du III, 5). Tout compte fait le syntagme «permanence/mouvement» est constitué, pour chaque série paradigmatique d'éléments qui chevauchent la barre d'opposition et contribuent fortement à cette isotopie de l'ambiguïté autour de laquelle tourne toute la mise en scène.

Molière et Chéreau

Une lecture isotopique est d'autant plus nécessaire qu'apparemment deux pièces sont juxtaposées dans *Dom Juan* : la première (où Eros est le Destinateur) qui raconte les poursuites amoureuses de Don Juan; elles se soldent d'ailleurs par un échec. La seconde (où le Destinateur est l'impiété) qui raconte les provocations impies de Don Juan au Ciel : le passage de l'une à l'autre se fait en III, 5 où sont enchaînés, dans une même réplique, et le mouvement vers les belles et le mouvement vers le tombeau du Commandeur : «J'aime la liberté en amour, tu le sais, et je ne saurais me résoudre à renfermer mon cœur entre quatre murailles. Je te l'ai dit vingt fois, j'ai une pente naturelle à me laisser aller à tout ce qui m'attire. Mon cœur est à toutes les belles, et c'est à elles à le prendre tour à tour, et à le garder tant qu'elles pourront. /Mais quel est le superbe édifice que je vois entre les arbres ?». Et, quelques répliques plus loin : «Allons, entrons dedans».

Le remarquable est qu'à partir du moment où la transcendance s'est manifestée, le mouvement s'inverse : ce n'est plus Don Juan qui attaque et «fait des avances», mais le Ciel et ses envoyés, après un temps où la mobilité de Don Juan s'est figée en immobilité avant que le Ciel à son tour ne devienne mobile.

La scène 5 du III est ce pivot.

Don Juan ne croit pas au Ciel, c'est certain, non seulement au Ciel comme symbole de la Foi mais aussi comme lieu autre. Pour lui il n'y a que cette scène – figure du monde – qu'il sillonne à grands pas, agité d'un perpétuel désir de changement, de «change» comme on disait au XVIIe siècle : «Don Juan expulse de son discours le Ciel comme espace trancendantal, comme lieu du symbole, figuration immuable opposée au monde. Le Ciel n'est qu'un lieu du monde, et plus précisément un lieu verbal, une langue, considérée dans sa pure commodité fonctionnelle. Il n'y a pas de lieu autre inaccessible, autrement dit pas de lieu de l'autre, ni mur ni forteresse qui ne puissent tomber, pas d'espace infranchissable, mais seulement des espaces contigus» (6). C'est pourquoi Don Juan fait la théorie de la conquête amoureuse en termes de stratégie spatiale : il cherche moins à prendre possession de l'autre, de la femme, qu'à la réduire, et à la rejeter pour mieux revenir à son espace du désir, relance perpétuelle de la mobilité. Comme le dit le langage populaire – et Sganarelle – Don Juan est un «coureur». Si l'on est frappé par toutes les métaphores spatiales de son art d'aimer à la mode d'Alexandre : «[...] réduire le cœur d'une jeune beauté [...] voir les petits progrès qu'on y fait [...] forcer pied à pied [...] la mener doucement où nous avons envie de la faire venir [...]», encore faut-il prendre garde à la fin de la tirade : une fois le but atteint, tout est à recommencer... avec une autre : «Il n'y a plus rien à dire ni à souhaiter [...] si quelque objet nouveau ne vient réveiller nos désirs et présenter à notre cœur les charmes attrayants d'une conquête à faire» (I, 2).

Devant une telle théorie de la conquête-refus on se dit que Don Juan est soit un malade, soit un impuissant, soit encore que l'amour ne l'intéresse pas : il n'est qu'une figure d'une conquête plus haute qui, elle, ne se laisse pas si facilement investir. Interprétation théologique d'un Don Juan blasphémateur et finalement croyant, celle d'un Jouvet et d'un Planchon. L'espace du monde, s'il est l'unique occasion de la poussée du désir, est aussi le signe d'un manque. Chéreau, lui, n'a gardé que les manifestations concrètes de ce manque : la fuite, l'errance. Son Don Juan n'est pas le pélerin d'un absolu marqué du signe moins, mais un promeneur indifférent, un fils de famille dévoyé qui subit, charnellement et journellement, les conséquences de sa rupture d'avec son milieu naturel : il a dit non à Dieu, mais ce n'est pas ce blasphème qui l'occupe et oriente sa vie; c'en sont les retombées sociales : sorte de militant politique, il doit changer de domicile tous les soirs, se réfugier dans les bois et vivre d'expédients.

Même chez Molière la mobilité de Don Juan n'a qu'une seule fois un caractère héroïque de sortie militaire pour Don Carlos (III, 3) et une autre fois, elle évoque la virtualité d'une sortie de même type (V, 3). Le plus souvent le lieu scénique, le lieu d'ici, ne saurait être que provisoire ou dangereux : il est le moyen de l'échappatoire, sinon l'occasion de l'échec. Sans doute Don Juan poursuit-il ses belles sur la mer, mais il manque de se noyer; il s'attaque à Charlotte et à Mathurine, mais il est pris au piège de sa double promesse de mariage et il choisit de s'esquiver; il va au secours de Don Carlos, mais il se retrouve nez à nez avec Don Alonse; il attaque (au sens où il pénètre dedans) le tombeau du Commandeur, mais avec les conséquences que l'on sait. En revanche il fuit Elvire, il fuit dans la forêt, il fuit devant Dimanche, placé chaque fois en position de repli, sinon de défaite.

Un autre personnage est tenté par la même mobilité : Charlotte, qui veut «aller voir» Don Juan, signe d'infidélité prochaine. Mais pour tous les autres l'immobilité est signe de fidélité : Pierrot tient à son lieu («il pousse» Don Juan) et protège son bien; Sganarelle aussi marque sa fixité en ne suivant pas son maître et en mettant les deux paysannes en garde contre les tentations du changement : «[...] Je ne puis souffrir de vous voir courir à votre malheur. Croyez-moi l'une et l'autre : ne vous amusez point à tous les contes qu'on vous fait, et demeurez dans votre village» (II, 4). C'est lui encore qui repousse Dimanche hors du lieu.

A tous égards Don Juan est un nomade, un parasite qui se nourrit du bien d'autrui. Quand on le verra enfin chez lui, à l'acte IV, c'est lui qui sera «épinglé», en situation de faiblesse parce qu'immobilisé par les nouveaux détenteurs du mouvement, par les envoyés du Ciel. L'attitude d'Elvire, vue sous cet angle, est exemplaire : sa mobilité du début (I, 3) semble poser problème; mais elle n'est évidemment pas de même nature que celle de Don Juan. A cet instant elle est en position d'attaque, comme un noble humilié : c'est, pour une femme, l'équivalence de la provocation du duettiste; elle cherche le contact avec Don Juan pour une explication décisive et son argumentation est autant de passes d'armes. Bientôt se produit sa conversion : sa mobilité change de signe : elle vient avertir Don Juan du danger céleste; elle est figure du Ciel, elle le lui dit (en IV, 6).

Ce qui permet de mieux déceler le rapport du Ciel à Don Juan : le Ciel est d'abord immobile et se manifeste métaphoriquement : il est responsable du retour à la terre ferme, à la fixité de la fidélité; quitter son lieu c'est se «dévoyer»; Don Juan le dit très clairement à Charlotte, en termes évidemment inversés : « [...] Ce Ciel [...] m'a conduit ici tout exprès pour empêcher ce mariage [...] et il ne tiendra qu'à vous que je vous arrache de ce misérable lieu [...]». L'homme du Ciel, le pauvre, a choisi l'immobilité : «Je suis un pauvre homme, retiré tout seul dans ce bois, et je ne manquerai pas de prier le Ciel [...]».

A partir du III, 4, le mouvement commence à s'inverser : Don Juan continue à marcher, à s'agiter (scènes de plein air de

III, 1, 2, 3 et 4) mais pour rien, à vide. Bientôt c'est le Ciel qui va prendre l'initiative du mouvement : «Le Ciel vous l'offre ici» dit Don Alonse; le Ciel fixe Don Juan en un lieu de mort. Mais «ici» est encore un lieu de protection provisoire; il y a suspension pour un temps de la mutation des espaces : l'acte courageux de Don Juan a transformé ce «lieu-ci» qui n'est plus alors dangereux. Bientôt on aura : III, 5 : la statue baisse la tête : premier mouvement de l'au-delà vers Don Juan; IV, 8 : la statue interrompt le souper; V, 6 : la statue vient chercher Don Juan : «Arrêtez, Don Juan [...]». En opposition on remarque l'immobilité de Don Juan, marquée désormais d'un signe négatif de faiblesse : lieu fixe de son appartement, mais lieu menacé par Dimanche, Don Louis, Elvire, la statue. Il lui est impossible de souper; c'est l'intrusion du Ciel sur la terre et Don Juan devient passif : «Où faut-il aller ?»

Sans doute la scène 1 du V marque-t-elle un retournement, un retour en arrière, un ancrage en un lieu sûr : à la perversion du coureur de femmes pourrait faire pièce la conversion, le retour de l'enfant-prodigue : «C'est sous cet abri favorable que je veux me sauver [...]». Mais c'est là une fausse fixité, une fixité vidée de son sens par l'hypocrisie. L'isotopie du mouvement, dans sa double manifestation «immobilité/mobilité» et sa double qualification euphorique/dysphorique, fonde un des sens de *Dom Juan*. S'y ajoute l'idée que ce mouvement produit un décentrement constant de l'action scénique hors du lieu, du fait que le rapport spatial majeur est d'ordre vertical, du Ciel à la terre.

Évidemment cette dialectique immobilité/mouvement, transcendance/impiété ne doit pas masquer que Don Juan reste mobile à l'acte V comme à l'acte I car son système de valeurs aristocratiques reste entier : il se prépare à sortir avec Don Carlos et il fait un mouvement en avant vers le spectre et vers la statue en V, 3, 5 et 6. C'est cette permanence du mouvement qui rend l'attitude de Don Juan si intolérable aux censeurs : immobilisé par la force des choses et de Dieu, Don Juan continue à «aller de l'avant». Il se présente de face à la statue (il lui donne la main). La prise de conscience de son échec réduite à une seule phrase ne sera pas pour reconnaître la supériorité de la transcendance; seulement pour constater qu'il meurt : Don Juan tombe mais ne se rend pas. C'est vraiment de lui qu'on pourrait dire qu'il est une «force qui va», sans qu'il soit besoin de donner à cette force un point d'application quelconque : il est le mouvement.

Interprétation quelque peu existentialiste où Don Juan serait une sorte de Sisyphe : il se sait et se veut condamné mais il n'en poursuit pas moins sa voie. Peut-être, mais il faut bien admettre qu'à la fin il est vaincu et exclu de tout lieu; le Ciel envahit la scène et l'annule : «Ainsi le Ciel est une autre scène, sans cesse présente et menaçante. Elle apparaît d'abord comme une puissance de langage, tout en même temps évocation obscure, impossible à démontrer et transparente certitude, et se manifeste finalement en se substituant à la scène du théâtre, comme si elle l'engloutissait» (7).

Chéreau, en excluant totalement de son propos la transcendance et les valeurs aristocratiques donne à la mobilité de son héros un caractère constamment dysphorique plus encore que misérabiliste. Il n'y a pas chez lui d'articulation entre l'agitation de Don Juan et la stabilité d'un Ciel qui prépare sa revanche et va se mettre, sous les espèces du Commandeur, à bouger. Il n'a retenu que l'agitation mais l'inscrit néanmoins dans un rapport d'opposition, qu'on pourrait dire laïque, avec une autre mobilité, celle justement de ceux qui, jusqu'ici, étaient condamnés à l'immobilisme.

Le réalisme critique

Après ce qui a été dit sur la théâtralité et l'ambiguïté de la mise en scène, il y a peu de chance que le réalisme mimétique constitue un paradigme dont les occurrences soient, au niveau du moins des signifiants, plus que des apparences fragiles; d'autant que ce réalisme reçoit immédiatement un qualificatif : «de la misère», qui en oriente, idéologiquement, la perception. Réaliste, sous cet angle, est le débraillé de Sganarelle, les loques des anonymes massés en avant-scène, les costumes à la Zola de Pierrot, Charlotte et Mathurine; les accessoires du premier acte (bassines, tables et chaises); l'usage qu'on en fait (Don Juan se lave, la tête dans la bassine, comme un paysan à sa fontaine); les attitudes des uns et des autres (par exemple Don Juan accroupi ou allongé à plat ventre). L'absence totale de décorum donne à l'ensemble un caractère populiste, encore accentué par les teintes grises ou ternes des matériaux.

Quant au réalisme critique, il se lit dans l'évolution de la masse des déshérités qui, exclus longtemps (jusqu'en III, 5) du lieu de l'action – puisque, en sous-humanité, ils étaient réduits à hisser leurs visages au niveau du plancher du podium – acquièrent, en même temps qu'apparaissent le tombeau et la statue du Commandeur, une stature d'hommes libres, c'est-à-dire de travailleurs. Elle est étrange et mérite commentaire cette coïncidence, qu'on ne peut pas ne pas prendre pour un lien de causalité, entre le surgissement du «surnaturel» et l'accès à une conscience politique.

Paradoxe, semble-t-il; comme si l'ennemi de classe était le seul Don Juan. De fait le Commandeur sera à la fin manœuvré par ce même peuple qui se fait donc l'allié du Pouvoir (puisqu'il est entendu que ce surnaturel est «la figure de la machine répressive du Pouvoir» (G. Sandier)) pour liquider Don Juan. Peut-être cette vengeance a-t-elle un sens dans le *hic et nunc* de l'intrigue : les hommes du peuple vengent leurs semblables bafoués par Don Juan (Pierrot, Charlotte, Mathurine et Sganarelle) mais en se faisant la main du Pouvoir, ils ne font que tomber d'une aliénation dans une autre, plus oppressive d'être invisible. Faudrait-il croire qu'en occupant le tombeau du Commandeur le peuple préfigure l'envahissement des Tuileries en 1792 ? Ce qui importe, plus vraisemblablement, c'est que le Commandeur ne soit qu'une «machine» et, comme tel, livré à la volonté agissante des opérateurs. Bel optimisme quant à la libération des foules promise par l'ère industrielle !

Acte de foi encore que représente la métamorphose-prise de conscience de Sganarelle : interdit de parole par le fait de Don Juan, pendant toute la pièce, Sganarelle se libère enfin de sa tutelle et lève en V, 5 un poing riche de connotations : «Une vie nouvelle va commencer pour lui, qui ne sera plus une vie d'esclave» (G. Sandier). Politique-fiction, osera-t-on dire, qui extrapole un peu facilement à partir de notre actualité (1969, date de la mise en scène, est tout proche de 1968 !); elle réduit les ambiguïtés dont pourtant Chéreau avait souligné qu'elles étaient constitutives de la pièce et elle ouvre d'autres perspectives, étrangères à la cohérence, jusqu'ici préservée, de la mise en scène.

Ambiguïté et violence

La violence, au contraire, s'inscrit mieux, dans ce qu'elle a d'imprévisible et d'intolérable, dans un système de l'ambiguïté : par elle on passe du flirt aimable au quasi viol (II, 2), de l'affrontement à la loyale des frères d'Elvire aux empoignades de crocheteurs (III, 3), avant qu'ils n'en viennent à tout saccager (III, 4) (photo 21); de l'émotion apitoyée à la jouissance sadique (IV, 6); de la plaisanterie de noceurs à la torture raffinée (IV, 7). Don Juan pousse Elvire à l'hystérie en I, 3 comme il amène les deux paysannes à s'étriper (II, 4), comme il bouscule avec la dernière brutalité le malheureux Pierrot. Il n'est pas jusqu'aux statues du Commandeur qui ne soient l'image de la violence avec leur carrure de catcheur et leur masque patibulaire : elles agiront d'ailleurs avec Don Juan en conséquence, l'assommant à coups de pied et de poing, le privant ainsi de la fin prestigieuse et lyrique réservée aux grands damnés (photo 22).

Réalisme de la violence donc qui relaie ce que les signifiants simplement mimétiques avaient d'un peu terne, pour proposer un sémème très redondant et très diversifié dans sa redondance : *Dom Juan* est une pièce sombre dont les contradictions restent sans solution; la théâtralisation qui est à l'origine de la mise en scène en est aussi le point d'arrivée : maintenant jusqu'au bout la balance égale entre l'engagement politique et la dérision esthétique, elle rend possible une ouverture du sens par où s'engouffrent les images constamment torturées ou grimaçantes d'une société en gestation.

CHAPITRE VI

LE POLITIQUE EN TRAVAIL : LE *TARTUFFE* DE PLANCHON

Il s'agit avec le *Tartuffe* de Planchon de déceler les articulations des systèmes signifiants mis en jeu : Planchon construit sa mise en scène sur plusieurs registres dont les occurrences, pour chacun, sont suffisamment nombreuses pour ne donner lieu à aucune ambiguïté (1). Au contraire le lien qui unifie ces différents systèmes est plus difficile à saisir et c'est peut-être là que l'analyse de la redondance pourrait trouver sa meilleure application, dans la mesure où elle ne travaille que sur des réitérations de signifiants.

Au niveau des concepts il est en effet aisé de remarquer que Planchon met en cause, dans son *Tartuffe*, à la fois la religion, la sensualité, l'autorité royale, l'art baroque et l'esprit de géométrie; il est tout aussi aisé de dire que la lecture idéologique de Planchon organise tous ces éléments de façon cohérente : passage d'un monde à l'autre, construction (géométrique) d'une nouvelle civilisation imprégnée d'une religiosité à la fois tourmentée et ambiguë (ce sont les caractéristiques de l'art baroque) où l'exaltation du corps entre en conflit avec les impératifs rigides de l'autoritarisme royal. La religion est exploitée à son profit par le pouvoir, mais non sans une certaine méfiance : les valeurs de l'une et de l'autre ne sont pas si assurées que religion et pouvoir ne doivent se ménager réciproquement; l'ordre politique et social n'est pas encore définitivement instauré.

Toute cette aventure d'un monde en marche, soumis à des tiraillements multiples et à des risques d'éclatement, est transcrite à travers le destin d'une famille saisie dans son privé et son évolution (déshabillés; bâtiments en construction; décoration inachevée) autant que dans son passé et son statut officiel (la cassette d'Argas; les rapports d'autorité parentale). Tartuffe est à lui seul le représentant métonymique de toute une classe, l'image d'une structure hiérarchique, dévoyée sans doute mais essentielle dans son principe même puisque, de sa présence, résulte le quadrillage serré des attitudes individuelles qui risqueraient d'échapper, sans lui, à tout contrôle. Alors que d'ordinaire on considère *Tartuffe* comme l'histoire de l'intrusion accidentelle d'un méchant dans une famille heureuse, le dénouement, par le biais très artificiel d'une intervention royale, étant destiné à remettre les choses en l'état, Planchon inverserait plutôt les données : il place le roi très tôt au centre de son dispositif. Tartuffe devient une «pièce pour famille avec roi», l'acte VI (c'est-à-dire la scène 7 de l'acte V) devenant la clé de tout ce qui précède.

Cette lecture régressive, rétrospective où rien de ce qui se présente dans la linéarité du spectacle n'a de sens tant que la dernière image n'a été projetée, pose le problème de la construction du syntagme et par là du «sens» de la lecture : le syntagme se construit-il par adjonction successive d'éléments (secondaires) à un noyau sémique donné dès le début ? C'est la construction classique avec une place privilégiée faite à l'exposition qui contient en germe tous les événements et toute la thématique de la pièce. Le syntagme au contraire reste-t-il erratique, uniquement constitué de dépôts mnémiques inorganiques tant que le mot fin (le baisser de rideau) n'a pas été prononcé ? Se pose alors la question de savoir comment se réalise le processus de liaison qui, d'un coup (il est bon d'insister sur la rapidité de ce processus, car la perception aiguë d'un spectacle ne dure pas longtemps) rassemble les images les plus disparates, donne à ce qui paraissait gratuit un caractère de nécessité, hiérarchise les niveaux et permet d'intégrer dans une intellection globale tout ce qui avait été volontairement proposé, jusqu'ici, sous forme de fragments : décomposition en micro-séquences narratives du discours théâtral favorisant elles-mêmes l'éparpillement des images mémorisées.

Tout ce qui ressortit à l'idéologie devrait cependant être réservé et considéré comme le point d'aboutissement de l'analyse des signifiants. Un seul va être privilégié ici, celui du décor et, accessoirement, des costumes et des objets. Il est déjà significatif que Planchon ait présenté plusieurs versions de son *Tartuffe* avec, de 1962 à 1973 un décor entièrement renouvelé et, dans la version de 1973, des variantes qui traduisent moins l'hésitation que le désir d'éclairer (ou d'enrichir) le sens politique donné à son interprétation : le discours politico-religieux de Planchon est en effet un discours visuel qui se développe en parallèle du texte, Molière et Planchon ne se rencontrant, *in extremis*, qu'à la scène 7 du V, sous les espèces de l'exempt. La construction du sens politique de la pièce suit donc les métamorphoses successives du décor.

Le décor de 1962

Un mot cependant, pour commencer, sur la première mise en scène, de 1962 : on y trouve déjà la reproduction de la Descente de croix d'un anonyme du Musée de Dijon, en format relativement réduit alors qu'en 1973 elle occupera, sous forme de rideau, toute la surface de l'ouverture de scène. Cette toile, en 1962, restera suspendue dans les cintres tout le long de la pièce comme une sorte de note tenue, en redondance temporelle, et véhiculera le commentaire de Planchon sur ce que Molière présente au niveau du sol : en effet le décor, avec son carrelage noble de grands damiers, noirs et blancs, son mobilier d'époque (crédence, tabourets, fauteuils), sans parler des costumes, situe l'action, de façon iconique, dans le référent «Grand siècle». Ce commentaire de Planchon contient le triple sème de «religion», «mort» et «sensualité»; il s'articule avec les toiles religieuses de la maison d'Orgon et crée une seconde redondance temporelle, d'ordre syntagmatique celle-ci : ce qui est simplement décoratif, placé sur les murs, devient idéologique quand il est dans les cintres : l'iconique se transforme en symbolique.

Sensualité et religion sont donc intimement liées dans le texte : non seulement dans les deux scènes de Tartuffe avec Elmire, mais également dans la première adresse de Tartuffe à Dorine, dans les allusions de Madame Pernelle, mais aussi et surtout dans les rapports de Tartuffe et d'Orgon qui étalent sur toute la pièce, par une sorte de redondance diluée, une coloration homosexuelle lisible dans le texte de loin en loin (2). Liées dans la mise en scène aussi, au double niveau de la décoration intérieure et du commentaire surplombant. On a donc affaire à une triple redondance. Il est moins certain que le sème «mort» soit sensible dans la mise en scène de 1962, sinon peut-être à travers le noir des costumes et l'ampleur catastrophique des derniers rebondissements de l'intrigue. On dirait plutôt que le sème «mort» n'est situé qu'au niveau du commentaire idéologique permanent sans pour autant être visible dans le fonctionnement concret de l'œuvre : c'est la religion qui est responsable de la dégénérescence d'une famille; c'est elle qui la tue.

Que la métaphore soit à l'origine de la construction iconique d'un signe tout autant que de son élargissement symbolique, nous en avons un autre exemple dans l'exploitation même du décor : des fermes successives se lèvent, au début de chaque acte, donnant de la maison d'Orgon une vision de plus en plus complète, jusqu'au dernier décor qui montre, dans le mur du fond constitué d'une sorte de quadrillage à l'espagnole, la porte sur l'extérieur par où entrera le destin, mauvais en la personne de Tartuffe, bon en la personne de l'exempt-envoyé du roi.

Cette disposition décorative a pour avantage de distribuer de façon réaliste (en icône référentielle d'une maison bourgeoise du XVIIe siècle) les différents moments de l'action en des lieux appropriés : sorte de corridor nu pour le premier acte, cabinet de travail pour le deuxième, salon pour le troisième, etc. Elle vise aussi à nous dire que nous pénétrons, avec Tartuffe et de plus en plus, dans l'intimité d'Orgon. Ses lieux et ses biens secrets – sa cassette, sa femme – tombent ou sont sur le point de tomber entre les mains de Tartuffe jusqu'au moment où la maison est traversée de part en part, possédée et ouverte (par cette porte du fond enfin visible au cinquième acte) à l'intrusion du monde extérieur qui vient condamner ou sauver.

La mise en scène de 1973

1. Le rideau de scène

Quatre axes sémantiques s'y décèlent :

a) religion/sensualité/mort (comme dans la mise en scène de 1962);

b) parodie ou du moins mise en rapport direct de la sensualité religieuse avec l'action car la porte par où apparaîtra Flipote, à la scène zéro, se découpe à l'emplacement précis du sexe du Christ. La lumière du début montre «une grande main dont l'index pointe vers le bas [...]. L'index indiquait le sexe, la porte, la femme» (3);

c) géométrie, avec le sextant, la règle à calcul, l'indication métalinguistique : Fig. 3, etc.

d) construction en cours puisque plusieurs châssis quadrillés apparaissent, non encore recouverts de panneaux décoratifs. Construction ou déconstruction ? Un des châssis en effet est partiellement recouvert par un panneau, mais selon une ligne brisée qui fait penser plus à une destruction ou à une dégradation qu'à la mise en place future d'un élément neuf. Cette direction de lecture, qui sera beaucoup plus nette à l'acte II avec la conque de stuc mangée de briques, à l'acte IV avec la statue romaine mutilée gisant sur un tas de gravats, autoriserait une interprétation idéologique intéressante puisqu'elle suggérerait que la construction d'un monde neuf, avec ses peintures religieuses, ses marbres versaillais et ses stucs à l'antique, n'est pas seulement marquée d'un signe positif «monde bâtisseur», mais en même temps, d'un signe négatif : le stuc n'est qu'un placage et la brique nue est tout autant un rappel historique de l'architecture Louis XIII qu'une connotation moderne de la pauvreté. Cette lecture met en cause le sens même de la pièce : elle ne va pas vers un plus qui serait le passage d'un monde féodal (symbolisé par l'autonomie d'une famille et l'autorité toute-puissante du Père) au monde monarchique, ordonné selon une structure hiérarchique où tout un chacun devient le vassal du Maître; elle va vers un plus qui est en même temps un moins : la construction d'un monde nouveau est jugée en même temps que montrée : un même système signifiant, dans ses multiples occurrences, propose un double sens : le spectateur dès lors a toute liberté – c'est là que se manifeste son autonomie productrice de sens – de choisir l'un plutôt que l'autre, ou même les deux à la fois. Que Planchon, pour sa part, ait nettement indiqué, dans la lettre écrite à une spectatrice (4) quelle était sa lecture personnelle, ne change rien à l'affaire : le spectateur moyen n'a pas connaissance de cette réponse et, l'aurait-il, il n'a pas à s'en soucier.

On a remarqué (5) que, du sexe du Christ au sextant, une ligne oblique peut être tracée, partageant la surface du rideau en deux triangles égaux. Il se peut; mais cette notation subtile (la traduction d'une image en isotopie phonématique n'est pas coutumière au spectateur) n'est perceptible que si elle est soutenue, dans la suite du spectacle, par d'autres occurrences du même sémantisme. Sémantisme de la liaison de la sensualité religieuse à la construction d'un monde nouveau, ou sémantisme de la démarche oblique des principaux personnages (Tartuffe, l'exempt) ? Peut-être le passage du sens propre au sens figuré du terme «oblique» a-t-il quelque chose de trop abstrait, peut-être n'est-il pas assez inscrit dans la réalité visible pour être retenu.

Quoi qu'il en soit, à tout le moins peut-on avancer, si l'on cherche à articuler les quatre systèmes signifiants proposés, qu'il y aura enchaînement de la construction d'un monde neuf dominé par la rationalité géométrique, avec une religion dont la sensualité est au point d'origine de l'action scénique prochaine. Ces quatre sèmes s'opposent et s'articulent deux par deux :

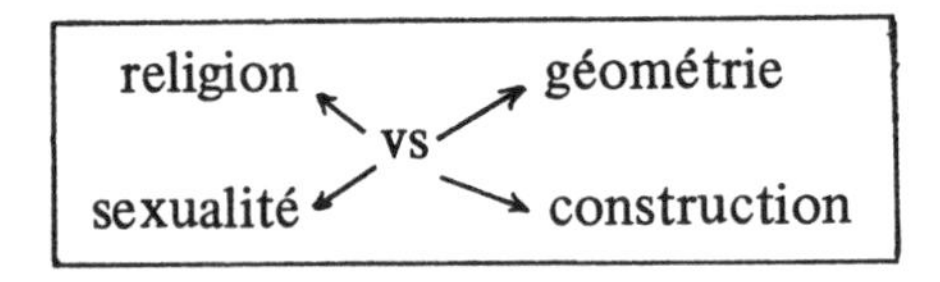

(ce tableau n'étant possible que si l'on exploite la relation sexe-sextant suggérée par Kowzan); l'action d'autre part, du moins dans son caractère immédiat de fonctionnement, est liée au sexe et à la religion. On verra qu'effectivement géométrie et construction sont les commentaires idéologiques propres à Planchon, avec lesquels les personnages n'auront jamais besoin de jouer pour produire leurs rapports inter-personnels.

On peut donc dire que le rideau contient la genèse de l'œuvre presque entière. «Faire parler le rideau» n'est pas, semble-t-il, une invention de Planchon, mais c'est la première fois qu'on lui fait dire autant de choses.

2. Décor du premier acte

S'y manifestent à peu près les mêmes axes sémantiques que sur le rideau mais avec d'autres signifiants, ce qui ne va pas sans modifier les significations; des éléments nouveaux apparaissent aussi :

a) la construction, avec les bâches qui masquent des échafaudages, une énorme roue, une sorte de plat-bord comme en utilisent les maçons pour crépir les murs, des cordages. Cette construction est marquée d'une qualification négative, les bâches noires formant de grandes surfaces hostiles qui se détachent en contre-jour sur un ciel d'orage aux nuages tourmentés et aux teintes violemment contrastées (brun et bleu sombre).

b) le baroque, perceptible précisément à travers ce ciel violemment expressif tel qu'on en voit dans les toiles de Giorgione, du Caravage, de Ruysdaël ou de Rembrandt. Ce n'est pas que ces peintres appartiennent historiquement à l'art baroque (qui, au sens strict est italien dela première moitié du XVIIe siècle) mais la référence est culturelle donc globale, non scientifique. Autre élément baroque : l'angelot doré et planant dans les cintres jardin qui tient d'une main une épée, de l'autre la palme du martyr. Il restera ainsi, tout le long de la pièce, sorte de point d'orgue surplombant, surveillant les évolutions des humains;

c) la religion (déjà sensible avec l'ange) incarnée par un Christ aux outrages, figure de cire ou de bois grandeur nature, tellement iconique qu'on le prend pour un comédien costumé en Christ avec sa couronne d'épines, son attitude accablée et son pagne dont un des morceaux lui pend entre les jambes. Il est assis au coin cour du plat-bord (photo 23).

On voit alors immédiatement l'articulation des trois systèmes signifiants : la construction est liée métonymiquement au Christ, le Christ dans sa surexpressivité réaliste ressortit à l'art baroque, et le baroquisme de l'ange est de caractère religieux.

Les différences avec les quatre systèmes signifiants du rideau, réduits désormais à trois sont les suivantes :

– la dimension sensuelle de la religion a été (provisoirement) écartée au profit d'un caractère à la fois angoissé (le Christ, le ciel) et exalté (l'ange). Religion et baroque vont de pair, soulignés à la fois de somptuosité et de tristesse.

Le Christ est mêlé aux humains et sert de contrepoint religieux à leurs débats familiaux, pendant tout l'acte I. S'établit ainsi un syntagme d'articulation «texte/accessoire»,par lien de causalité, les interventions de Dorine dessinant le portrait d'un homme dont toute la conduite outrage le Christ. On ne saurait mieux, conformément aux intentions de Molière (6), souligner combien Tartuffe nuit à la religion dont il usurpe les apparences. D'autant que lors des discussions de la scène 2 Cléante vient s'asseoir sur le plat-bord, tout prêt du Christ, bien que lui tournant le dos. Rapprochement qui vaut ressemblance, selon les lois de la métonymie, soulignée encore par le costume et la morphologie de Cléante : il a les bras nus, des bras maigres et mous d'intellectuel, comme ceux du Christ ! Il a la même attitude penchée et un pan de son long foulard lui pend entre les jambes comme le morceau de pagne, au Christ (photo 24). Si l'on ajoute que trois pans de tissu, derrière Cléante et le Christ, sont accrochés aux cordages du plat-bord, une liaison supplémentaire de signifiants est établie entre le Christ et Cléante qui n'a pas besoin de tenir – à cet instant – le discours d'une morale raisonnable et sincère pour mériter d'être considéré comme le porte-parole de la religion vraie (7).

Dans la communication théâtrale l'énonciateur-auteur reste, par principe, extérieur au cadre énonciatif, extra-textuel. Son «message», si tant est qu'on puisse le déterminer, est relayé par l'énonciateur intra-textuel qu'est le narrateur-metteur en scène : c'est lui qui formule les conditions imaginaires d'un autre message, le message «dialogue» qui se joue de personnages à personnages, seuls et véritables énonciateurs et énonciataires du discours scénique. Ici – surtout si l'on prend en compte l'affiche du spectacle où le visage du Christ sur le voile de Véronique est remplacé par la tête toute sanglante de Molière lui-même – on a affaire à une surimpression des énonciateurs intra et extra-scéniques, le Christ, Cléante et Molière n'étant plus qu'un même personnage. L'énonciateur-auteur extra-scénique alors ne peut être que Planchon lui-même, celui qui, sans parler, et par le simple apport de cette figure christique, insère et compromet Molière dans son œuvre bien plus directement que toute pièce auto-biographique n'oserait le faire. «L'objet» Christ dit Molière tout autant que les toiles peintes diront les déviations de la religion. La différence entre une pièce didactique et le *Tartuffe* de Planchon tient au fait que le discours chez lui est visuel, non réflexif, immédiat, non gangrené de commentaires moralisateurs.

3. Les costumes (acte I et suivants)

Les costumes de la famille Orgon sont, dans un ordre de valeurs voisines, à examiner sous l'angle de la redondance. On a dit – et ce n'est pas cela qui nous intéresse ici – qu'on saisissait la famille Orgon dans son intimité et qu'il était donc normal que chacun soit en déshabillé : ce caractère d'iconicité sociale est à inscrire dans tout le système de la redondance réaliste qui, de longue date, appartient à l'esthétique planchonienne : Orgon en rentrant chez lui se met en robe de chambre (I, 4); les membres de la famille déjeunent debout dans de la vaisselle d'étain (I, 1); on voit Dorine se livrer à ses activités de femme de chambre (II, 1 et 2); la famille prendra son repas du soir (V, 4) (8). Mais il n'y a là rien de bien original : la mise en scène de *George Dandin* travaillait déjà sur les mêmes données.

Au contraire ce qui paraît beaucoup plus riche parce que secret au premier coup d'œil et organisé en système au fur et à mesure de ses occurrences, c'est l'emploi du matériau tissu, pris dans son double sens de voile qui habille et qui cache et de voile qui s'envole et s'exalte en plis baroques. Symboliquement la quasi nudité de Damis et de Mariane, le déshabillé très négligé de Cléante et de Dorine (encore que plus iconique dans le cas de la servante), le déshabillé plus mondain d'Elmire correspondent à la sincérité de leur comportement, car la vérité est nue. Tandis qu'Orgon ne se défait de son harnachement officiel que pour revêtir une lourde robe de chambre brune qui l'engonce; tandis que Tartuffe (outre le fait qu'il est, en ange maudit, tout de noir vêtu) est constamment en costume de ville (culotte, bas, souliers à boucles). S'habiller, c'est changer d'identité; se couvrir, c'est se masquer. Jeu scénique vieux comme l'habillage du cardinal devenu pape dans *La vie de Galilée*. Ainsi Mariane est-elle encore en chemise à l'acte II, mais sa robe de mariée l'attend qui, en la «tartuffiant» la rendra étrangère à elle-même.

Moins directement lisible apparaîtra, aux actes III et IV – et dans des lieux qui, sans être tout à fait identifiables, n'ont plus rien à voir avec la buanderie de Dorine – le panier de linge dont la présence ne se justifiait, référentiellement parlant, qu'à l'acte II. Si l'on fait alors le tableau des usages redondants du matériau tissu on obtient :

voile (absence de)	vs	voile (présence de)
Acte I et suivants : costumes des membres de la coalition anti-Tartuffe (non-voile vaut sincérité)		– panier de linge (II, III, IV) – nappe/drap masquant la table (II, IV); en IV ce drap devient drap de lit lors de l'attaque de Tartuffe. – tissu blanc entourant en bandelettes le cheval et son cavalier ainsi que les colonnes du dais (III). – voile gonflé en bouillons «esthétiques» derrière le cavalier (III). – housses qui cachent les fauteuils (III et IV)

Tout ce qui est voile s'inscrivant dans le système du mensonge (le masque),du mal (le drap de lit) ou de l'apparence (le décorum royal), quelle place peut bien avoir le panier de linge abandonné par Dorine ? L'explication réaliste du genre : «la maison est en plein désordre et tout traîne n'importe où »paraît peu satisfaisante. On verrait plutôt, attachée au linge, une connotation de menace, comme s'il était une sorte d'objet magique marquant de son influence néfaste tous les événements dans les actes où il se trouve déposé. Il ne disparaîtra qu'en V quand enfin, à la surcharge décorative des actes III et IV succéderont la nudité du décor (mur de pierre, ouverture rectangulaire du fond dépouillée de toute ornementation) et la sévérité des volumes et des surfaces : les membres de la famille Orgon sont jetés dans des sortes de cachots/ sarcophages dont les couvercles gisent sur le bord de la scène.

Du coup s'intègrent, par récurrence, d'autres emplois du linge blanc, dont la justification «réaliste» serait de courte portée : ainsi la serviette soigneusement plissée qu'Orgon déploie sur la tablette où il prend un frugal repas (I, 5). Le linge blanc, et plus généralement le blanc (comme celui de la statue équestre en III et de la statue romaine en IV) ne culminerait-il pas, à travers les valeurs secondaires du mensonge, du mal et de l'apparence, dans l'isotopie surplombante de l'écran, du manque, que déjà Planchon avait magistralement mise en place dans *George Dandin* avec des draps qui barraient toute la scène et séparaient les protagonistes ? Le blanc, c'est la fausse présence, c'est l'oblitération de la présence, c'est tout simplement, comme dans une page d'écriture, un trou dans le *continuum* signifiant, faisant interrogation par le seul fait de sa présence. On croit qu'il signifie – et habituellement sont attachées au blanc et au linge blanc les valeurs connotatives d'ordre et de pureté; en fait il signifie littéralement le rien, l'absence de signification. On aura à en reparler justement avec cette statue mutilée du IV qui pointe vers le ciel un bras inutile et coupé (9).

4. Décor de l'acte II

Il se passe tout entier à la buanderie où trône Dorine derrière une immense table formée de lourds tréteaux sur lesquels est posé un plateau recouvert d'un drap blanc. Plus intéressante, d'un point de vue non référentiel, est la résurgence des classèmes «baroque» et «construction» auxquels s'ajoute, de façon nette cette fois-ci, le sème de l'oblique.

a) Le baroque et la construction se manifestent ensemble sous la forme d'une conque ovale ornée de volutes stuquées et contenant en son centre un ciel pâle. Le ciel évoque la religion tandis que la conque, par sa forme et ses connotations culturelles (telle La Naissance de Vénus de Botticelli) renvoie à la sensualité. Les deux sèmes «religion» et «sensualité» se retrouvent donc bien, mais à l'intérieur d'un autre sémème, celui de «construction baroque». De place en place le stuc laisse apparaître la brique. Décoration en cours d'achèvement ou dégradation progressive, on ne sait. A la cour, assez haut, on aperçoit une tête de lion, autre motif décoratif noble, tandis que des draps sèchent, au-dessus de la conque, en jardin.

b) L'oblique est concrétisé, de façon agressive, par une longue gouttière de bois noir qui part des cintres dans l'angle cour et aboutit au sol, au jardin, dans un baquet. Opposition des matériaux : stuc vs bois; des formes : arrondi vs anguleux; des règnes : quotidien vs artistique; des couleurs : gris-rose vs noir; des valeurs esthétiques : beau vs laid. L'articulation est nette, mais pour quel propos ? Écartons une fois de plus, non parce qu'elle est sans intérêt, mais parce que sa lisibilité immédiate s'épuise dans son simple constat, l'explication réaliste. Il reste que l'oblique barre, raye, biffe pour ainsi dire la construction baroque. La gouttière appartient au monde réel, au monde du travail (elle fournit de l'eau à Dorine) (photo 25). Voilà donc la grandiloquence décorative jugée en même temps que montrée, les deux systèmes signifiants étant exploités l'un contre l'autre.

Devant cette ligne oblique qui apparaît pour la seconde fois, et cette fois-ci matérialisée, on se prend à penser qu'un sens doit se dégager, peu à peu, de cette redondance. Il ne le semble pas encore, le jugement de valeur soutenu par l'oblique de l'acte II étant de tout autre portée que l'oblique fictif du rideau de scène. Par contre c'est la seconde fois que le sémantisme «jugement critique» apparaît sous des signifiants différents : la première fois c'était le personnage de Tartuffe qui était jugé par la présence du Christ aux outrages, ici c'est la magnificence d'Orgon. On assiste donc progressivement, à travers ces manifestations redondantes d'un type particulier (identité d'un signifié classématique assez diversifié dans ses applications) à la déconstruction du décor pompeux mis en place préalablement. Et cette déconstruction, on le verra, ne fera que s'accentuer. Par là s'oriente mieux cet axe sémantique qu'il aurait été naïf de lire dans le donné du décor : il résulte plutôt de l'articulation du donné et du jugé.

Et la religion dans tout cela ? Il n'en est guère question dans le contenu du II, très laïc et même mondain. Ce jeu des masques où la parole apparaît sans cesse comme manque (Orgon n'arrive pas à dire ce qu'il veut et les amoureux non plus) est, pourrait-on avancer, une autre figuration de l'hypocrisie religieuse : cette intention est rendue sensible chez Planchon par le fait même que la religion est présente quoique invisible (10) : le Christ a été remonté dans les cintres à la fin du I et assistera désormais tout le long de la pièce aux affrontements des humains. Placé en exact symétrique de l'ange, il désigne l'Église souffrante tandis que l'ange en représente la part triomphante. Les jeux de scène, extrêmement complexes, de la scène 4 sont une autre manifestation, inscrite également dans l'espace, de la présence-absence : car Valère et Mariane ne cessent de sortir de scène et d'y rentrer, se poursuivant, se séparant avant d'être réunis par la forte poigne de Dorine.

Ainsi pour résumer, l'acte II est dominé au niveau de la décoration visible par l'articulation «oblique» vs «constructionbaroque»; au niveau de la gestuelle, de la parole et de la décoration quasi invisible, par la suprématie du masque. C'est bien l'oblique, le classème redondant de tout cet acte.

5. *Décor de l'acte III*

A en juger par les tâtonnements successifs qu'a connus le décor du III lors des diverses reprises du *Tartuffe* à partir de 1973, il apparaît qu'à la fois Planchon y attache une grande importance et qu'il n'est pas parvenu aisément (à supposer qu'il y soit parvenu) à le rendre lisible et cohérent. En effet le centre du décor est occupé par des flots de tissu blanc masquant plus ou moins (c'est dans ces variations que résident les tâtonnements) un cavalier et son cheval, eux-mêmes presque entièrement masqués par des bandelettes dont les bribes dépassent (photo 26). Le cheval est petit et cabré, le chevalier emperruqué : c'est une image traditionnelle de la statuaire d'apparat et ce cheval caracolant, indique Kowzan, est une réplique de la statue de Louis XIV par Le Bernin. Voilà qui nous ramène au baroque. Baroque tellement typé que, nous apprend toujours Kowzan, la statue déplut au souverain et fut exilée dans un coin du parc de Versailles. On dira que cette référence culturelle est secrète, beaucoup plus que les motifs décoratifs ou architecturaux jusqu'ici repérés et on se demandera pourquoi. Elle n'est pas due à un hyper-intellectualisme de Planchon prenant plaisir à déposer un signe indéchiffrable, mais au désir de la masquer parce que le masque est précisément l'axe sémantique de ce paradigme et parce que le motif de la royauté est, comme en musique, énoncé de façon souterraine; il n'éclatera que beaucoup plus tard, au V. C'est un signe encore réservé.

La statue et son cavalier sont placés dans un cadre doré de vastes dimensions, ce qui accentue encore leur caractère ornemental; et le tout est situé sous un dais de marbre noir constitué de deux colonnes ornées de volutes et d'un fronton de style jésuite; la volute côté cour, est coupée par une porte. De chaque côté du dais deux toiles présentent, côté jardin, le Massacre des Innocents, côté cour le sacrifice d'Abraham : cette alliance du singulier et du collectif a comme signifiant commun l'attitude du sacrificateur (entraîné dans un mouvement très large, d'une brutalité très théâtralisée) les tons bruns ou sourds, l'épée levée dans un même geste.

La religion est mise en cause par ces deux toiles puisque directement ou indirectement les non-coupables sont victimes de la vindicte céleste, que Dieu soit celui de l'Ancien ou du Nouveau Testament. Le fait que ces deux toiles encadrent la statue équestre n'est évidemment pas indifférent : un syntagme net se constitue entre ces trois paradigmes, articulé par le sémème du «masque» : Dieu est caché – *Deus absconditus* – au moment où l'on tue à cause de lui, ou il se réserve tandis qu'Abraham tue pour lui, tout autant que le Roi reste insaisissable derrière ses bandelettes et ses voiles. Le rapport de proximité est renforcé par un rapport d'identité conceptuelle, avec échange des traits différentiels de chaque élément : si la dignité du Roi ne peut rien ajouter à la majesté divine, en revanche la cruauté de Dieu entache la présence apparemment sereine du Roi. Ce qui sans doute n'a pas d'incidence au cours de l'acte III (où seule la redondance texte/décor se déchiffre, le fils et la fille d'Orgon étant dans la situation des victimes des tableaux) mais dépose par avance (redondance par anticipation) un sens qui sera exploité en V, 7.

Si l'on récapitule les occurrences de la religion jusqu'ici proposées, on a : l'Église triomphante (baroquisme de l'ange); l'Église souffrante (le Christ aux outrages); le Dieu méchant de l'Ancien Testament (sacrifice d'Abraham); le Dieu méchant (par omission) du Nouveau Testament (11). L'accent, à l'acte III, est mis sur la méchanceté par une nouvelle correspondance-redondance texte/décor, l'acte étant marqué à la scène 6 par la malédiction de Damis par son père, geste grave et sacré puisqu'il est sanctionné par l'autorité divine.

On a, de plus, transfert du paradigme «officiel» de la religion à la royauté, le baroque constituant le lien entre les deux. On constate donc qu'à la faveur d'un glissement métaphorique et métonymique (religion et royauté allant de pair) les trois axes sémantiques essentiels de la religion, de la construction et du baroque sont repérables dans ce décor du III. Il n'y manque que la dimension de la sensualité. C'est d'autant plus étonnant que la scène 3 est justement réputée pour proposer un mélange scandaleusement indissociable de la sensualité et de la religion. Pourquoi donc cette absence ? Peut-être parce que Planchon répugne à des redondances trop faciles; peut-être aussi parce qu'il estime qu'à partir du III la pièce atteint son niveau le plus profond où le débat – qu'il se manifeste sous forme de religion ou de relations interpersonnelles – prend définitivement une tournure politique.

6. Décor de l'acte IV

A l'acte IV tout, apparemment, a changé. Il est même étonnant de constater à quel point ont été modifiés l'atmosphère et les éléments décoratifs, à la seule exception des deux peintures de l'acte III qui, écartées vers les côtés jardin et cour, et à peine éclairées, maintiennent un lien lâche avec ce qui précède et assurent la permanence du sème «religion meurtrière». La grande échelle peut aussi rappeler le sème «construction» mais il en comporte une autre de plus large portée que l'on analysera bientôt. Autre permanence qui a valeur de citation : dans les cintres, côté cour, est accrochée une coquille de stuc, motif usuel de l'art baroque, de laquelle pend un œuf blanc, à peine visible pour qui ne s'attarde pas sur une photo du décor. L'œuf est aussi un élément décoratif coutumier à l'art baroque. Soit, mais l'on voit mal la raison d'être de cette redondance, la seconde occurrence d'un signifiant étant généralement choisie pour éclairer la première, alors que c'est ici l'inverse. Retenons plutôt la tache blanche à quoi se réduit cet œuf et avançons immédiatement ce qui nous paraît le syntagme majeur de ce décor : l'opposition blanc/noir conjuguée avec une opposition complémentaire : oblique vs horizontal.

Blanc : la petite ouverture côté jardin, le costume des femmes, les housses des fauteuils, la chemise de Laurent tapi au fond jardin, les deux ouvertures situées l'une au niveau du sol, l'autre très haut, en oblique, au-dessus d'elle, le drap jeté sur la table, la statue «à la romaine» et le tas de gravats d'où elle émerge. Noir : le mur du fond, à-plat immense où la brique sombre occupe une surface sans commune mesure avec celle qu'elle occupait à l'acte II; les tréteaux qui soutiendront la table et serviront de siège à Tartuffe à la scène 1. Ces deux paradigmes se combinent-ils avec ceux de l'oblique et de l'horizontal ? Oblique est la striure du mur, l'inclinaison du tas de gravats; enfin et surtout l'échelle immense dont les barreaux apparaissent à travers les deux ouvertures du mur du fond, éclairées d'en haut par une lumière blafarde. Horizontale est la tache blanche de la table et le «groupe» Elmire-drap quand, à la scène 6, après l'attaque provisoirement suspendue de Tartuffe, elle s'écroule au sol, prostrée autant qu'offerte ? Quant à la statue, elle dresse son bras coupé vers le ciel, en appel dérisoire, juste au-dessous de l'œuf (photo 27).

Il ne semble donc pas qu'on puisse systématiser une double correspondance «oblique/noir» vs «horizontal/blanc», avec l'arrière-pensée qu'un jugement dépréciatif serait attaché à l'oblique et au noir tandis qu'une valeur positive serait accordée au blanc et à l'horizontal. La vision de Planchon est moins morale et, en même temps, plus pessimiste : l'acte IV se joue dans un lieu-prison où les classèmes précédemment répertoriés et encore présents de façon allusive (le baroque, la religion) se conjuguent avec des signifiants neufs (la surface de la table, la verticalité de la statue et de l'échelle) pour concourir aux signifiés de la dégradation et de l'impuissance, perceptibles, conjointement, dans la statue plus encore que dans l'échelle : signe d'une ancienne magnificence (baroque par là) la statue est réduite à presque rien et sa mutilation même contient la réponse du Ciel. Quant à l'échelle, si elle peut encore renvoyer au premier état du décor et évoquer la construction, elle est glissée dans un étroit goulot, comme il en existe dans les puits de mine, possible chance de salut, mais escarpée, pour les déshérités qui se débattent au sol.

A la différence des actes précédents, ce ne sont pas les divers sémèmes qui, en s'articulant, s'opposent les uns aux autres, mais les signifiants d'un même paradigme qui en provoquent l'éclatement : le sémème «construction» (l'échelle) est annulé par la démolition de la statue : on n'a jamais fabriqué de statue avec des moellons alors qu'en la brisant on peut la réduire à un tas de cailloux; le sémème «baroque glorieux» (la coquille de stuc) est annulé par le «baroque piteux» (la statue mutilée et stoppée dans son geste grandiloquent); le sémème «salut» (la verticalité de l'échelle et l'appel de la statue) est annulé par les deux peintures cruelles; le sémème «blancheur» avec ses connotations de pureté et de paix (pour les costumes de la famille Orgon) est annulé par ses autres occurrences : le drap qui connote l'acte charnel et la faute quand Tartuffe et Elmire s'y étendent, qui dénote la violence quand Elmire l'arrache de la table; le sémème «autel» résultant de la forme de la table et de la blancheur de la nappe est annulé par l'usage qu'on en fait : on s'y allonge comme sur un lit.

On assiste donc à une sorte de suspension des axes sémantiques qui, jusqu'ici, orientaient la pièce. Ce qui expliquerait peut-être l'absence totale du sème «royauté» : la famille Orgon se débat, et avec quelle violence – qu'on songe à la crise de nerfs de Mariane, au mobilier renversé – au creux de la vague. Elle est, presque littéralement, emmurée : les ouvertures sont des soupiraux de cave; son échec est total. Ce qui s'accorde parfaitement avec le texte de Molière : Cléante voit ses nobles discours balayés d'un mot, Mariane est vouée à un mariage odieux, Orgon s'enferre dans l'erreur et brutalise sa servante, son fils, son beau-frère et sa femme; détrompé il en restera «assommé» (vers 1530), avant de s'apercevoir qu'il a perdu ses biens et son honneur (avec la cassette d'Argas). C'est bien l'acte du triomphe de Tartuffe et pourtant le point de vue adopté par Planchon est celui de la famille Orgon : pas un seul instant on ne songe à rire; cependant Dieu sait si la sortie d'Orgon «à quatre pattes de dessous la table», comme dit F. Ledoux, est un truc irrésistible; la coloration générale de l'acte est sombre : c'est bien le noir la dominante.

Quelle lumière parviendrait-elle à percer et d'où pourrait-elle venir sinon de ce Roi dont on a vu, à l'acte III, qu'Orgon se plaçait sous sa protection en installant sa statue à son domicile ? Mais nous n'en sommes pas encore là et jusqu'à la dernière partie de la dernière scène du dernier acte l'office des ténèbres va continuer.

7. *Décor de l'acte V*

Il n'y a aucune différence de tonalité entre l'acte IV et l'acte V, même si certains systèmes signifiants jusqu'ici redondants ont totalement disparu. Sans doute la construction réapparaît-elle avec le matériel de l'acte I, la roue : mais l'usage qu'on en fera (roue de supplice à laquelle sera pendu le complice de Tartuffe, Laurent) la dénature et la rattache plutôt au sémème «souffrance», beaucoup plus fréquent à l'acte V. Il n'y a plus ni baroque ni religion, du moins jusqu'à la scène 7; du moins aussi sous forme dénotative. Il suffit que du IV au V le lien s'établisse par le sème «obscurité» pris dans toutes ses valeurs physiques et morales : il s'enrichit au V de signifiants nouveaux qui en prolongent et diversifient les connotations : c'est ce grand mur hostile où les bosselages de la pierre ressortent sous la lumière frisante, ce sont ces couvertures de l'exil prochain jetées sur les épaules de tout un chacun; c'est cette lumière vacillante de bougie qui guide leurs pas et qu'ils protègent de la main; ce sont ces attitudes accablées, ces dos courbés, ces regroupements affectueux et tremblants d'une famille qui se ressoude une dernière fois, physiquement, avant la dispersion inéluctable. Cette veillée funèbre a lieu aux catacombes et le tombeau est tout près.

On voit dès lors combien il est dérisoire de rechercher une nouvelle fois une justification réaliste à une telle mise en scène; de se demander en quel endroit de la maison d'Orgon a lieu ce dernier acte; de voir dans ce dernier repas pris en commun une référence au quotidien d'une famille et le signe du respect de l'unité de temps ! Ce repas, c'est la dernière Cène ! Comment s'explique alors l'intrusion de M. Loyal qui détonne par sa vulgarité et sa fausse jovialité ? Certainement pas par le réalisme référentiel; partageant rapidement le repas de ses hôtes-victimes, il serait plutôt le Judas de cette communauté souffrante (photo 28).

Cène, catacombes, Judas, nous voici en plein rituel chrétien ! A quoi il serait loisible d'ajouter que la flamme de la bougie est traditionnellement symbole de la Foi, et que la famille Orgon est en train de vivre sa «nuit obscure», angoisse des mystiques et – peut-être – condition de son salut. Pourquoi non ? Planchon s'attaque trop et avec trop de virulente constance à la religion, dans ses œuvres personnelles aussi bien que dans ses mises en scène, pour n'en être pas imprégné et ne pas savoir en exploiter tous les symboles.

Quoi qu'il en soit, la famille Orgon vit la «Passion» sans en prendre la mesure car elle continue à s'agiter (importance des mouvements d'entrée et de sortie), à ratiociner et à chercher (avec Elmire, Cléante et Valère) des échappatoires dérisoires parce qu'elles sont, comme dirait Pascal, d'un «autre ordre».

Cet ordre nouveau il se manifeste enfin, avec une parfaite ambiguïté, dont Molière est le premier responsable mais que Planchon charge d'une plénitude de sens par cette ambiguïté même. C'est l'intrusion de Tartuffe et de l'exempt : à peine

1 – Décor de *Tartuffe* (mise en scène : F. Ledoux)

2 – Le regard coulissé de Tartuffe (III, 2)

3 – Tartuffe adorateur d'Elmire (IV, 7)

4 – Décor du *Misanthrope* (mise en scène : J.P. Roussillon)

5 – Alceste, terreur du mobilier (IV, 3)

6 – Alceste s'effondre ; Célimène souffre pour lui (IV, 3)

7 – «Monsieur, suis-je connu de vous ?», *George Dandin* (mise en scène : D. Benoin) I, 5

8 – «Vous pourriez bien porter la folle enchère de tous les autres», *George Dandin*, I, 6

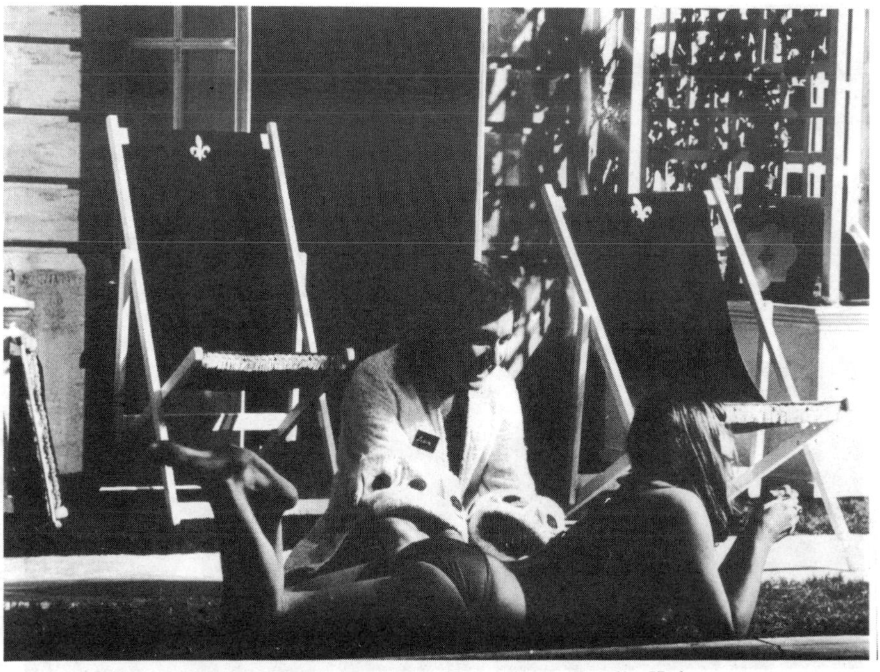

9 – «Il ne faut point tant de beurre», *George Dandin*, II, 1

10 – Le Club Molière en pleine activité culturiste (*George Dandin*, II, 1)

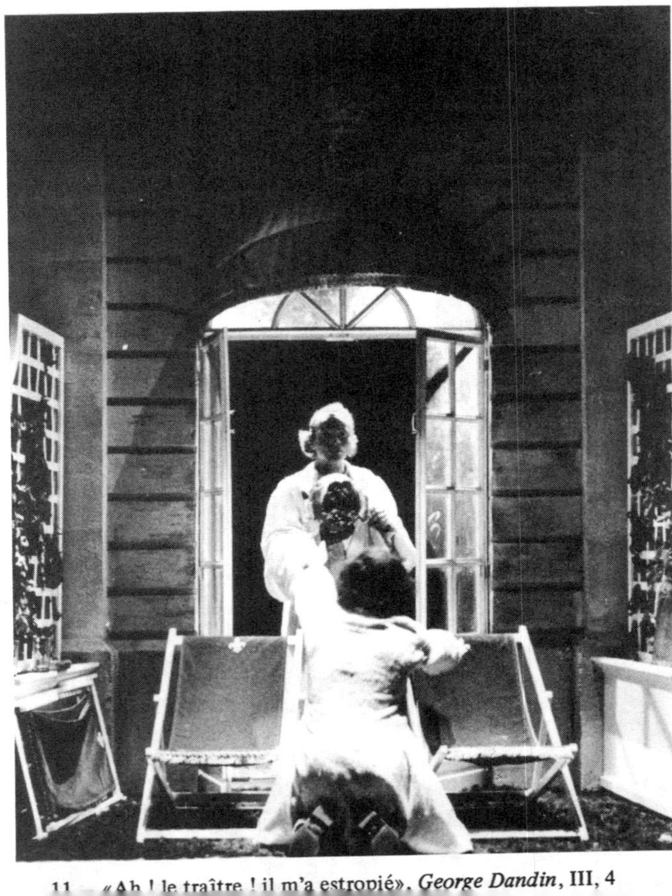

11 – «Ah ! le traître ! il m'a estropié». *George Dandin*, III, 4

12 – «[...] je vous témoignerai tant d'amitié, tant d'amitié que vous en serez satisfait». *George Dandin*, III, 6

13 – «Va, va traître, je suis lasse de tes déportements», *George Dandin*, III, 6

14 – «Il le faut ma fille, et c'est moi qui vous le commande», *George Dandin*, III, 7

15 – Le décor «machiné» de *Dom Juan* (mise en scène : P. Chéreau)

16 – Le dédoublement du Commandeur (V, 6)

17 – Sganarelle théologien (III, 1)

18 – Le jeu de la charrette ou comment Pierrot a sauvé Don Juan de la noyade (II, 1)

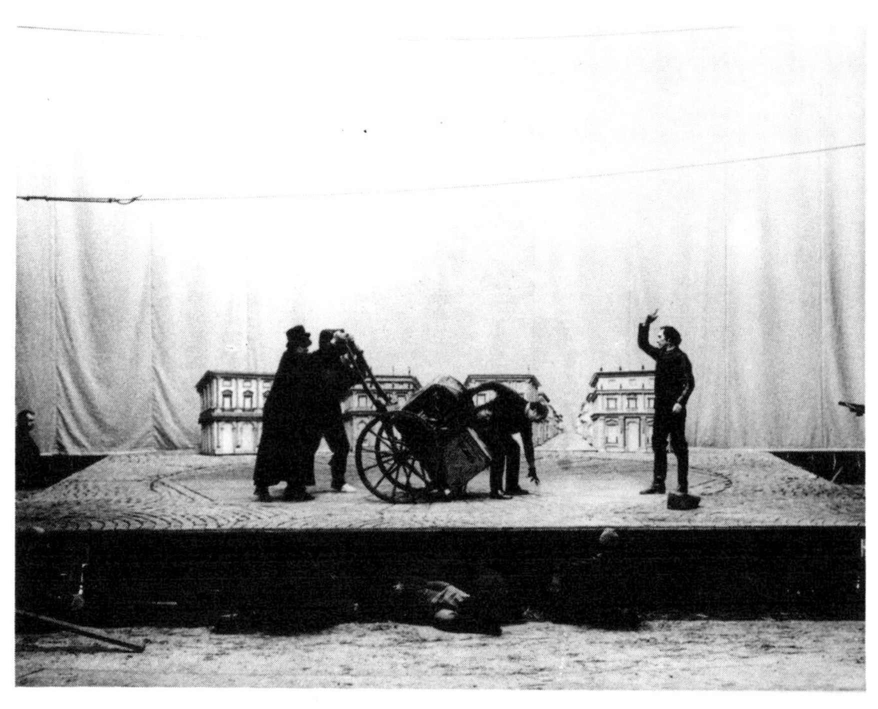

19 – Le pauvre soumis à la torture (III, 2)

20 – Les pauvres, devenus maçons, construisent le tombeau du Commandeur (III, 5)

17 – Sganarelle théologien (III, 1)

18 – Le jeu de la charrette ou comment Pierrot a sauvé Don Juan de la noyade (II, 1)

19 – Le pauvre soumis à la torture (III, 2)

20 – Les pauvres, devenus maçons, construisent le tombeau du Commandeur (III, 5)

21 – Règlement de comptes entre grands seigneurs (III, 4)

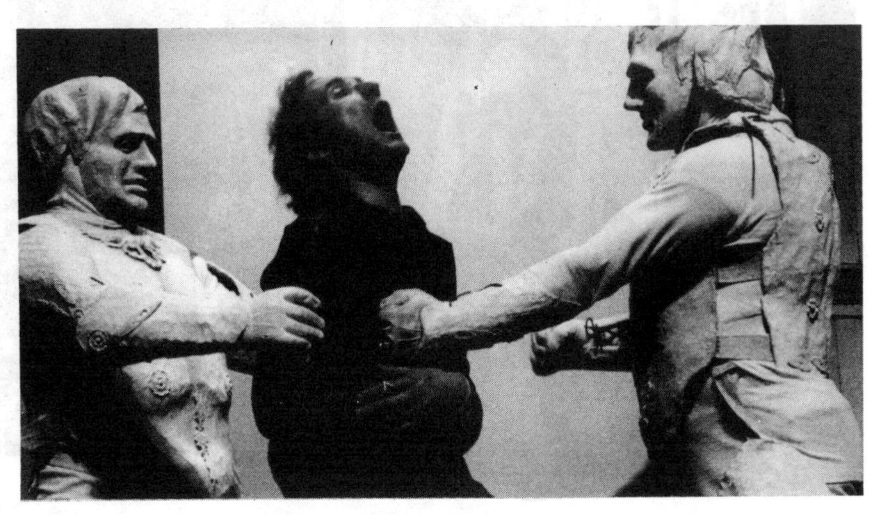

22 – Don Juan massacré par «les» Commandeurs (V, 6)

23 – Le décor du 1er acte de *Tartuffe* (mise en scène : R. Planchon).
En scène : Orgon, Cléante et . . . le Christ, I, 5

24 – La face humaine et la face divine de la même vérité : Cléante et le Christ (I, 2)

25 – La buanderie de Dorine (II, 1). En scène : Mariane, Orgon et Dorine

26 – Le salon d'Orgon : la statue du Roi n'a pas encore été déballée.
En scène : Damis, Orgon et Tartuffe (III, 6)

27 – Le décor du IVe acte. En scène : Cléante et Tartuffe (IV, 1)

28 – Monsieur Loyal interrompt la Cène de la famille Orgon (V, 4)

29 – Cléante tente de faire entendre la voix de la raison (V, 7)

30 – L'exempt, bourreau de Tartuffe (V, 7)

31 – Orgon abandonné des siens : le Père coupable (V, 7)

32 – La coupole vaticane de *Dom Juan* (mise en scène : R. Planchon).
En scène : Don Carlos, Don Juan et les clercs (V, 3)

33 – Le cercueil préparé pour Don Juan. En scène : Don Juan, Elvire, les mariées, la statue du Commandeur, les juges (V, 6)

34 – Un squelette grimaçant sépare Don Juan d'Elvire (I, 3)

35 – Charlotte résiste à Don Juan (II, 2)

36 – La mise en place des obsessions planchoniennes (scène 0)

37 – Don Juan «bourreau» des cœurs (I, 1). En scène : Elvire et deux des quatre mariées.

38 – Intermède du II-III : les femmes enchaînées ; au fond, Elvire portant sa croix

39 – Le Christ assis sur sa propre croix. En scène : Don Juan et Sganarelle (III, 1)

40 – La statue du Commandeur opine et montre son vrai visage (III, 5)

41 – L'espace glacé : *Le Misanthrope* (mise en scène : J.P. Vincent).
En scène Alceste et Philinte (V, 1)

42 – La scène des portraits ; sa disposition oblique (II, 4)

43 – Les *Molière* de Vitez : le décor, en salle. En scène : Arnolphe et Horace, *L'Ecole des Femmes*, I, 4

44 – Costumes grand siècle et gestuelle juvénile.
En scène : Mariane, Valère et Dorine (*Tartuffe*, II, 4)

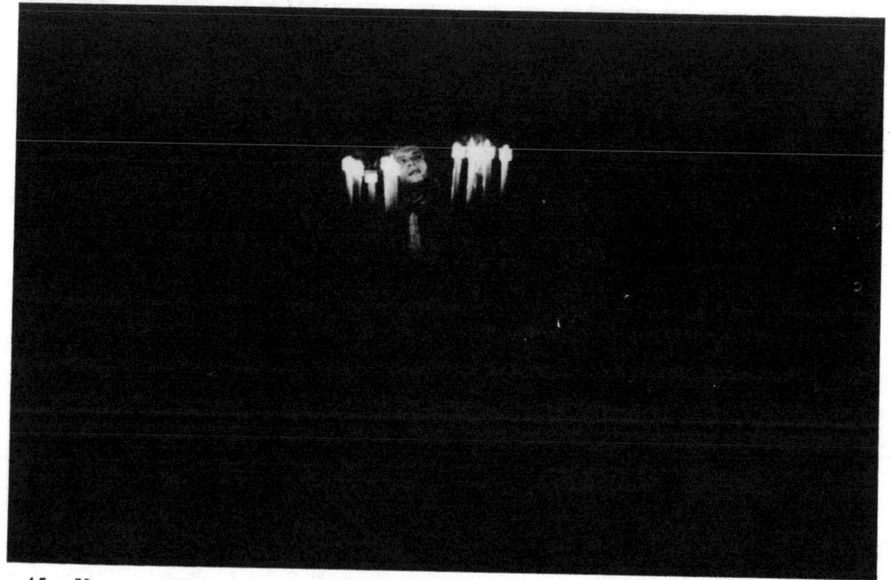

45 – Un accessoire significatif, les flambeaux. En scène : Philinte (*Le Misanthrope*, I, 1)

46 – Table, bâton et chaise. En scène : Arnolphe et Horace (*L'Ecole des Femmes*, III, 3)

47 – Les grimaces d'Horace et l'effarement d'Arnolphe (*L'Ecole des Femmes*, III, 4)

48 – Damis «caché» dans le petit cabinet, avec Dorine devant la «porte».
Tartuffe médite (*Tartuffe*, III, 2)

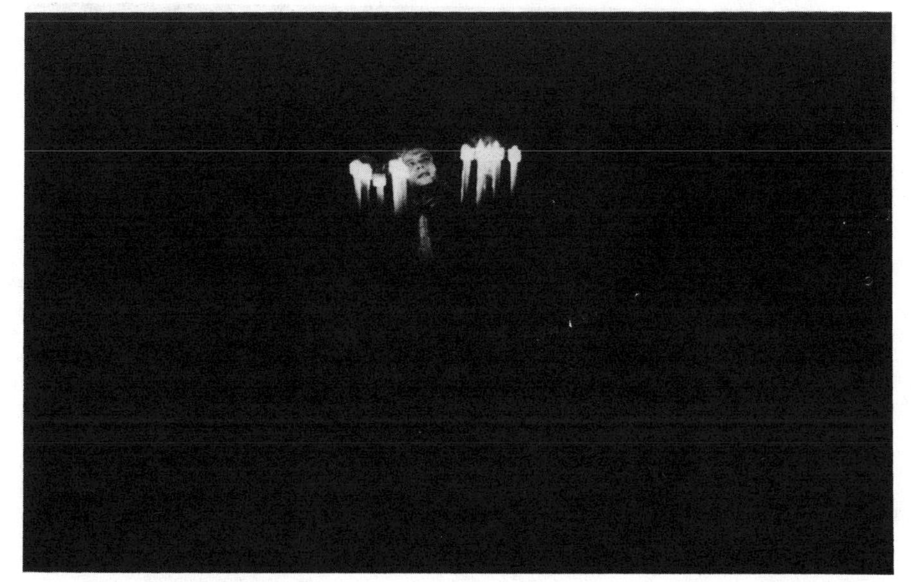

45 – Un accessoire significatif, les flambeaux. En scène : Philinte (*Le Misanthrope*, I, 1)

46 – Table, bâton et chaise. En scène : Arnolphe et Horace (*L'Ecole des Femmes*, III, 3)

47 – Les grimaces d'Horace et l'effarement d'Arnolphe (*L'Ecole des Femmes*, III, 4)

48 – Damis «caché» dans le petit cabinet, avec Dorine devant la «porte».
Tartuffe médite (*Tartuffe*, III, 2)

49 – Le pauvre montre le chemin de la ville à Don Juan et Sganarelle (*Dom Juan*, III, 2)

50 – Don Juan et sa colombe devant les corps des frères d'Elvire (*Dom Juan*, III, 4)

51 – La «statue» du Commandeur se soulève pour faire signe à Don Juan (III, 5)

52 – Alceste entre en portant Célimène (*Le Misanthrope*, II, 1)

53 – Tartuffe enfourche Elmire (*Tartuffe*, IV, 5)

54 – Le Commandeur, ensanglanté, mime sa mort (*Dom Juan*, III, 5)

55 – Horace tombe sur les épaules d'Alceste : ils font un tour de piste
(*L'Ecole des Femmes*, IV, 5)

56 – Le fétichisme de la chaussure : Don Juan et Elvire (*Dom Juan*, I, 3)

57 – Un baiser qui se termine en étranglement : Alceste et Célimène (*Le Misanthrope*, IV, 3)

58 – Le «transport» d'Agnès par Arnolphe (*L'Ecole des Femmes*, II, 5)

59 – Le spectre, Don Juan et le Commandeur (*Dom Juan*, V, 6)

60 – Arnolphe ouvre les jeux de la tétralogie : il fait le Roi (*L'Ecole des Femmes*, I, 1)

61 – L'exempt en envoyé royal et céleste à la fois (*Tartuffe*, V, 7)

62 – Orgon «explique» à sa mère la conduite de Tartuffe (*Tartuffe*, V, 3)

63 – Le Commandeur Vitez, père, témoin et juge

Tartuffe, tout de noir vêtu, est-il entré et a-t-il prononcé les trois vers : «Tout beau, Monsieur [...] on vous fait prisonnier», qu'une porte au fond s'abat avec fracas, ouvrant une béance de ciel bleu par laquelle se précipitent des policiers armés : ils brutalisent les occupants, dispersent les papiers et surtout précipitent les hommes, en deux groupes, dans des sortes de sarcophages dont ils ont soulevé la pierre (photo 29). On pourrait dire que ces trous sont les icônes des cachots futurs qui attentent les coupables. Mais la vraisemblance iconique ne permettant pas de pencher pour une lecture «cachot» plutôt que pour une lecture «sarcophage», nous choisissons cette dernière interprétation car elle contribue mieux à la constitution de l'isotopie «mort/résurrection», de coloration religieuse et, accessoirement, sociale. Les systèmes signifiants s'articulent donc de la façon suivante : la religion (Tartuffe) alliée au pouvoir royal (en la personne des policiers) est marquée de noir et de violence; elle mène à la mort (les sarcophages désignent une mort chrétienne); la flamme de l'espérance est balayée. Reste cette échancrure de bleu formant à elle seule un système d'opposition nettement perceptible dans l'attitude de Tartuffe qui, noir et les jambes écartées, se campe, le dos au public, face à la porte du fond, en silhouette parfaitement contrastée. Religion et pouvoir royal symbolisés par le noir et la violence se construisent en opposition avec le bleu de la porte.

Si le baroque n'apparaît plus comme élément décoratif c'est qu'il est devenu élément de jeu : qu'est-ce en effet que ces tombeaux qu'on ouvre sinon, en acte, un rappel de ces motifs sculpturaux éminemment baroques comme les églises de Venise en regorgent : où l'on voit le mort enjamber son cercueil au milieu des draperies et des symboles de la Foi (12).

Que se passe-t-il quand l'exempt prend la parole ? Il arbore un rire inquiétant et sardonique et surtout il adopte la même violence que Tartuffe (photo 30). Comme si l'autorité royale, en venant au secours des innocents opprimés, reprenait à son profit les armes du méchant. Se taisant, pendant la tirade de Cléante, l'exempt se faisait comme le complice de Tartuffe; quand il parle, il reste le même, écrasant ceux qu'il sauve comme le Dieu qui laissa massacrer les Innocents et contraignit Abraham au sacrifice de son fils. Qu'est-ce qui autorise cette lecture ? L'attitude finale des personnages, une fois que Tartuffe a été emmené : alors que dans tout le début de l'acte la famille entière faisait corps avec Orgon, désormais et définitivement, elle s'est scindée en deux groupes : tous d'un côté, débarrassés de leurs couvertures et tenant dans leurs mains leurs bougies allumées; Orgon seul, de l'autre, le dos tourné aux siens, l'attitude accablée, avec, toujours sur les épaules, la couverture de l'exil. Il est simplement passé d'une tutelle sous une autre, de celle de l'homme noir qui le bernait et le faisait chanter à celle du cavalier blanc de l'acte III qui décidera, d'une main tout aussi impitoyable, de son destin. La preuve de cette définitive impuissance d'Orgon ? Quand, au dernier vers il propose de récompenser «la flamme d'un amant généreux et sincère», tous les membres de sa famille soufflent la flamme de leurs bougies : la foi est morte et quelque chose s'est brisé qui ne sera pas réparé (photo 31).

Ainsi donc le système d'opposition suggéré pour la première partie de la scène reste-t-il valable pour la deuxième partie, le pouvoir royal ayant simplement évincé, ou annexé, la religion. L'échancrure de bleu demeure. Ne serait-elle pas avec le Christ aux outrages de l'acte I l'hommage de Planchon à une religion vraie ? Les ciels tourmentés de la peinture baroque, les rodomontades décoratives se sont effacés au profit, les premiers, de ce bleu, les autres, de la démonstration de la force brutale. Cette symétrie suffit-elle pour parler d'un équilibre entre ces deux forces ? Il ne semble pas : toute la famille en effet est disposée, en oblique, le dos tourné à l'ouverture du fond, dans une attitude d'expectative et cherchant en Orgon le père qu'il n'est plus. Le Père est ailleurs, c'est-à-dire nulle part, au-delà de cette porte que la famille Orgon ne passera pas.

*

* *

Plusieurs enseignements peuvent être tirés de cette analyse de *Tartuffe* :

a) des systèmes signifiants apparemment hétérogènes peuvent parfaitement s'articuler, à condition qu'on ne veuille pas réduire les éléments de liaison aux traits simplement iconiques. Toutes sortes de dérivations métaphoriques et métonymiques mettant en jeu les connotations autant que les dénotations, jouant sur des références culturelles extra-scéniques et sur des symboles d'ordres divers, permettent de construire, grâce aux réseaux de redondances ainsi débusqués, un sens cohérent. Encore n'a-t-on tenu compte ici que des seuls signifiants visuels et parmi eux, presque exclusivement, des décors et des costumes. C'est dire que l'analyse du jeu (gestuelle et intonations), des bruits et de la lumière inviterait sans doute à nuancer et à renforcer les propositions avancées ici. C'est dire aussi qu'il faudrait s'interdire de juger d'une mise en scène sur un seul système signifiant et sur un seul sémème. C'est l'articulation qui fait sens, non l'énonciation – même provisoirement vraie – de tel ou tel signifié.

b) si l'erreur de jugement est due à la précipitation, elle est due aussi, pour une large part, à ce qu'on pourrait appeler la «tentation référentielle». Chaque fois qu'un objet, qu'un geste, qu'un élément de décor est présenté sur une scène, on le situe immédiatement en relation avec le monde extra-théâtral de l'expérience, soit quotidienne, soit culturelle. D'où un blocage : à partir du moment où tel élément est classé (on irait jusqu'à dire coincé) dans le référentiel,il ne peut plus «jouer» avec les autres éléments, notamment avec ceux qui sont manifestement non référentiels et sortent tout droit de l'imagination combinatoire du metteur en scène. On crie alors au scandale, à l'arbitraire, à la démesure. Planchon est particulièrement victime de ce préjugé car il a acquis, au cours des ans, une stature qui le fige : on a fait de lui l'homme du réalisme minutieux, de l'inscription raisonnée du monde théâtral dans le social et le politique. A juste titre; mais il ne faudrait pas pour autant oublier que ce réalisme est dialectique, cette visée politique et sociale, indirecte : non pas proposée en signifiants immédiatement déchiffrables, mais réservée au jugement critique d'un spectateur capable d'élaborer ses propres réseaux de sens. Ce qui exclut, cela va sans dire, toute redondance fonctionnelle qui se contenterait de dire autrement, c'est-à-dire visuellement et auditivement, ce que le texte dit déjà.

c) se pose enfin le faux-problème du rapport au texte et de la fidélité à Molière. Ce qu'a voulu dire Molière, il faut l'affirmer sans gêne, ne nous concerne pas : d'abord parce que trois siècles ont passé depuis la création de *Tartuffe* et que nous ne pouvons pas effacer, magiquement, trois siècles qui ont bouleversé les mœurs, la culture, les rapports politiques et sociaux; ensuite – dans le cas particulier de *Tartuffe* – parce que le sujet de la pièce, l'intrusion d'un faux dévot dans une famille bourgeoise, ne signifie absolument plus rien pour un spectateur d'aujourd'hui. Le sens, notre sens est ailleurs.

Le remarquable, avec le *Tartuffe* de Planchon, c'est qu'au lieu de tourner carrément le dos au XVIIe siècle, comme ce serait son droit le plus strict, il exploite avec la plus grande subtilité les silences, les ambiguïtés, les ouvertures de sens de Molière lui-même. Sa lecture structurale dégage le sens latent de l'œuvre sans qu'on puisse dire un seul instant qu'il la violente.

C'est cela le classicisme de Planchon; comme est parfaitement classique – c'est-à-dire respectueux de la faculté d'intellection progressive et discursive du spectateur – le recours à une redondance qui annonce, propose, reprend, combine, totalise et culmine en un sens tabulaire autrement tonique que les petites évidences des perceptions immédiates.

CHAPITRE VII

LA MISE EN ABYME OU LE MIROIR DE L'OBSESSION : LE *DOM JUAN* DE ROGER PLANCHON

Sur les pages d'un livre, le texte de théâtre est, par nature, lacunaire : pour ne tenir compte que de l'alternance des répliques, chacun y parle à son tour; l'autre, ou les autres, se tait et immédiatement retourne au néant, à moins qu'il ne soit maintenu présent du fait de répliques constamment dirigées vers lui dans une tension conative. Il n'empêche qu'à l'instant de la parole, la parole seule existe; le décor, les accessoires, la lumière et les costumes, tout ce qui habille le discours, relève de la bonne volonté d'un lecteur qui, par une sorte de strabisme, se mue en voyeur de l'imaginaire en même temps qu'il continue à être le récepteur des propositions écrites. Il se fait metteur en scène de sa lecture. Constatation banale.

Mais a-t-on pris garde que les metteurs en scène, malgré leur liberté entière de boucher les trous du texte avec les pleins de l'espace et le *continuum* homogène du temps, restent tributaires de l'écrit comme forme (ne parlons pas du contenu, c'est-à-dire de la fidélité à «l'esprit» du texte ni de l'interprétation du sens) en ceci que leurs images ne cherchent pas à supprimer totalement les vides du texte : la fable est présentée d'ordinaire linéairement, avec un avant et un après, de telle sorte que l'après annule l'avant. La successivité, à tous égards, l'emporte sur la simultanéité; les personnages restent individualisés et distincts, l'ordre des scènes rend compte d'une progressivité où chacun est distribué dans l'économie d'un conflit où il ne saurait être question de tout dire à la fois; les parties expressives où l'on s'affronte demeurent différentes, par leur régime spectaculaire, des parties réflexives où l'on commente l'invisible ou l'abstrait; les moments d'action ne sont pas susceptibles du même traitement que les récits tournés vers le passé ou l'ailleurs.

Mais pourquoi, à partir du moment où la mise en scène a conquis son autonomie, ne pas aller jusqu'au bout de ses pouvoirs et faire en sorte que le spectacle théâtral accentue ses caractéristiques sensorielles pour ne plus être qu'un tableau dont toutes les dimensions seraient proposées à la fois, dans l'instantanéité de la vision et de l'audition, sans souci des contraintes propres à la lecture ? Par là l'on recouperait peut-être la conception de la fable brechtienne, «cette composition globale de tous les processus gestuels», et peut-être remonterait-on jusqu'à Aristote qui a très justement perçu le caractère spatial de la fable en tant qu'unité : il insiste sur son étendue et ses limites qui font d'elle comme un tableau, l'espace ni trop grand ni trop petit étant le garant de la perception intelligible de l'ordre qui préside à sa composition. Fable, ordre, étendue sont donc liés dans un rapport organique; la fable est l'effet de l'ordre et l'étendue sa manifestation : «De plus, puisque le bel animal et toute belle chose composée de parties supposent non seulement de l'ordre dans ces parties mais encore une étendue qui n'est pas n'importe laquelle car la beauté réside dans l'étendue et dans l'ordre et c'est pour cela qu'un bel animal ne peut être ni extrêmement petit [...] ni extrêmement grand [...],il s'ensuit que, de même que pour les corps et pour les animaux il faut une certaine grandeur, *telle cependant qu'on puisse aisément l'embrasser du regard*, de même pour les fables il faut une certaine étendue, telle cependant que la mémoire puisse aisément la saisir» (1). Et encore : «Plus la fable a d'étendue, pourvu qu'on en puisse saisir l'ensemble, plus elle a la beauté que donne l'ampleur» (1).

Originairement (si l'on remonte à la tragédie grecque) et prioritairement défini par un espace perçu tabulairement, le théâtre – le vrai théâtre, celui qui précède l'écriture – conserve, en des procédures qui transpireront dans l'écriture théâtrale elle-même, et à plus forte raison dans la mise en scène, la trace de cette formule primordiale. L'inscription de la fable dans la durée est désormais irréversible sans doute, mais n'en maintient pas moins toute une série de rapports-compromis avec l'espace : le caractère immédiat de l'événement théâtral (crise ou situation) est contrarié par les exigences de la communication, notamment celles de la redondance qui, en tant qu'inscription du même dans l'autre peut être tenue pour la trace de l'espace dans le temps : l'information galopant à proportion de la vitesse du développement discursif se trouve comme freinée, immobilisée même par tout ce que la redondance impose de retards et de suspension du sens. Vue sous cet angle la redondance joue un rôle fonctionnel plutôt ingrat et son intervention, si nécessaire soit-elle, est passablement négative.

Il n'en va pas de même – bien que là encore la redondance réapparaisse mais comme technique d'écriture non comme moyen de communication – de la mise en abyme qui permet, dans son acception la plus riche, d'inscrire le tout dans la partie, par dédoublement ou redoublement du même et donc d'annuler le temps. S'en tenant à des définitions simples, celles que L. Dällenbach a proposées dans son *Récit spéculaire*, on dira : «Est mise en abyme toute enclave entraînant une similitude avec l'œuvre qui la contient», ou : «La mise en abyme apparaît comme une modalité de la réflexion», ou encore : «Est mise en abyme tout miroir réfléchissant l'ensemble du récit par réduplication simple, répétée ou spécieuse» (2). Si la notion de similitude est ambiguë, d'abord pour l'extension exacte du concept, ensuite pour son caractère mécaniste qui n'autorise guère à la considérer comme productrice, il en est autrement de la notion d'emboîtement : l'emboîtement suppose un rapport hiérarchique et il ouvre alors de façon quasi automatique la voie au domaine des significations, la chose emboîtée constituant un syntagme destiné non à devenir la partie d'un tout (ce qui est le cas de toute séquence et n'a rien à voir avec la mise en abyme) mais à devenir la raison d'être de ce tout : à la limite il en résulterait paradoxalement une liaison de cause à effet entre la partie englobée et le tout englobant, et non l'inverse (on retrouve là, toutes proportions gardées, ce que J. Schérer dit des actions secondaires qui, dans le théâtre classique, déterminent l'action principale). On pourrait dire aussi que la partie «abymée» construit une isotopie de concentration, focalisant dans la brièveté (en extension temporelle donc) ce que l'isotopie globale propose comme sens, à l'œuvre.

L'œuvre devient alors fille de sa fille, produit de son produit.

Et la mise en abyme a de ce fait une incidence sur le développement temporel de la fiction; elle est une forme d'achronie puisque, quand elle est prospective, «elle réfléchit avant terme l'histoire à venir», quand elle est rétrospective, «elle réfléchit après coup l'histoire accomplie» et quand elle est rétroprospective, «elle réfléchit l'histoire en découvrant les événements antérieurs et les événements postérieurs à son point d'ancrage dans le récit» (3). «Incapable de dire la même chose en même temps qu'elle, l'analogon de la fiction en le disant ailleurs, le dit à contretemps et sabote par là même l'avancée successive du récit» (4), qui, c'est d'évidence, ne peut progresser que du même à l'autre. La mise en abyme a encore des conséquences dans l'ordre de la spatialité puisque la fiction auto-enchâssante «se représente comme sa propre partie et se laisse enfermer par ce qu'elle contient» (5). De la sorte «la mise en abyme porte un coup décisif à l'illusion référentielle» (6). Elle ne se contente pas de réduire à quia les conventions d'organisation temporelle de la fable et du même coup le procès d'assimilation progressive par le personnage des événements de la diégèse; elle exalte l'espace comme forme, puisqu'elle ramène sans cesse l'attention sur la notion d'encadrement, d'emboîtement comme facteur d'intelligibilité et de sursignification.

*

* *

La mise en abyme dans le *Dom Juan* de Planchon se manifeste de deux façons différentes et complémentaires, puisqu'elle est à la fois intra- et intertextuelle. Intertextuelle d'abord : Planchon a affirmé nettement l'intention non de monter *Dom Juan* mais de proposer avec *Athalie* un diptyque où tout se correspondrait, du décor, des accessoires symboliques, des comédiens et de leur gestuelle, de l'idéologie. Les deux pièces se reflètent l'une dans l'autre et s'immobilisent dans une vision originale dont Michel Bataillon a parfaitement rendu compte : sous le titre «*Athalie* et *Dom Juan* sous un même ciel», il écrit : «Réunir *Athalie* et *Dom Juan* sous l'œil d'une divinité dans l'architecture de cette coupole vaticane, en faire les épisodes d'un unique spectacle en deux soirées, c'est révéler leur parenté faite d'antagonismes et de similitudes [...]. C'est confronter un hymne pieux au plus impie divertissement que le siècle ait produit. Dans ce sens *Athalie* et

Dom Juan sont des œuvres «à rebours», marquées toutes deux par la présence obsédante du Ciel et de l'Église. Adoration et blasphème, guerre sainte et guérilla libertine ne sont que l'envers et l'endroit d'un même univers d'où les esprits les plus éclairés cherchent à fuir, mais comment ? Comme chaque époque le XVIIe siècle est un vaste bassin où les idées se brassent et s'affrontent. N'est-il pas remarquable que le programme d'action de ces Méchants que fustigent les vierges d'*Athalie* corresponde mot pour mot à la philosophie quotidienne de *Dom Juan* ? Postés aux deux extrémités d'un même siècle, les poètes s'opposent, se répondent, et parfois se retrouvent. N'est-elle pas étrange cette similitude entre la marche d'Athalie à la rencontre de l'enfant au poignard et la trajectoire, provocante parce que rectiligne, de Don Juan jusqu'à la Cène finale et la mort. Lorsque l'on atteint cette strate profonde des songes, des fantasmes, alors des images surgissent, des images d'adoration, d'abandon, de soumission, de révolte, d'invective, de blasphème» (7).

Vision originale car Don Juan passe traditionnellement pour l'histoire d'«un grand seigneur méchant homme» que son impété condamne à périr, sous les yeux mêmes du spectateur, sans qu'on sache bien si Sganarelle est le porte-parole volontairement dérisoire d'un Molière impie ou si les faits parlent d'eux-mêmes pour accabler l'irréligion. Quant à *Athalie* c'est, pense-t-on, une œuvre marquée par une foi sans faille en la puissance d'un Dieu vengeur, dirigeant inexorablement la main de ses prêtres pour faire triompher sa justice et sa vérité. Œuvre ambiguë d'un côté, œuvre parfaitement orthodoxe de l'autre, *Dom Juan* et *Athalie* deviennent, entre les mains de Planchon, deux machines de guerre tournées contre le pouvoir religieux confondu avec le pouvoir royal : Joad est un fourbe qui exploite toutes les ressources de la crédulité populaire et profite de toutes les faiblesses humaines d'Athalie pour s'emparer, avec la pire cruauté, du pouvoir absolu : il le délègue à Joas sans doute, mais il prophétise sa chute et installe, en contrepoids de la versatilité des princes, la permanence du pouvoir des prêtres. Quant à Don Juan, il n'a plus rien d'un séducteur ni d'un maître brutal; sa relation à Sganarelle est d'amitié et il réserve une sorte de scepticisme détaché à un Dieu qu'il provoque, mais sans trop croire lui-même à ses blasphèmes. Il est en avance d'un bon siècle sur son temps. L'humanisme est représenté par Sganarelle, non plus valet ridicule ou phraseur, mais philosophe de la nature qui n'en finit pas de s'extasier devant les merveilles de la nature. Tout ceci est rendu sensible d'abord par le décor, identique pour les deux pièces : une demi-coupole à caissons telle qu'on en trouve dans les églises romaines (8) (photo 32) : elle dit la présence du rituel religieux chrétien, comme aussi les accessoires et les costumes : crucifix de grande taille, ornements sacerdotaux, éponge de vinaigre, couronne d'épines... La gestuelle et les séquences muettes développent un contre-texte où l'idéologie de Planchon se donne libre cours : Elvire est sans doute marquée par le couvent qu'elle a quitté et par sa faute; elle vit sa religion en coupable. On la voit chez Planchon revêtue de la robe rouge des pénitents, flagellée, en méditation devant un crâne, crucifiée même. Dans *Athalie* c'est Dieu lui-même qui prononce une bonne part du texte des chœurs et du rôle d'Eliacin en empruntant les traits d'un ange ambigu et sulpicien qui mène le jeu, invisible aux personnages mais omniprésent.

Ajoutons que ces deux mises en scène ne se contentent pas de présenter une image obsédante de la religion et d'une religion méchante, mais encore et surtout d'une religion de mort : présence du cercueil (destiné à Don Juan et à Athalie) au milieu des spectateurs (photo 33), squelette torturé moulé dans le proscenium (photo 34), ornements de l'office des morts, catafalque, couteaux sans cesse brandis, tous ces signifiants contribuent à faire de ces deux œuvres une sorte de célébration baroque et mortuaire.

Il est bon, ici, pour éviter toute ambiguïté, de marquer la distance entre la redondance et la mise en abyme. Si celle-ci, par le jeu des duplications et des redoublements, ne peut se passer de celle-là, l'inverse n'est pas vrai et toute redondance ne mène pas à la mise en abyme. La redondance joue, dans le *Dom Juan* de Planchon un rôle tel qu'il serait à la fois inutile de la faire sortir de sa juridiction et injuste de ne pas souligner son importance : elle peut, en construisant un contre-texte, inciter la mise en scène à devenir totalement autonome et elle pose en termes neufs les rapports du texte et de l'image. Les systèmes signifiants acquièrent, grâce à la redondance, une telle cohérence et ont, par leur nature, un tel pouvoir de conviction sur la sensibilité des récepteurs qu'ils tirent à eux l'essentiel du spectacle. Quoique les metteurs en scène admettent difficilement que la signification d'une œuvre résulte alors beaucoup plus du travail sur le signifiant que du travail du signifiant et, à plus forte raison, des propositions du texte, il faut honnêtement reconnaître que l'interprétation isotopique, en fermant la boucle de l'émission et de la réception, soumet l'œuvre à peu près à toutes les volontés idéologiques du metteur en scène.

Prenons l'exemple de la scène 2, II de *Dom Juan*. Ce texte «semble» dire que Don Juan s'attaque à une Charlotte naïve et fruste et qu'il la conquiert sans effort par quelques compliments mécaniques et une promesse expéditive de mariage. Chez Planchon il n'en est rien : son Don Juan n'est pas un coureur de jupons, mais le militant d'un autre combat, celui qui l'affronte à la transcendance. A partir de quoi tous les signifiants visuels vont être choisis pour donner l'image d'une Charlotte rusée et lucide, très consciente des mensonges du seigneur et finalement maîtresse du jeu. Le tour de force c'est qu'alors Planchon élabore moins un contre-texte scénique indépendant du texte verbal qu'un sous-texte qui, tout en tournant délibérément le dos aux apparences du discours, l'explicite sans le violenter : le texte est la partie socialisée d'un comportement; mais entre la pulsion et son expression, pourquoi n'y aurait-il pas écart et même contradiction ? Surtout, le texte ne propose qu'un seul point de vue à la fois, celui du locuteur. Pourquoi des signifiants construits en systèmes redondants ne seraient-ils pas choisis pour révéler *simultanément* un autre point de vue, le point de vue de l'autre ?

Ainsi, au début de la scène, Charlotte se met à laver du linge dans un baquet; elle vient pour prendre son panier de linge qui est resté à l'extrémité jardin du praticable; Don Juan s'en saisit; elle aussi; elle tire et finit par l'arracher. Son «Monsieur» dans : «Vous voyez, Monsieur» signifie : «Je vous en prie, laissez-moi travailler». Elle rit (photo 35), mais il n'empêche que son «Charlotte, pour vous servir» est lancé d'un ton rogue comme pour signifier : «Voilà mon nom, n'insistez pas». «Tournez-vous, s'il vous plaît» : elle fait non de la tête et, manifestant son agacement, va baisser la tête quand Don Juan lui demande de la «hausser», cacher ses yeux avec ses mains quand il lui demande de les ouvrir, serrer les dents sur un morceau de linge quand Don Juan veut les voir. Malgré la déclaration d'amour de Don Juan et son appel au Ciel, Charlotte reste sceptique; elle rit de gêne et le regarde d'un air soupçonneux. Quand, un peu plus loin, Don Juan lui annonce qu'il veut l'épouser et ajoute : «Non, non, ne craignez point [...]», Charlotte, qui n'est pas dupe, renverse d'un geste Sganarelle qui était assis sur un petit tabouret. «Ah ! Charlotte» est dit alors par Don Juan d'un air accablé, douloureux : la conquête de Charlotte s'avère difficile. Elle, cependant, commence à fléchir : son «mon Dieu !» est dit du ton de qui est furieux contre soi-même; et elle dit «oui» au moment où Don Juan est sur le point de renoncer et dégage en cour. Quant au «pourvu que ma tante le veuille», il est nettement détaché du «oui» et signifie, accompagné comme il l'est d'un geste du bras : «J'espère bien que ma tante le voudra».

Dans un cas comme celui-ci la redondance remplit parfaitement son rôle de structure productrice de sens dans une fusion intime avec les mots au point que, pour un spectateur non prévenu, il serait difficile de dire si ces effets de redondance ne sont pas tout autant fonctionnels et expressifs. Tant ils donnent l'impression de développer le texte comme naturellement en mettant en relief ses articulations majeures. C'est peut-être en fin de compte le plus sûr critère de la redondance la plus délibérément structurale que de s'effacer, au niveau de la réception, et comme redondance et comme structure.

*
* *

Plus originale encore est la mise en abyme intra-textuelle qu'élabore Planchon : elle rend compte de ce qui a souvent dérouté ou même agacé : la fragmentation du texte et des rôles, l'interversion ou l'entrelacement des répliques, d'une scène à l'autre, la distribution, pour des personnages différents, de morceaux de texte attribués par Molière à un seul, l'adjonction, en nombre, de personnages muets, la présence sur scène, en permanence ou pour des apparitions fugitives ,de personnages qui n'ont rien à faire, en cet instant, dans le texte de Molière, l'invention d'intermèdes qui viennent remplir l'intervalle supposé des actes, la multiplication de tableaux récurrents qui transforment tout récit en action et font de *Dom Juan* un monde plein, d'une densité extrême où plus aucune lacune, plus aucune allusion, plus aucun silence ne sont possibles. *Dom Juan* ou la présence absolue : tout y est mis en scène, en spectacle, dans une débauche de références culturelles, sociales et religieuses, où la pièce s'offre à elle-même, et dès le début, le miroir de son impiété ressassante.

La dominante est celle de la mort et de la religion, et d'une religion mortifère marquée au sceau d'un baroquisme exalté, rhétorique dans l'ampleur des gestes et le grandiloquent des attitudes, grandiose par les mouvements et le nombre des participants, frappante par son organisation cyclique et circulaire. Cyclique parce que ce qui est proposé dès le lever du rideau, en scène zéro, le sera à nouveau dans les intermèdes de tous les actes, avant d'être repris et enrichi au tableau final; circulaire car il s'agit d'une procession à laquelle participent, anonymes, tous les personnages avant de s'en détacher et d'intervenir, comme par accident, dans le destin de Don Juan. Pour Planchon, à la différence de Chéreau, Don Juan n'est pas un errant opposé à la fixité des vérités admises; il est celui qui s'arrête et médite dans son «poêle» (on le voit, comme on le verra chez Vitez, s'asseoir et lire) tandis que la religion s'incarne en une lente déambulation de pénitents happés par le tombeau et les rites d'une macération suicidaire.

Au tout début la salle est allumée; un souffle de mer passe. Cinq jeunes femmes, habillées en mariées, entrent par la salle et frappent le rideau de fer à coups redoublés; il se lève. Don Juan est déjà au milieu du décor constitué de la «coupole vaticane» baissée au niveau du sol et formant cloche. Un Christ de bois, grandeur nature et vêtu d'un pagne (celui de *Tartuffe*) est assis dans une alvéole évidée de la coupole. Elle s'élève dans les cintres, restant visible pendant toute la durée du spectacle. Don Juan sort. Entre la procession : huit hommes en noir, avec cagoules et torches, portent un cercueil. Don Juan rentre : il fait tomber le cercueil d'un coup de hache qu'il y plante (photo 36). Trois autres suppliants entrent en chasubles noires et masques de mousseline blanche. Sganarelle s'adresse alors à eux pour attaquer son texte («Quoi qu'en puisse penser Aristote [...]»). Dès ce préliminaire, en mise en abyme prospective, tous les thèmes de *Dom Juan* sont déjà proposés : la féminité, la mort, la religion, la provocation blasphématoire.

Voici comment se développe la scène 1 : Don Juan est assis sur le cercueil, lisant; Sganarelle en éternuant un large nuage de farine fait fuir les trois cagots. Entre Gusman; Sganarelle lui fait sa première tirade. Entrent alors cinq cavaliers, bottés, tirant à travers la scène, sur un drap blanc, une forme humaine allongée qui se révélera être Elvire. Elle reste sur le drap pendant que Sganarelle continue à parler. Sur :«Quel homme est Don Juan [...]», Sganarelle et Gusman sortent. La suite du texte va être distribuée entre les personnages restés en scène, soit Don Carlos, qui se détache du groupe des cavaliers, et Elvire. La plus grande partie de la tirade de Gusman («Je ne sais pas de vrai [...]») est dite par Don Carlos, tandis que le «je ne comprends pas [...]» est prononcé par Elvire qui se redresse sur son drap. Sganarelle qui est revenu, seul, en scène, enchaîne pour dire : «Je n'ai pas grand peine à comprendre [...]» et, pour parler de Don Juan «qui passe cette vie en véritable bête brute», il va vers lui, toujours assis et lisant, et il parle de lui en le désignant sans qu'il réagisse le moins du monde. Elvire, son drap et les cavaliers sont sortis de scène.

A : «[...] il ne se sert point d'autres pièges [...]» entrent les quatre mariées portant valise, ainsi que les trois prêtres en chasubles noires, ainsi que les cinq cavaliers tirant au bout d'une corde Elvire portant une croix. Don Juan fait tomber la croix; il dégage le cou d'Elvire pour dire : «[...] on goûte une douceur extrême [...]» (anticipation donc de la scène 2); les quatre mariées entourent Don Juan; elles ont des airs penchés et prennent le compliment de Don Juan pour elles, mais c'est Elvire qui fait les frais de cette stratégie de la séduction : à : «[...] la mener tout doucement où nous avons envie [...]», il la déshabille et la met en chemise en la caressant. Dans l'instant, sur : «tout le beau de la passion est fini [...]» (toujours tiré de la scène 2),Don Juan repousse violemment Elvire et la fait tomber (photo 37); les quatre mariées tombent aussi et Don Juan va semer des pétales de roses blanches sur les corps allongés. Il descend dans la salle pour terminer sa tirade («[...] si quelque objet nouveau [...]»). Retour alors au texte de Sganarelle (scène 1) : «[...] Il faudrait bien d'autres coups de pinceau [...]». Les trois en chasubles entrent à nouveau; c'est à eux que Sganarelle s'adresse : «Séparons-nous» . Tous sortent, les cavaliers en tirant leur épée.

Plus que le découpage des répliques et des scènes en menus

fragments déplacés de leur lieu et attribués à des personnages inattendus, ce qui frappe est le caractère d'anticipation-résumé de tout le tableau et plus encore l'absorption du récit par l'action, du discours en train de se faire par l'histoire rapportée : le récit des aventures amoureuses de Don Juan est animé et vécu alternativement par Don Carlos, les quatre jeunes femmes et Elvire. C'est la théâtralité du plein : tout est montré de ce qui est dit et tout est expliqué de ce qui est montré. Tout ce qui, dans un récit, évoque soit le passé soit l'ailleurs, soit l'abstrait et le général, est, dans la mise en scène de Planchon, présent, visible et individualisé (9). Du même coup le tissu dramatique devient continu, homogène, bourré d'images qui doublent le discours ou plutôt l'annulent : quand Don Juan caresse puis brutalise Elvire c'est l'épisode particulier de sa relation à Elvire qui est relaté , non le discours sur la séduction dans sa portée générale : les quatre mariées sont précisément là pour rétablir l'équilibre entre le particulier de la mise en scène et le général de la fable. Procédure assez inhabituelle puisque, d'ordinaire, la mise en scène par le jeu des connotations et l'emploi symbolique des objets vise à généraliser ce que la fable a de trop étroit.

Autres exemples : la scène 2 du V contient deux très longues tirades de Don Juan et de Sganarelle que Planchon a moins voulu animer que re-présenter, observant par là à la lettre la définition de la mise en scène. Sur : «[...] je suis bien aise d'avoir un témoin du fond de mon âme [...]», entrent quatre prêtres dont un monsignor et une bonne sœur; on les sert avec beaucoup de prévenance : chocolat et chaufferette sous les pieds. Le tableau est posé dont Don Juan peut dès lors s'écarter pour en livrer au public, vers lequel il descend et auquel il s'adresse directement, le commentaire sarcastique. Ainsi un texte réflexif de Molière – essentiel dans son esprit car il ne l'a ni supprimé ni modifié malgré les réactions indignées de la censure – est-il sauvegardé dans son principe de leçon lancée au public par-dessus la tête des personnages, mais subtilement et insidieusement, puisqu'il devient chez Planchon la glose, dans le *hic et nunc* du jeu théâtral, d'une scène familière. On a donc affaire, de la part de Don Juan, à un aller et retour fréquent entre la salle où il s'adresse tantôt à Sganarelle qui l'a accompagné, tantôt au public, et la scène où il remonte pour baiser la main du monsignor (Quand il parle des «zélés indiscrets») ou même deviser avec les prêtres à voix basse sans prêter la moindre attention à la longue tirade indignée de Sganarelle («O Ciel ! qu'entends-je ?»).

La fin de la pièce, à partir de la scène 5, V, est l'apothéose noire de cette mise en scène et, formellement, elle reprend tous les éléments, figures, personnages et symboles que la scène zéro avait mis en place prospectivement. Une forme voilée apparaît sur le praticable qui occupe presque toute la largeur de la scène; quatre formes noires transportent le cercueil vide de l'estrade de salle sur le praticable. On présente à Don Juan une croix qu'il repousse; le mur de fond se lève : apparaît la statue romaine du Commandeur, entourée de quatre personnages immenses et longilignes qui constituent comme un tribunal de jugement dernier. «Don Juan n'a plus qu'un moment à pouvoir profiter de la miséricorde du Ciel» est dit par la forme blanche. «Je veux voir ce que c'est» : Don Juan dévoile le spectre, l'épée à la main : c'était Elvire; elle le désarme et lui tend un crâne. «Voyez-vous ce changement de figure ?» demande Sganarelle : les quatre mariées sont entrées, portant des crânes qu'elles disposent aux quatre coins du praticable. «Non, non» est lancé par Don Juan qui reprend son épée mais s'écroule. Les deux paysannes, masquées, enserrent Don Juan avec les bandes de tissu dont elles s'étaient servies, sur le mode badin, à la scène 4 du II. Pierrot, masqué lui aussi, fouette l'air en moulinets rageurs et c'est Don Juan qui reçoit les coups. «Arrêtez» (premier mot de la scène 6) est dit par Don Louis, la suite de la phrase par le pauvre. «Donnez-moi la main» est encore dit par Don Louis; Don Juan est stoppé dans son mouvement par les mariées qu'il repousse amicalement. «La voilà» est accompagné d'un roulement de tonnerre. «Don Juan, l'endurcissement au péché [...]» est dit, pour la deuxième fois, par Elvire, tandis que les figures surhumaines du fond tiennent un grand livre noir ouvert. Trois hommes noirs, armés de haches, sont sur le praticable. Don Juan est à genoux, à côté du cercueil (cf. photo 33). Coup de hache sur le praticable : «O Ciel ! que sens-je ?», Don Juan s'écroule. Et Sganarelle vient saisir Don Juan, mort, à la gorge en criant : «Mes gages».

Des paillettes tombent du ciel : tous rentrent, en noir ou blanc, au fond, tenant des bougies allumées qu'ils disposent sur les trois côtés du praticable; ils s'alignent au fond. Monte le *Miserere* de la Messe Romaine de Pergolèse. La «coupole vaticane» descend des cintres ainsi qu'un immense ostensoir tandis que, derrière, apparaît une gloire, divine et royale à la fois, avec ses rayons dorés. Sganarelle continue à hurler : «Mes gages».

Le caractère obsessionnel de ce tableau-résumé reprend tous les éléments du tableau-annonce qui présentait, en action, dès la scène zéro, Don Juan, Elvire et Don Carlos avec tous les axes sémantiques de l'ensemble de la pièce, de la brutalité érotique à la religiosité morbide. L'obsession religieuse se décèle encore mieux dans les intermèdes et les fins d'actes. A la fin de l'acte I devant le rideau baissé, deux hommes en noir entrent et recouvrent Elvire allongée d'un vaste drap rouge percé en son centre d'une ouverture où elle passe la tête : elle se redresse, extatique, les bras tendus, sur un fond de musique religieuse. Deux moniales entrent par jardin et cour, tenant des chaînes qu'elles tendent à Elvire. «La retraite est résolue», dit alors Elvire, et je ne demande qu'assez de vie pour expier», anticipant ainsi sur la scène 6 du IV; elle est fouettée, par gestes, de loin, par les deux moniales mais son corps, par des soubresauts, signale l'impact des coups. Trois hommes entrent à la cour avec un crucifix renversé et au jardin trois moniales sortent d'un baquet le voile imprimé de la Sainte Face.

Dans l'intermède du II-III, une moniale, Elvire, est au jardin. Don Juan est attaqué par les douze hommes en colère dont il était question en II, 5 («Douze hommes à cheval vous cherchent [...]»). Entrent six femmes (les quatre mariées auxquelles se sont jointes Mathurine et Charlotte). La moniale lance : «L'endurcissement au péché traîne une mort funeste et les grâces du Ciel que l'on renvoie ouvrent un chemin à sa foudre», très belle phrase qui a été utilisée pour l'affiche du spectacle mais qui, de fait, ne sera prononcée, chez Molière, qu'à la dernière scène de la pièce, par le Commandeur. Située, comme elle l'est, au centre de la pièce et dite par Elvire, elle a un caractère rétroprojectif net : Don Juan s'est déjà damné avant même que la trancendance ne se soit manifestée et il s'est perdu par sa conduite ignoble à l'égard des femmes. Conception laïque de la damnation qui sera accentuée plus tard quand le rôle du Commandeur en IV, 8 sera distribué entre Don Louis, Elvire, Don Carlos et le pauvre : Don Juan a grimpé sur la table où le Commandeur, métamorphosé en Christ, est en train de rompre le pain de la dernière Cène, entouré des douze hommes en colère devenus, en une sorte de tableau vivant, les douze apôtres. Don Juan trinque avec le Commandeur et piétine le pain sacré. «Don Juan, c'est assez», est alors dit par Elvire qui brandit un poignard; «Je vous invite à venir demain souper avec moi» est mis dans la bouche du pauvre, aux yeux bandés, figure christique très reconnaissable, le comédien portant le même pagne que le Christ de bois apparu dès le début de la pièce et réapparu à la fin de la scène 1 du III, avant que le pauvre ne surgisse de la forêt. «En aurez-vous le courage ?» est dit par Don Louis et c'est Elvire qui conclut : «On n'a pas besoin de lumière quand on est conduit par le Ciel» (tout en tenant un flambeau à la main !). Tous ces personnages sont des délégués de la justice divine et humaine. Mouvement exactement inverse de celui d'*Athalie* : dans *Athalie* l'enfant Joas était relayé par l'Ange; ici la transcendance (le Commandeur) est distribué entre les seuls humains.

Pour en revenir à l'intermède du II-III, on voit encore les six femmes s'enchaîner puis jeter leurs chaînes. Elvire rentre en avant-scène, portant sur le dos, attachée par des lanières, une épaisse planche rectangulaire. Vient un homme en rouge qui plante deux épées dans ce bois; Elvire s'incline; l'homme l'attelle avec une corde à un tronc d'arbre pendant que le rideau se relève et qu'on voit passer en procession rapide les six femmes, à leur tour enchaînées et tirant un autre tronc (photo 38).

Arbre, forêt, le symbolisme de la croix est partout présent, plus comme instrument de torture que comme gage de salut d'ailleurs, dans le *Dom Juan* de Planchon. Ainsi à la fin de III, 1, Elvire entre, en religieuse; derrière elle, des formes en noir traînent six morceaux de bois blanc qu'on ajuste pour en faire trois croix. Elvire dénude le Christ aux outrages que l'on pose sur la plus grande des croix (photo 39). Elvire, on le voit, est le pivot de la pièce, la figure emblématique du destin et de la religion, par toutes les images d'amour, de remords, de souffrance et de mort qu'elle compose, seule ou avec d'autres pénitents. A la fin du III, 2, elle vient recouvrir le Christ en bois d'un voile; à la scène 5, quand Don Juan et Sganarelle découvrent le «superbe édifice», le tombeau du Commandeur, c'est encore elle qui entre pour dire : «Don Juan n'a plus qu'un moment pour pouvoir profiter [...] sa perte est résolue», anticipation sur ce que dira le spectre en V, 5. Deux hommes en noir entrent avec un crucifix de métal argenté qu'ils disposent sur l'estrade placée dans la salle même. Elvire pivote sur elle-même avec un crâne dressé dans les mains; elle est soutenue par les deux prêtres. Peu d'instants après, quand la statue accepte l'offre de Don Juan elle opine en s'ouvrant et en découvrant une tête de mort qui s'incline (photo 40). Trois hommes entrent, portant Elvire morte (ou évanouie); elle ressuscite; des femmes sortent de terre (en dégageant des trappes) et brandissent des poignards. Trois femmes encore surgissent : l'une tient une roue, l'autre traverse la scène en diagonale avec une charrue, la troisième tire un cercueil au bout d'une corde; elles lèvent un poignard en brandissant un soulier. Deux cagoulards emmènent Elvire qui se tend vers Don Juan en disant (c'est Sganarelle qui parle, chez Molière : «Voilà de mes esprits forts [...]». Le rideau tombe assez vite. C'est l'entr'acte.

*
* *

Si l'on a présenté dans le désordre les signifiants essentiels de cette mise en scène c'est volontairement et pour rendre compte de l'apport majeur de Planchon : s'attaquant à une œuvre qui se développe linéairement et raconte les derniers jours d'un condamné, depuis ses machinations manquées et les derniers soubresauts de sa stratégie amoureuse jusqu'à l'exécution imparable, Planchon ne pouvait pas exclure le temps de sa mise en scène. Il le fait cependant, dans une très large mesure, en construisant des tableaux qui, s'appelant et s'épaulant du début à la fin, imposent une permanence d'images, composites certes mais toutes axées autour des obsessions centrales de la sensualité, de la religion et de la mort. Ces mêmes thèmes étaient en travail dans le *Tartuffe*, mais selon d'autres procédures scéniques. C'est dire quelle fidélité à soi-même manifeste Planchon, quelle continuité idéologique s'inscrit dans son itinéraire. Il nous importait de le souligner mais plus encore de montrer qu'une mise en scène, si on veut la saisir au fond, ne relève pas de catégories impressionnistes et fragiles comme celles de l'économie des moyens ou de la fidélité au texte. Celles de Planchon engagent, par le biais de la mise en abyme, la définition même de la théâtralité. Qu'il y ait plusieurs voies pour l'exalter, nul doute; mais nul doute aussi que Planchon en ait présenté avec son *Dom Juan* une sorte d'épure. Le mot fera sourire eu égard au bric à brac délirant que les critiques ont surtout su voir et stigmatiser. Épure néanmoins puisque c'est à la notion même de représentation théâtrale, dans son caractère essentiellement spatial et visionnaire, qu'il nous est donné d'accéder.

CHAPITRE VIII

LA TENTATION DE L'OBLIQUE :
LE MISANTHROPE DE JEAN-PIERRE VINCENT

Il a été dit au début de cette étude que la redondance devait être envisagée dans l'axe des simultanéités et dans l'axe des consécutions, dans l'ordre de la perception immédiate des éléments redondants et dans l'ordre, beaucoup plus hypothétique, beaucoup plus construit que donné, de l'interprétation globale de la pièce. Ce dernier point ressortit à ce que nous appellerons «la formule de l'action scénique», c'est-à-dire à la lecture de la pièce que le système de mise en scène établi par J.P. Vincent paraît suggérer : cette organisation secrète et dynamique repose sur la systématisation de l'oblique. La mise au jour de cette structure n'exclut pas l'examen des redondances verticales, fonctionnelles et expressives, de toute façon secondaires en regard du projet d'ensemble qui guide Vincent dans son *Misanthrope*.

La redondance verticale

Dans l'ordre des redondances verticales, immédiates, construites dans l'axe des simultanéités, une double constatation s'impose : d'une part Vincent brise le système des redondances attendues; de l'autre il recourt à la redondance chaque fois qu'elle lui permet d'aller dans le sens du texte, ou plutôt d'en dégager le sens latent et d'en accroître l'expressivité. La première démarche s'inscrit dans le cadre de la redondance fonctionnelle pour en démonter le mécanisme et montrer que ce qu'on prend d'ordinaire pour loi fondamentale du théâtre (nécessité de joindre le geste à la parole, de faire converger les systèmes visuel et auditif, sous peine de contrevenir à la «vie» du théâtre, etc.) n'est qu'une convention culturelle nullement inhérente à l'œuvre. Elle peut être battue en brêche sans que la lecture du texte en pâtisse, bien au contraire. Il n'empêche que la juxtaposition de la nudité anti-fonctionnelle (au sens culturel que cette notion possède, naturellement, car il est évident qu'il serait intolérable, pour le spectateur, de se voir refuser un minimum de redondances incontestablement fonctionnelles) et d'une certaine surcharge expressive, peut laisser une impression de disparate, voire d'hétérogénéité dans la construction des signes; impression qu'une exacte perception des intentions du metteur en scène devrait dissiper.

1. La non-redondance fonctionnelle

Le Misanthrope de J.P. Vincent, à ce niveau, se définit par ce qu'il n'est pas : la pièce a beau se jouer dans un salondu XVIIe siècle, donc représenter la fine fleur de l'élégance, de la vivacité et de l'intelligence, elle sera, chez lui, morose, terne et on n'y trouvera rien de ce qu'on attend : les mouvements de tous les personnages sont lents, les costumes sont discrets, le ton est, sinon uniforme, du moins très dominé. La colère d'Alceste, en particulier, est très rarement visible; ni les marquis, ni Oronte, ni Célimène ne papillonnent ni ne portent beau; la gestuelle de tous est très «rentrée». A la limite, le fait que les acteurs jouent souvent de dos ou de trois-quarts et rendent par là leur texte inaudible appartient à ce refus de redondance fonctionnelle : c'est une règle impérative dans la conception traditionnelle du jeu de lancer son texte vers le public, du moins dans ses moments forts. Or, ici, ni la chanson du roi Henri, dite de trois-quarts dos dans le fond de la scène, ni la série de portraits faite par Célimène tournée vers les marquis assis en ligne, de biais, du côté cour, ne sont vraiment audibles. Le refus de redondance frise alors la maladresse.

Prenons la scène du sonnet (I, 2) : Vincent gomme au maximum ce que cette scène appelle de brio un peu caricatural. L'entrée d'Oronte (habillé d'ailleurs de façon assez discrète) passe presque inaperçue; elle a lieu pendant les dernières répliques échangées par Alceste et Philinte à la scène 1 (vers 236); toute sa proclamation d'amitié est faite par un Oronte assis, alors que le texte appelle plutôt des ronds de jambe. Oronte, encore, lit son sonnet de façon très neutre (opposition du texte et du ton). Autre détail : quand Basque entre (II, 6) il s'adresse à Alceste mais ce sont les autres qui s'occupent de lui; la mimique d'Alceste est d'absence puis d'impassibilité; il n'est ni intéressé ni surpris bien que son texte soit interrogatif. Plus loin le texte didascalique de Molière indique : «à Clitandre et à Acaste qui rient» : personne ne rit. Ce qui donne au «plaisant» du vers 774 un sens moral ou même souligne cette espèce de névrose qui fait qu'Alceste se sente constamment persécuté.

Le refus de redondance atteint les rapports de l'intonation et du geste, à la scène 1 du III : le ton d'Acaste est sinistre lorsqu'il fait le portrait élogieux de lui-même; ainsi que l'accord du costume avec le contexte : le costume des marquis est relativement sobre. Vincent cherche à donner aux personnages, même ridicules, le maximum de naturel; il coupe court, le plus possible, à tous les effets attendus, surtout dans une scène comme celle-ci, traditionnellement traitée à la charge.

Les ruptures de redondance sont particulièrement sensibles quand le texte, par son expressivité ou émotionnelle ou satirique, appelle presque automatiquement tel ou tel geste : au vers 503, «le bonheur de savoir que vous êtes aimé» est dit par Célimène sur un ton très peu convaincant; même chose au vers 521 : «Il est vrai, votre ardeur est pour moi sans seconde» dénote, dans le ton, une sorte d'indifférence. Quand Alceste parle de «l'ongle au petit doigt», aucun geste; ni non plus pour la «perruque» et les «canons». Rupture de redondance allant jusqu'au jeu contre texte : Alceste dit (vers 517-518) qu'il fait de son mieux pour se détacher de Célimène alors qu'il est à genoux devant ses appartements. Dans cette scène importante Vincent a effacé le plus possible les redondances attendues soulignant la colère, au bénéfice de redondances expressives qui insistent sur des sentiments plus cachés : le paysage sentimental d'Alceste (amour passionné, contradictions intimes) se dessine en creux à travers les manques du personnage traditionnel.

On arrive par là à une opposition du fonctionnel et de l'expressif : Vincent prend le spectateur à contre-pied de ses habitudes : il s'attend à rire – comme dans la scène avec Dubois : on ne lui refusera pas ce plaisir, mais avec des moyens autres que l'entassement ou la surcharge coutumiers. Il n'y a que deux façons de faire voir à neuf une scène comique usée : soit pousser l'exagération jusqu'à la gratuité délirante du gag (ce que fait Planchon dans la scène avec Monsieur Dimanche) soit inventer de nouveaux procédés qui se jouent «en dedans» sans toutefois laisser le comique en dehors. La scène avec Dubois est de farce; traditionnellement elle donne lieu à une débauche de redondances fonctionnelles/expressives au moment où Dubois cherche à n'en plus finir dans ses poches la lettre confiée par l'ami d'Alceste. Le jeu est indiqué par Molière («après avoir longtemps cherché») et, ne le serait-il pas, on le supposerait eu égard à la lenteur et à l'hésitation répétitive des répliques précédentes de Dubois (redondance fonctionnelle). Mais en étirant ce jeu de scène et en faisant surgir des poches de Dubois les objets les plus hétéroclites (mouchoir d'un mètre de long, énorme opinel, etc.) on peut, à moindres frais, provoquer le rire (redondance expressive). Ce que Vincent refuse, on s'en doute : le jeu de scène ne sera pas escamoté ni le rire absent, mais Dubois ne tirera de ses poches qu'un bout de ficelle, un mouchoir et une clé.

La seule redondance expressive qu'il s'autorise est anti-fonctionnelle, donc gratuite et du coup d'une efficacité comique certaine : on s'attend, à partir du texte («air effaré», vers 1436) que Dubois entre en catimini et qu'il prononce en chuchotant son : «Parlerai-je haut ?». Il n'en est rien chez Vincent : Dubois ne cesse de parler fort jusqu'à hurler son vers 1446 : «Pour la raison, Monsieur, qu'il faut plier bagage». En retour Alceste crie aussi, moins d'exaspération que par un entraînement mimétique et pour se mettre au diapason de son valet. En revanche – autre redondance expressive anti-fonctionnelle – les deux vers 1447-8 : «Ah ! je te casserai la tête assurément [...]» sont dits d'une voix rentrée, alors qu'on s'attend à une explosion de violence; mais cette intonation correspond tout à fait à ce que nous savons de l'Alceste de Vincent : c'est un bilieux et un mélancolique (un atrabilaire au sens propre) non un sanguin. Dernier refus de redondance fonctionnelle dans cette scène : au vers 1476 quand Célimène dit : «[...] Courez démêler un pareil embarras», c'est elle qui sort et non Alceste !

2. *La redondance fonctionnelle*

Malgré tout ce qu'on vient de dire elle est présente cependant et se manifeste chaque fois que le corps de l'acteur ou l'allusion à des éléments concrets exige tel geste ou tel accessoire. Il existe, pour ainsi dire, un code «naturel» (en fait socio-culturel mais considéré comme naturel dans une société donnée) auquel on ne saurait contrevenir sans plonger dans l'arbitraire et la gratuité : Alceste dit qu'il se réfugie dans son «petit coin», et de fait il va se cacher dans une encoignure du décor, côté cour; il dit qu'il refuse les avances de Philinte et de fait, il se détourne de lui sur son tabouret; il adresse des reproches à Célimène (à la scène 3 du IV) et, de fait, il attaque en avançant tandis qu'elle recule; il fait allusion à une lettre accusatrice et, de fait, il la brandit, la fait lire à Célimène, la mettra dans sa poche, la ressortira selon l'évolution de son discours, etc.

Toutes ces redondances sont en quelque sorte invisibles : elles font partie de l'animation du texte sans qu'on soit capable de dire (dans l'instant de la représentation) si le geste précède la parole ou l'inverse. Il est malaisé cependant de distinguer nettement ces redondances fonctionnelles vraies ou naturelles des redondances pseudo-fonctionnelles d'origine proprement idéologique et des redondances pseudo-fonctionnelles de nature simplement automatique : de même que dans la conversation courante nous accompagnons nos paroles de tout un gâchis de gestes inutiles, il est des gestes, au théâtre, dont on pourrait faire l'économie, n'étant ni expressifs, ni nécessaires à l'activité du comédien. J.P. Vincent les pourchasse le plus qu'il peut; mais il en reste quelques-uns : ainsi quand Alceste parle de la «vaste rhingrave» de Clitandre, il tâte l'étoffe de son propre habit; ou bien, quand il dit : «comme une marque [...]» (vers 1545), il trace un trait fictif sur le sol.

La scène des portraits offre un bon exemple, dans tous les ordres de signifiants, de redondances fonctionnelles. Costume, maquillage/texte : les marquis sont lourdement grimés (en noir ou en rouge), habillés avec recherche et extravagance, à l'image de leur personnalité; intonations/texte : ton insistant d'Alceste pour les mots : «faire expliquer», «vous vous expliquerez», «vous vous déclarerez», «vous prendrez parti», «vous choisirez»; intonations de colère pour soutenir l'attaque :

«Allons, ferme, poussez, mes bons amis de cour !»

Mimique/texte : on parle de Cléonte aux vers 567-70; on mime alors l'attente du portrait; les têtes penchées et les sourires de tous les personnages (sauf Alceste) marquent l'intérêt qu'ils portent à ce que dit ou va dire Célimène, et viennent en prolongement-justification du vers 650. Geste/texte : au vers 683 Philinte se lève quand il adresse un reproche à Alceste; au vers 687 Alceste à son tour se lève pour répondre à Philinte; à : «Rien ne m'appelle ailleurs de toute la journée», ils se rasseoient tous.

La scène d'entretien d'Alceste avec Arsinoé (III, 5) mérite un examen particulier en raison du soin avec lequel Vincent a réglé les jeux de scène redondants : le texte dit très clairement, avant même qu'Arsinoé n'attaque ce qu'il a de plus cher, qu'Alceste est sur la défensive et que tous les propos d'Arsinoé l'agacent : toutes ses répliques sont de dénégation ou d'interrogations qui sous-entendent une réponse négative. De son côté Arsinoé cherche à séduire Alceste et plusieurs de ses «propositions» dépassent le niveau de la politesse mondaine. Gestes, mouvements/texte (d'Alceste) : Alceste s'asseoit mais écarte son tabouret; il le déplacera encore quand Arsinoé lui fait sa déclaration (vers 1078); il est furieux de l'entendre calomnier Célimène et se détourne (vers 1103-4) puis se lève (vers 1122) et va regarder (vers 1124) un des tableaux du décor. Il reste debout, à distance, tandis qu'Arsinoé est assise (vers 1125). Ton, mimique, gestes, mouvements/texte (d'Arsinoé) (1) : elle fait la cour à Alceste et prend le ton le plus charmeur possible; elle tourne par petits gestes brusques la tête vers Alceste et multiplie les sourires niais, puis se rapproche amoureusement de lui, lui parle nez à nez, le regardant par en dessous. Il y a même là un cas d'hyper-redondance destinée à faire juger le personnage : quand elle sourit à Alceste d'un air faussement ingénu, sa mimique démasque, par hypertrophie, l'intention de Vincent de la ridiculiser. Cet exemple mérite d'autant plus d'être noté que Vincent use très peu de ce type de surindication du signifiant, même avec les «fantoches» Oronte et les marquis. Peut-être le fait-il parce qu'Arsinoé est aussi et surtout une hypocrite dont la conduite oblique entre dans le système général de lecture de la pièce. La fin de la scène est traitée de façon plus classique : le geste de la tête d'Arsinoé souligne sa décision d'apporter des preuves décisives de l'infidélité de Célimène et son souhait de la supplanter auprès d'Alceste; sa sortie chaloupée est provocante mais ridicule.

On vérifiera, *a contrario*, avec la deuxième rencontre d'Alceste et de Célimène (IV, 3) combien le recours à des redondances fonctionnelles obligées mais mortes peut faire de tort à une mise en scène jusqu'à occulter ce qu'elle a de plus riche. Cette scène, incontestablement l'une des plus importantes de la pièce permet de corroborer un des principes de la mise en scène de Vincent : les redondances gestes, mouvements/texte sont limitées au maximum car elles ne sauraient, étant donné la netteté du discours des deux partenaires et l'évolution visible de leurs rapports, qu'être fonctionnelles. En effet Alceste est d'abord furieux et sa colère lui tient lieu de force; n'étant plus alimentée par quelqu'un qui lui résiste (comme tous les bougons Alceste a besoin d'un obstacle pour exister) elle tombe et laisse apparaître l'état profond de ses sentiments : il entretient pour Célimène une passion sans condition qu'il nourrit d'ailleurs de mots, exactement comme il nourrissait de mots sa jalousie. Souffrance, amour, avec pour point commun la passion, tel est l'Alceste de Vincent.

Quant à Célimène, est-elle si sûre de son pouvoir qu'elle puisse mener le jeu avec une parfaite hypocrisie ou a-t-elle si peu que ce soit le désir d'apaiser celui qu'elle aime vraiment (mais non exclusivement), c'est le seul point sur lequel le doute soit permis, le seul qui autorise des nuances de mise en scène.

On aura donc les redondances fonctionnelles suivantes : Alceste pointe un doigt vengeur en attaquant Célimène (vers 1281); au vers 1375 il bafouille de colère, le ton est haché; il attaque Célimène en avançant sur elle qui recule; à la fin (vers 1417) il déchire la lettre, etc. Pour Célimène, elle fait alterner le ton aigu de la colère (vers 1356) et le ton pénétré (vers 1365) quand elle avoue son amour pour Oronte; elle remonte au lointain en 1370 après cet aveu qui la sépare d'Alceste avant de redescendre lentement sur lui en 1381 quand il prononce le vers :

«Ah ! que vous savez bien ici contre moi-même [...]»;

elle sent la victoire prochaine et sa dernière tirade : «Allez, vous êtes fou [...]» est dite avec âme. Ambiguïté donc du personnage. Obliquité même si l'on songe à tous les parcours que les deux personnages accomplissent pendant cette scène (Croquis 1 et 2). Nous nous appuierons sur eux pour dégager la redondance structurale qui fait la véritable originalité d'une scène comme celle-ci.

Que la redondance risque d'appauvrir, par les analogies

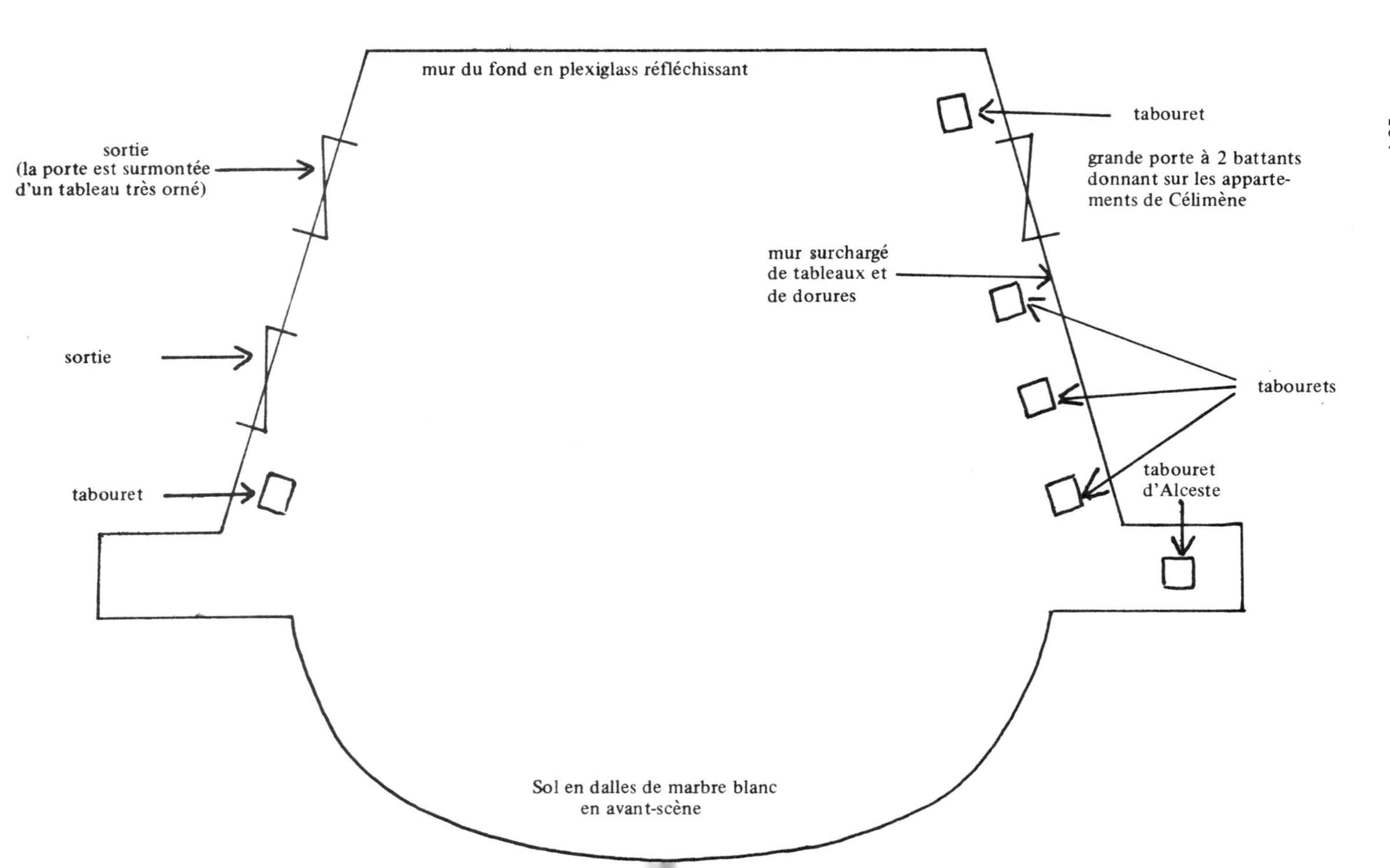
mur du fond en plexiglass réfléchissant
sortie
(la porte est surmontée
d'un tableau très orné)
tabouret
grande porte à 2 battants
donnant sur les apparte-
ments de Célimène
mur surchargé
de tableaux et
de dorures
sortie
tabourets
tabouret
tabouret
d'Alceste
Sol en dalles de marbre blanc
en avant-scène

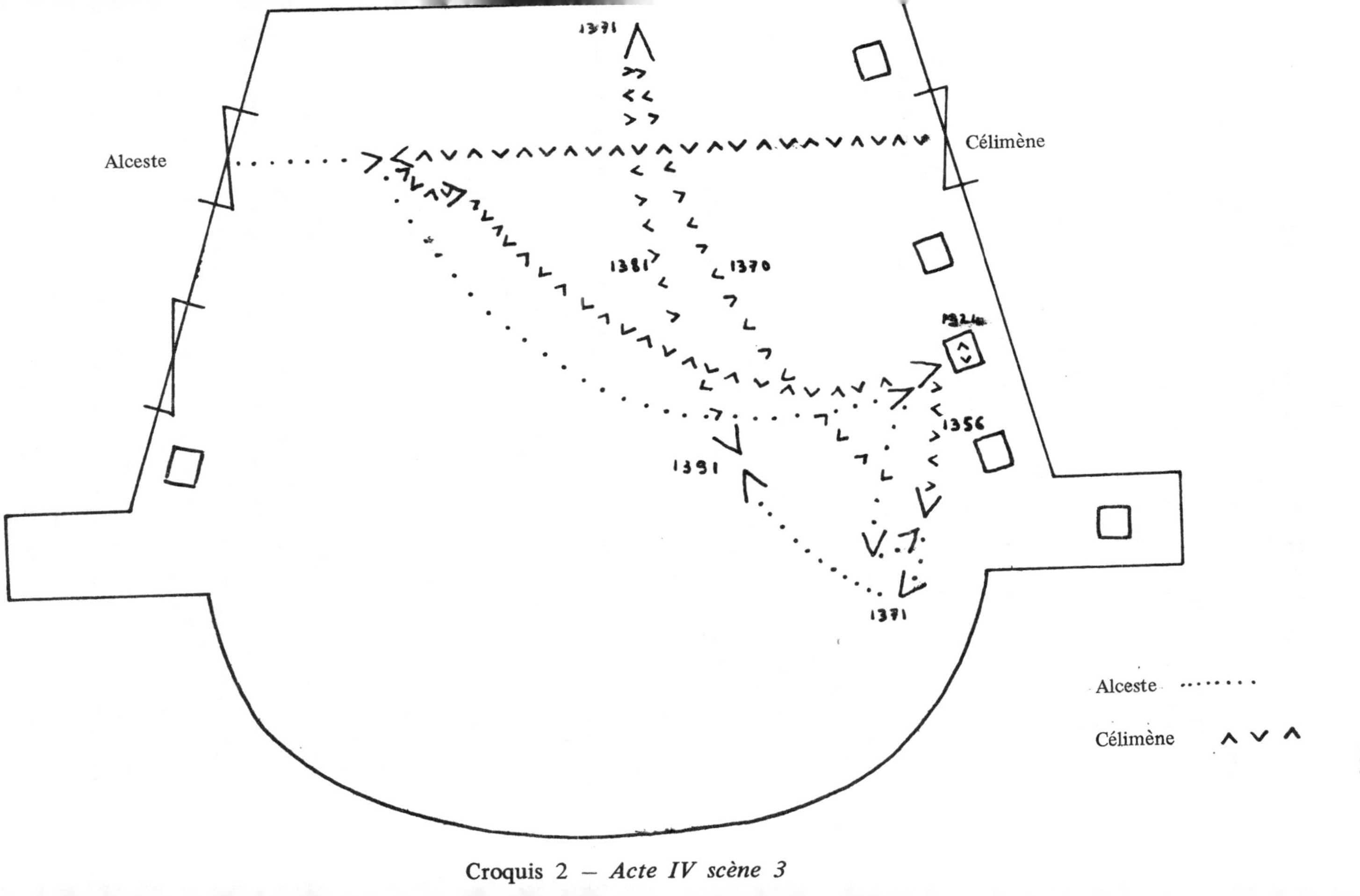

Croquis 2 – *Acte IV scène 3*

qu'elle construit, telle partie du texte ou tel aspect d'un personnage, on peut le vérifier par la scène 2 du V : Oronte sort des appartements de Célimène et lui adresse la parole du centre de la scène sans qu'elle soit là. Or ce jeu de scène a déjà été exploité en II, 1 pour Alceste. Cette redondance n'aurait-elle pas pour effet d'établir une similitude entre Oronte et Alceste ? Aucun d'eux ne peut se vanter «d'avoir le contact» avec Célimène (redondance fonctionnelle par métaphore). Quand les deux hommes échangent en vers stichomythiques leurs exigences parallèles, ils avancent l'un et l'autre symétriquement d'un pas à chaque vers. Cette redondance mouvement/texte par mécanisation des deux régimes signifiants a peut-être pour intérêt de souligner le caractère plaisant de la situation, mais l'inconvénient en même temps de vider de sa force les paroles d'Alceste, ce qui est dommage, car le vers qu'il prononce :

«Et moi je vous entends si vous ne parlez pas»

a quelque chose de tragique qu'on retrouvera quelques années plus tard dans ce vers de *Britannicus* :

«J'entendrai des regards que vous croirez muets».

Il faut faire un sort cependant, dans ce domaine des redondances fonctionnelles, à un usage tout à fait particulier, en V, 1 : ici elles sont appuyées et, cas unique dans la mise en scène de Vincent, elles visent à inscrire la fable du *Misanthrope* dans le concret; c'est le moment planchonien de Vincent : on recourt donc à des accessoires et à des éléments de costume qui évoquent le départ prochain d'Alceste; la lumière, quant à elle, indirecte et très tamisée, traduit métaphoriquement la tristesse et l'échec d'Alceste. Ce qui donne : costume, accessoire/texte : Alceste entre en manteau de voyage, un sac de cuir à la main : il est décidé à partir; le texte ne fait donc que commenter ce que l'attitude dit clairement; en un sens le dénouement est déjà fourni dès cette entrée d'Alceste (redondance par anticipation). Gestes, mouvements/texte : aux vers 1505 et suivants, les mouvements lourdement redondants d'Alceste (qui va, quand il parle de lui, vers le siège occupé par Oronte à la scène 2 du I; puis qui traverse en oblique la scène pour aller vers les sièges occupés par les marquis en II, 4) ont peut-être moins pour but (dans la deuxième occurrence) de particulariser l'attaque d'Alceste (les «hommes» du vers 1517 ne sont autres que les marquis) que de reconstituer, comme pour fournir un aide-mémoire au spectateur, l'essentiel

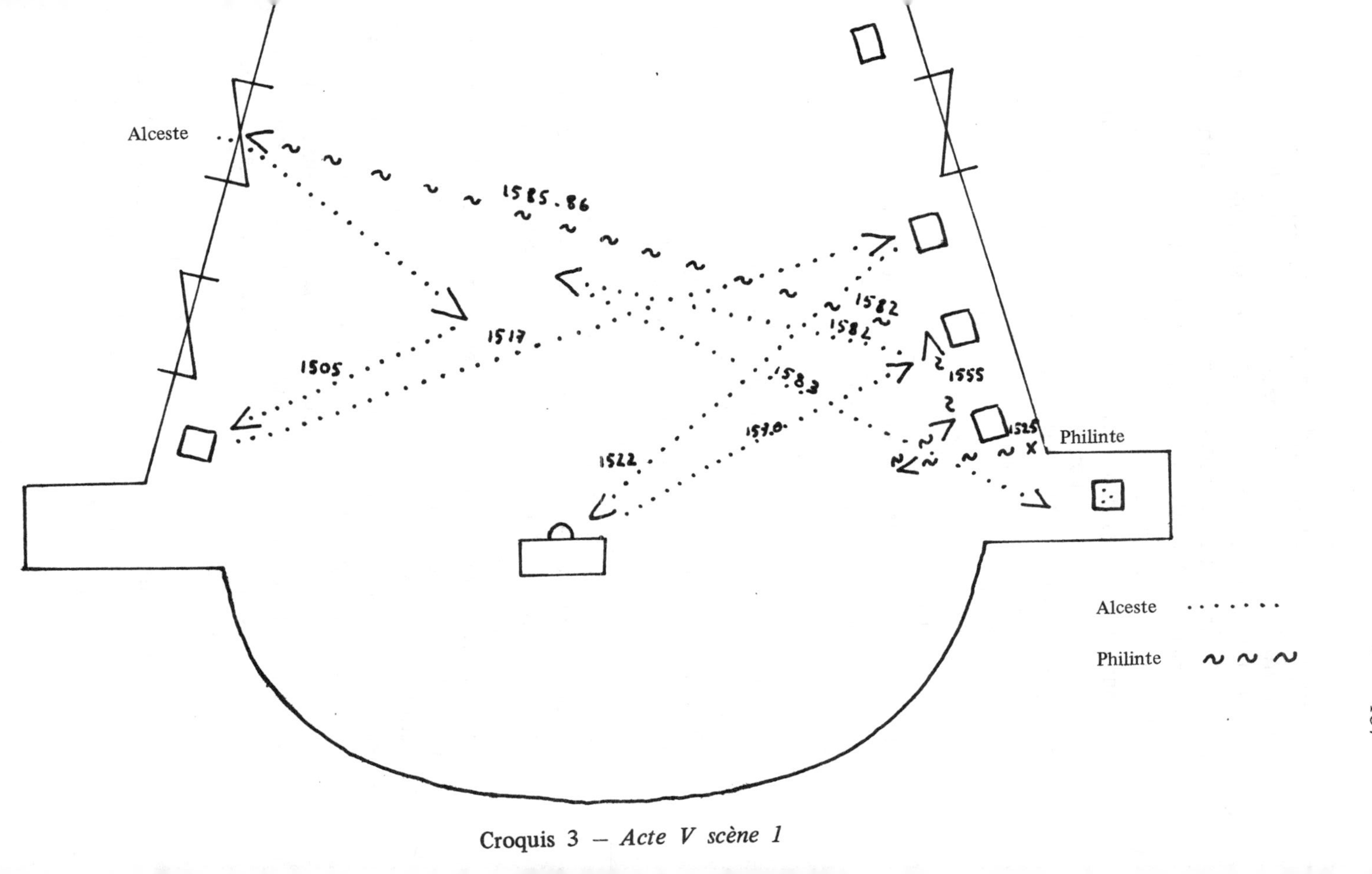

Croquis 3 – *Acte V scène 1*

des trajets qui ont quadrillé l'espace jusqu'ici (Croquis 3). Ce qui ouvre à nouveau une perspective sur la redondance structurale. Cette attitude d'Alceste s'enchaîne sur celle de Philinte : quand il dit : «Les hommes devraient être faits d'autre sorte», il se dirige vers les tabourets des marquis; du même coup le signifié déposé antérieurement par Alceste devient redondant : les hommes dont les deux personnages parlent sont ceux que la fable nous a donné de connaître : Oronte et les marquis. On réduit par là considérablement la portée de l'attaque en l'inscrivant dans un conflit uniquement personnel. Comme quoi la redondance fonctionnelle peut jouer, sans qu'on y prenne garde, des tours de toute sorte : le sens n'est pas quelque chose de solide et de fixé; il continue à courir à travers l'œuvre, toujours prêt, au moindre carambolage d'un nouveau signifiant, à changer d'orientation, voire à se métamorphoser.

3. La redondance expressive

Laissons de côté les redondances expressives usées qui se contentent de ponctuer par insistance tel mot ou tel geste : elles sont d'une expressivité quasi nulle au regard de l'invention, mais très réelle au regard de l'efficacité sur le public. Les redondances authentiquement expressives sont celles qui précisent, élargissent, en un mot enrichissent le texte. Il est ici difficile de distinguer ce qui est redondant de ce qui est simplement construction d'un signe original, mais nous pensons précisément que dans la mesure où un signe est original (c'est-à-dire non automatique ni totalement prévisible) il ne peut être perçu que s'il est redondant. Contrairement à la théorie de l'information telle que développée par A. Moles, nous ne dirions pas que l'information neuve s'oppose à la redondance usée, mais que l'information neuve ne peut passer que par la redondance dont le caractère usé (non informatif) est indispensable à la transmission originale : il appartient par là à la fonctionnalité du signe. C'est particulièrement sensible dans le traitement d'Arsinoé, de Philinte et des rapports d'Eliante avec Alceste.

La mimique d'Arsinoé en face de Célimène est très répétitive : elle donne l'impression d'être piégée et de subir dans son corps les attaques de Célimène. Bien sûr ces signes ne sont redondants que dans leur durée et l'on devrait parler ici de systèmes horizontaux beaucoup plus que de systèmes verticaux; mais nous réserverons la notion de système horizontal aux signes qui rendent compte de la pièce dans son ensemble alors qu'ici la redondance s'instaure au niveau d'une scène que l'on peut considérer comme une séquence, comme une unité isolable.

Vincent a voulu introduire une dimension corporelle, sinon charnelle dans le duel verbal de Célimène et d'Arsinoé. L'ensemble des éléments redondants orientés dans ce sens a donc un caractère expressif, Arsinoé la frustrée étant en situation d'agresseur et cherchant le contact avec le corps de l'autre; Célimène, au contraire, plus sûre d'elle, choisit, bien qu'agressée, de la tenir à distance. La névrose d'Arsinoé la rend parfois victime de son propre corps qui se refuse et se défait. Toute la première partie de la scène est une poursuite de Célimène par Arsinoé partout où elle va; quand Célimène s'asseoit (vers 903) Arsinoé se penche vers elle; elle la tripote et l'agresse de ses mains fouineuses autant que de ses paroles. Bientôt son corps, littéralement, se casse, sa tête est penchée. Le même mouvement bloqué d'Arsinoé, l'avant-bras levé, se retrouvera au vers 920 quand Célimène lui dira :

«[...] En vous avertissant de ce qu'on dit de vous»;

le corps d'Arsinoé parle pour elle : elle est figée sur place par la riposte de Célimène.

Entre temps, au vers 907, elle avait levé le doigt pour dire : «[...] on prête aisément foi [...]», comme si elle en appelait au Ciel tandis que Célimène marquait son mécontentement en se cabrant et se cambrant. Le geste d'Arsinoé se signale encore par des gestes : elle se torture les doigts (vers 920); et par un mouvement de fuite : elle tourne en rond, elle marche en avant-scène de jardin à cour (vers 980); elle s'écarte vers le fond puis se retourne pour faire front (vers 985); à nouveau, au vers 1000, elle a fui en avant-scène et elle se tasse sur elle-même quand Célimène lui lance :

«[...] Je n'empêche pas
Que pour les attirer vous ayez des appas».

Elle reviendra sur Célimène au vers 1020 : elle se met à lui grapiller l'épaule et à relever la bretelle de sa robe tandis que le mouvement de Célimène est presque de répulsion.

Quant à Philinte, l'idée de Vincent est qu'on a affaire à un faux calme et que son phlegme résulte d'un effort sur une nature tout aussi sensible que celle d'Alceste. Là encore il faudrait lire les signes dans leur continuité, non dans leur simultanéité, puisque c'est au IV, 2 que pour la première fois il «accuse le coup», quand Alceste donne à Eliante la lettre que lui a remise Arsinoé. Paradoxalement dans cette scène 2 consacrée pourtant en totalité à la colère d'Alceste le personnage important est Philinte. Ce qui concerne le premier est d'une redondance fonctionnelle peu nouvelle : il est furieux et abattu quand il raconte ses malheurs à Eliante puis il lui prend la main quand il lui offre son cœur. Ce qui concerne Eliante n'est guère plus riche : au vers 1211 elle est debout devant la porte de Célimène : dans quel but ? Pour la protéger des assauts du jaloux ? Pour se substituer à elle ? Il est difficile d'en décider. Elle ira ensuite se coller au mur côté jardin.

Philinte au contraire attire l'attention par une gestuelle insolite : il se dirige d'abord vers le fond où il restera, puis il est atteint d'une brusque douleur au foie qui le fait se plier en deux (au vers 1252) et il tiendra cette position jusqu'à la fin de la scène. De quelle douleur (métaphorique) est-il frappé ? De jalousie de voir Alceste, à cet instant, marcher carrément sur ses brisées ? D'écœurement à force d'être rudoyé par Alceste ? Le geste, tenu pendant 25 vers fait redondance par le fait même de son étalement dans le temps, mais étant le seul signifiant de ce paradigme, il reste difficile d'en affirmer la redondance et d'en déterminer avec netteté la signification. A tout le moins peut-on dire que Philinte souffre et que le geste sert de commentaire au non-dit du texte : Alceste, qui proclame sans cesse, en matamore, la qualité de son amour, est un butor qui n'attache guère d'attention à autrui, alors que Philinte, sensible et discret, sait montrer, sans faire de bruit, à quel niveau se situent ses sentiments. Ce contraste reste valable même si, dans l'interprétation de Vincent, Alceste est le contraire d'un fier à bras tonitruant. Dès lors cette redondance par opposition a un caractère nettement expressif.

Philinte dépouillera totalement la défroque du sage à partir de ce moment-là : dans sa tirade du V, 1 (vers 1555 et suivants), le voilà qui explose, qui donne du poing sur les tabourets, se frappe la poitrine avant de s'écrouler : il se tait, non pour être interrompu par Alceste mais pour être vaincu par son propre comportement. Quel est le sens de cet éclat ? Philinte est un autre

Alceste et la première strophe de sa réplique (vers 1555-8) est parfaitement identique à ce qu'Alceste proclame pendant le I, 1 (par exemple aux vers 89-96). La redondance établie d'un personnage à l'autre a donc une valeur expressive : Philinte n'était pas ce que son texte laissait entendre; on avait jusqu'ici établi une analogie entre le signifié de ses paroles (sereines et un rien bénisseuses) et le signifiant de ses intonations/gestes. En fait il était autre; le personnage s'était volontairement construit contre sa personnalité profonde. Et cette explosion permet de rétablir, au contraire, par redondance, l'identité de l'apparence et de l'être.

Autre redondance expressive qui joue sur l'opposition de l'apparence scénique et du discours, mais à l'exact inverse : au vers 1522 Alceste réitère sa décision : «Tirons-nous de ce bois [...]», et pourtant il descend en avant-scène et dépose son bagage au centre, où il restera comme une sorte de point d'orgue du départ, soulignant du même coup qu'Alceste a du mal à passer à l'acte et qu'il verbalise son départ comme il a verbalisé son amour et sa jalousie. Ainsi par son paradigme de violence rentrée puis explosive tout autant que par son opposition au paradigme de proclamations vélléitaires d'Alceste, Philinte prend une carrure majeure : il a du tempérament et peut à juste titre passer pour l'*alter ego* d'Alceste, plus, pour la face positive et adulte du personnage immature qu'est encore Alceste.

Pour les rapports d'Eliante et d'Alceste, tous les signes utilisés à l'acte V (manteau de voyage, bagage, mimique et gestuelle) soulignent un attachement profond pour Alceste, que les scènes 1 et 2 du IV avaient simplement suggéré. Là encore il est impossible de s'en tenir à une distinction rigoureuse entre les redondances verticales et les redondances horizontales : les premières se déploient dans une certaine durée; l'attitude de Philinte à la scène des portraits signale par avance ce que le texte dira à la scène 1 du IV : la redondance est alors *a posteriori* puisqu'elle n'est perceptible qu'au moment où le texte est prononcé; l'attitude d'Eliante en V, 4 développe, elle, ce que le texte laissait entendre aux scènes 1 et 2 du IV; la redondance est ici *a priori*, car dès l'audition du texte on savait à quoi s'en tenir.

Le jeu d'Eliante est complexe et plus riche que sa réplique de quatre vers (1795-8) ne le laisserait supposer : elle s'était écartée, dos tourné, pendant les dernières tentatives d'Alceste pour reconquérir Célimène. Une fois celle-ci sortie, Eliante va prendre son bagage (qui avait été placé sous le dernier siège côté cour); le geste est clair : comme Alceste avait repris le sien au vers 1779, elle s'apprête à partir avec lui. Philinte s'approche d'elle alors, mais elle refuse son élan amoureux (vers 1799-1800) et même sa compagnie : elle sort seule pour aller secourir Alceste et c'est seul, qu'à son tour,Philinte sort. Ce qui constitue un refus net de redondance fonctionnelle puisque son geste pour prendre le bras d'Eliante en disant : «Allons, Madame, allons [...]» reste suspendu. Par tous ces jeux de scène il apparaît nettement qu'Eliante est demeurée fidèle aux sentiments exprimés en IV, 1 : elle aime Alceste sans pouvoir le lui dire; elle le lui montre par tout un ensemble de signes redondants qui changent totalement le dénouement : Alceste s'est débarrassé de Célimène mais peut-être ne partira-t-il pas seul pour son «désert».

Du point de vue de la redondance structurale ce silence actif d'Eliante entre dans le système de l'oblique : parler ne conduit qu'au mensonge ou à l'échec; faire coïncider une parole vraie et une action vraie est impossible. Reste pour s'exprimer une démarche oblique qui consiste à faire sans rien dire. Oblique puisque l'être du théâtre est de parler. En refusant cette servitude Eliante «sort du théâtre» au double sens où elle quitte la scène et où elle annule le phénomène théâtral.

La redondance structurale

On a dit de Molière qu'il est «un homme continuellement retardé» (2) par tous les fâcheux qui l'empêchent de réaliser ses multiples tâches de comédien, d'auteur, de directeur de troupe et de pourvoyeur des plaisirs du roi. *Le Misanthrope*, à cet égard, serait l'histoire d'un homme qui essaie d'aller droit au but et de dire les choses comme elles sont mais s'en trouve sans arrêt contrarié par des conventions sociales ou des habitudes mentales qu'on peut bien ranger parmi les vices mais qui ressortissent tout autant et peut-être davantage à un certain niveau de civilisation : la politesse louis-quatorzienne, encore toute neuve, se donne le plaisir de jouer avec les mots et les chapeaux à plume et recule, à l'échéance la plus lointaine, la brutalité de la vérité toute nue. Le dire remplace le faire et se nourrit de lui-même, c'est-à-dire de mensonges. Dans cette mesure on pourrait avancer que la formule du *Misanthrope* consiste à *biaiser*, à choisir toujours le chemin le plus indirect, le plus tortueux pour arriver à ses fins.

Cette attitude serait vraie de tous les personnages, mêmes d'Alceste dans le détail de sa conduite. Bien sûr, pour l'ensemble, il propose la vérification *a contrario* en donnant la théorie (et en essayant de la vivre) du comportement inverse. Pour lui, nulle distance du dedans au dehors, de ce qu'on pense à ce qu'on dit. Philinte au contraire, explicite la conception de la gestualisation et de la verbalisation des affects : l'homme en société, voyant se multiplier ses rapports sociaux (3) doit passer par l'intermédiaire de substituts comportementaux dont la liste est égrenée avec rage par Alceste («contorsions, protestations, inutiles paroles, civilités» etc.). La loi sociale le veut :

«[...] Quand on est du monde, il faut bien que l'on rende
Quelques dehors civils que l'usage demande».

Toute la stratégie consiste, selon Philinte, à instaurer, au dehors, en public, une conduite telle que l'on puisse réserver son être vrai, sa vie intérieure. La vie quotidienne – c'est là la source du comique – provoque cependant l'effritement de cette façade et l'homme vrai, quoi qu'on fasse, transpire sous le masque. Si, comme le conseille Philinte, les hommes étaient capables «de garder le silence» quand ils sont animés par quelque passion, le double jeu du dedans et du dehors pourrait être sauvegardé; mais ce ne saurait être le cas d'un personnage de théâtre qui entre en scène poussé par un désir et est donc amené à ne distinguer que provisoirement son être du paraître. Certains sont capables de biaiser de façon permanente ou presque (telle Célimène), d'autres abandonnent plus vite le masque, mais biaiser est pour ainsi dire leur premier réflexe.

Ainsi Oronte, à la scène 2 du I : il va pendant trois longues tirades multiplier les protestations d'estime et d'amitié pour Alceste avant d'en venir au fait, la lecture de son sonnet. Alceste pour sa part commence par refuser de juger sous prétexte d'incompétence : première fuite et premier mensonge puisqu'il dira plus loin ce qu'il pense, et en termes très avisés de critique littéraire. Toutes les réticences d'Oronte, ses protestations d'humilité artistique ne sont que des essais pour capter la bienveillance d'Alceste et constituer autant de retardements, de biais pour mieux s'assurer un verdict louangeur. Quand enfin Alceste est requis de parler avec sincérité, il va, à quatre reprises et de façon chaque fois plus appuyée, éviter de répondre en s'adressant à un «il» fictif. Naturellement cette stratégie échoue et les deux personnages se rejoignent au niveau du langage vrai, celui qui s'impose par delà les mots («Je crois vous entendre/franchement [...]»). Il est remarquable que les parures du langage étant écartées, les deux hommes en arrivent à se provoquer physiquement et à retrouver l'attitude brutale de leurs ancêtres à qui l'épée qui leur tend au côté était une arme et non un objet de parade (Philinte «se mettant entre-deux»).

A l'acte II, 1, Alceste annonce qu'il va «parler net» et, au dernier vers de la scène il demande à nouveau de «parler à cœur ouvert». C'est donc qu'entre temps il n'a pas réussi à s'exprimer et que Célimène a évité de répondre à ses reproches. De fait, elle répond les deux premières fois par des questions, la troisième par un prétexte (utilité de la fréquentation de Clitandre) avant de réduire peu à peu ses manœuvres dilatoires et de prononcer en un seul vers l'aveu de son amour. Et pourtant, devant l'impossibilité, pour Alceste, de distinguer le vrai du faux, les deux personnages retournent chacun dans leur monde. Ici Célimène biaise *a posteriori* puisqu'elle commence par «dire» son amour (vers 505-6) avant de s'en dédire et, du coup, d'annuler son aveu.

A la scène 4 du II, quand Alceste explose contre les marquis, il lui est répondu à bon droit que Célimène est la seule responsable. Fuite d'Alceste qui préfère s'en prendre aux comparses, montrant que la contradiction de ses sentiments l'oblige à louvoyer. Au moment où il s'apprête à s'expliquer («Et moi, je soutiens, moi [...]») Célimène l'interrompt et lui propose d'aller dans la galerie «faire deux tours». Promenade qui n'aura pas lieu puisque, les marquis s'installant, Alceste décide de faire comme eux et de tenir le siège. Attitude qui n'aura pas non plus de développement car le garde vient arracher Alceste à la société pour qu'il s'explique avec Oronte. Triple retardement donc dans cette fin d'acte.

Quand les marquis se retrouvent seuls, au début du III, ils ne cessent de biaiser, tant par la surenchère enfatuée que par l'excès d'humilité, alors que leur propos est clair : lequel des deux est le favori de Célimène ? C'est aux deux dernières répliques de la scène que l'objet véritable de leur rencontre est dévoilé : «[...] Tu me plais avec un tel langage/Et du fond de mon cœur à cela je m'engage». La conduite oblique d'Arsinoé et de Célimène est manifeste à la scène 4 du même acte : Arsinoé met sa diatribe au compte d'un «on» («Votre conduite [...] eut le malheur qu'on ne la loua pas») avant que Célimène ne lui renvoie la balle dans les mêmes termes («En vous avertissant de ce qu'*on* dit de vous»). Ce double mensonge sera suivi d'un second de la part des deux femmes, Arsinoé comme Célimène feignant l'humilité contrite. C'est seulement avec le mot cruel de Célimène («Et ce n'est pas le temps [...] d'être prude à vingt ans») que les cartes s'abattent et que le ton monte au diapason des sentiments vrais, interdisant du coup tout discours («Brisons, Madame, un pareil entretien [...]»).

La tactique enveloppante d'Arsinoé à la scène suivante est très révélatrice de cette attitude qui consiste à partir de la périphérie (les qualités d'Alceste mériteraient d'être sanctionnées par une charge à la cour; le comportement répréhensible de Célimène mérite condamnation) avant d'en arriver au but même de l'entretien : «On pourra vous offrir de quoi vous consoler», proposition qui était déjà contenue en prémisse dans les premiers vers de la scène :

«Et jamais tous ses soins ne pouvaient m'offrir rien
Qui me fût plus charmant qu'un pareil entretien».

Philinte et Eliante, à l'acte IV, ne sont pas loin d'adopter une tactique semblable, si l'on veut bien admettre que leur conversation est orientée sur autre chose qu'un compte rendu désintéressé des agissements d'Alceste : la clé de la scène est donnée par les derniers mots de Philinte qui, après avoir sondé les sentiments d'Eliante pour Alceste, tente sa chance en lui faisant une déclaration déjà perceptible, à mots couverts, dans les vers :

«Et *s'il avait mon cœur*, à dire vérité
Il tournerait ses vœux d'un tout autre côté
Et *par un choix plus juste*, on le verrait, Madame,
Profiter des bontés que lui montre votre âme».

Bien plus, il revêt, pour dire à Eliane le plus intime de ses sentiments, une personnalité d'emprunt; le masque d'Alceste lui sert à être lui-même; la voie du vrai passe par le faux.

La scène 3 où Célimène résiste aux assauts d'Alceste est une illustration parfaite de la tactique de défense biaisée, là où la scène 1 était une illustration de l'offensive biaisée : Célimène commence sa défense par toute une série de questions qui lui permettent de gagner du temps. Quand Alceste s'apprête à lire le billet, Célimène rompt le dialogue et adopte la politique du pire, par surenchère d'auto-accusation, obligeant Alceste à faire machine arrière : il ne peut pas pousser plus loin l'avantage car l'adversaire se dérobe à ses coups en s'y exposant volontairement. Cette tactique de fuite par refus de fuite n'est pas sans rapport avec l'attitude d'un duettiste qui, en refusant de se défendre empêche son adversaire de l'attaquer. Naturellement la tactique de Célimène n'a de chance de réussir que si elle sait son adversaire plus faible qu'elle. C'est le cas : il est amoureux ! Faiblesse doublée par une autre : il est atrabilaire, c'est-à-dire asocial, hors-jeu. Comme le dit M. Deutsch : «C'est d'être amoureux qui rend Alceste atrabilaire. S'il est vrai que celui qui aime, du fait même qu'il marche alors d'un autre pas, passe pour un imbécile, il peut tout aussi bien passer pour un malade. Dans la mesure où sa relation à la «réalité» (du code amoureux curial par exemple) *devient oblique*» (4).

La stratégie de la fuite et du biais réapparaît encore à la scène 4 du IV qu'on a beaucoup de mal, d'ordinaire, à intégrer, pour le ton, au reste de la pièce : elle est de farce dans un ensemble plutôt pathétique; mais, structuralement, elle recourt à la même technique du retardement : toute la mimique de Dubois, toutes ses précautions oratoires ne font que retarder le moment où l'objet de sa visite sera exposé clairement; en fait il ne le sera pas, car Dubois a oublié la lettre qu'il devait apporter à Alceste. Ce dernier tire d'ailleurs la leçon de tous les contretemps et autres traverses qu'il a essuyés depuis le début de la pièce : il est cet homme qui n'arrive pas à s'exprimer, donc à s'expliquer, alors même que sa revendication permanente est celle d'une parole immédiate; paradoxalement ses adversaires qui ne cessent de cacher leur être vrai sous un langage faux parviennent beaucoup mieux à dire ce qu'ils veulent :

«Il semble que le sort, quelque soin que je prenne
Ait juré d'empêcher que je vous entretienne».

*
* *

Retard, fuite, biais, tels sont les mots que nous avons utilisés jusqu'ici pour dire que *Le Misanthrope* est la pièce de l'oblique, et nous avons situé cette notion au double plan de la psychologie – plus sociale qu'individuelle – et du langage. On pourrait encore la situer au niveau du politique et ajouter que l'oblique se manifeste sous les dehors de l'incertitude, de l'aléatoire, de la versatilité, du retournement. C'est l'hypothèse de P. Guérin : «La seconde moitié du XVIIe siècle, l'époque des grandes comédies de Molière, fut [...] un temps incertain, charnière entre la fin de la féodalité et l'installation de l'État sous sa forme absolutiste» (5). Dès lors, on assiste, parallèlement, dans *Le Misanthrope*, à une incertitude généralisée des rapports : «Les dits et dédits de Célimène ne sont pas des mensonges ou tromperies agencés pour mener sûrement une proie dans un piège : plutôt les formes de sa promptitude (sa légèreté aussi) à se maintenir dans le mouvement cahotique de ce monde où la qualité des rapports se modifie d'un instant à l'autre, du début à la fin de chaque scène» (6). C'est vrai d'Oronte et d'Alceste qui passent de l'alliance à la rupture puis à l'accord au sein de la rivalité autour de Célimène; c'est vrai des marquis qui vont de la rivalité à l'alliance; d'Arsinoé et de Célimène chez qui «la proposition de soutien mutuel aboutit à une guerre déclarée» (7); encore plus d'Alceste et de Célimène dont toute la relation est faite de leurs tentatives répétées de rupture et de rapprochement.

Ce flottement des échanges inter-personnels dont le langage, par son double jeu permanent entre le vrai et le faux, est le principal responsable, est la métaphore de l'ambiguïté que le Pouvoir cultive à plaisir dans le rapport politique aux choses de l'État. Pour un Alceste «qui ne se soucie pas de l'État et de son ordre qu'il critique ouvertement» (8) (en III, 5), que de Célimènes qui «semblent penser beaucoup plus à l'ordre du monde et à la façon d'y garder pied» (8) ! «Avant que l'Académie n'assure la maîtrise du pouvoir sur la langue, le discours des salons, laissé comme champ de remplacement à un pouvoir aboli, impose à ses tenants une neutralisation mutuelle qui les écarte d'autant plus sûrement des choses de l'État» (9). Le pouvoir ludique du langage capable d'élargir et de créer la réalité psychologique en la nommant, les Précieux et les Précieuses l'avaient expérimenté en se faisant les explorateurs-inventeurs de la «carte du Tendre»;

le pouvoir royal l'exploitera à son profit en favorisant une littérature officielle de glorification qui substitue à la manifestation directe de la force les mensonges des métaphores. Si Louis XIV a été le protecteur des arts et des lettres c'est sans doute pour une large part qu'il voulait en finir avec l'affrontement périlleux que sa mère la Régente avait connu pendant la Fronde. Désormais il invite les «intellectuels» et les courtisans à se gorger de mots : c'est un moyen pour lui d'écarter les féodaux (dont fait partie Alceste, cet opposant passif à la cour, cet homme de la province, du «désert») de la réalité des choses. Célimène, dans cette perspective apparaît comme une «métaphore royale évidente» (10). Pour elle le langage est sans conséquence, ou plutôt il lui permet de prolonger son être au-delà du possible, en élargissant sa cour de prétendants dévoués.

Ainsi sur les multiples plans de la conduite morale des personnages, du statut du langage et des implications politiques qui sous-tendent la pièce, *Le Misanthrope* est structuralement une œuvre bâtie sur l'opposition de l'oblique et de la ligne droite, du mensonge et de la rectitude, du verbiage et de l'action. Dominé par cette antinomie, même s'il se veut vrai, le dire ne peut que constater son impuissance et se retourner contre lui-même : on a tant rusé avec lui qu'il ne lui reste qu'à s'effacer totalement pour abolir toute distance et restaurer les chances d'un faire authentique. Mais ce serait du même coup abolir toute existence («[...] dans votre désert aller m'ensevelir !») et tout jeu théâtral. Alceste a beau s'effacer à son tour, la vie continuera, car la vie, comme *Le Misanthrope*, est le triomphe de l'oblique.

*
* *

C'est sur ces concepts que J.P. Vincent semble avoir bâti le sens profond de sa mise en scène, tel qu'il est possible de le déceler à travers des redondances qui empruntent des voies signifiantes multiples. La première de ces voies est négative : pour une part, en effet, le système de l'oblique se construit, par défaut, sur l'absence des redondances fonctionnelles et culturelles attendues. Il est admis que Célimène doit être brillante et enjouée, Oronte empanaché et ridicule, Alceste colérique et passionné. Ne montrer ni l'un ni l'autre, présenter du monde courtisan une image glacée ou neutre, donner aux personnages une gestuelle statique et guindée, ce n'est pas seulement prendre le risque de décevoir le public et de passer pour maladroit, c'est creuser un écart dans lequel peut se glisser un autre système de lecture. Selon ce système l'oblique peut prendre une double valeur : une valeur scénique, concrète et immédiatement visible à travers la disposition et l'utilisation du décor, les intonations, la mimique, la gestuelle; une valeur figurée à travers des signifiants dont le signifié n'est oblique que si l'on veut bien considérer comme appartenant au même champ sémantique des concepts comme «peu net», «faux», «incertain», «hypocrite». Autrement dit, c'est donner à une expression comme «une démarche oblique» sa double acception de «marche en diagonale» et d'«attitude sournoise». Le langage commun invite à ces dérivations.

Valeurs concrètes de l'oblique

a) La disposition du décor : les deux murs jardin et cour sont disposés en oblique et ceci est d'autant plus perceptible qu'aucun meuble n'occupe la surface, immense, qui les sépare et qu'aucun volume ne vient briser la linéarité de chacun de ces murs (cf. photo de couverture et photo 41). Le développement en profondeur du plateau et l'utilisation complète de l'avant-scène, en dehors même du cadre de scène, pour y placer le tabouret d'Alceste, favorisent les mouvements obliques, les imposent même, les deux portes d'accès étant placées au lointain jardin et cour, la troisième, placée à mi-distance du fond, en jardin, n'étant utilisée que rarement, pour l'introduction des personnages étrangers au monde de Célimène (Arsinoé et le garde notamment).

b) L'utilisation du décor : l'obliquité du décor devient particulièrement sensible au moment où elle devient gênante, c'est-à-dire quand tous les personnages (en II, 4) s'asseoient en ligne le long du mur cour, de telle sorte qu'ils sont à peine visibles et ne présentent que leurs profils aux spectateurs assis dans la partie droite de la salle (photo 42).

c) Les mouvements obliques. Ils sont fréquents et enrichis de valeurs métaphoriques multiples :

– mouvements de Philinte en I, 1 : stratégie de l'attaque indirecte,

– grands tracés en diagonale, d'autant plus sensible qu'Alceste est rivé sur son tabouret en avant-scène,

– descente oblique d'Oronte vers son siège (I, 2) à l'image de sa démarche tortueuse (croquis 4),

– déplacement oblique de cour en jardin d'Acaste le hâbleur (III, 1) (croquis 5),

– sortie oblique d'Arsinoé à la fin du III, 5 : elle va du tabouret d'avant-scène cour où est assis Alceste à la porte du lointain jardin, métaphore de sa démarche hypocrite, qu'elle souligne encore par un mouvement chaloupé du buste,

– grand mouvement en diagonale d'Eliante de l'avant-scène jardin jusqu'au fond cour où se trouvent les appartements de Célimène quand en IV, 1 (vers 1180-84) elle fait allusion à la conduite versatile de sa cousine,

– en IV, 3 Alceste et Célimène sillonnent la scène par de vastes diagonales très propres à traduire les contradictions de leur argumentation et de leur comportement,

– en V, 1 Alceste aux abois arpente à nouveau l'espace en larges mouvements obliques,

– déplacements obliques généralisés en V, 4, tous venant attaquer, à partir de la porte fond jardin, Célimène assise en avant-scène, avant de repartir par la même porte (croquis 6 a, b, c).

Valeurs figurées de l'oblique

Les valeurs figurées de l'oblique (insincérité, gêne, manque de confiance en soi) se manifestent soit par des signifiants immédiatement lisibles et donc fonctionnellement redondants *à l'intérieur* de ce système qui, lui, garde un caractère d'invention incontestable, soit par des signifiants plus éloignés dont l'ancrage au signifié de l'oblique ainsi conçu ne saurait être que métaphorique. Ils sont donc hétérogènes et de déchiffrement plus aléatoire.

a) L'élaboration du signifié par redondance patente.

La gêne, le manque de confiance en soi sont signalés dans la scène 1 du II quand Alceste rencontre Célimène : il se penche sur elle et l'enveloppe, au moment de l'aveu, non seulement comme quelqu'un qui aime, mais, son corps étant complètement cassé, comme quelqu'un qui souffre. Ce même mouvement se re-

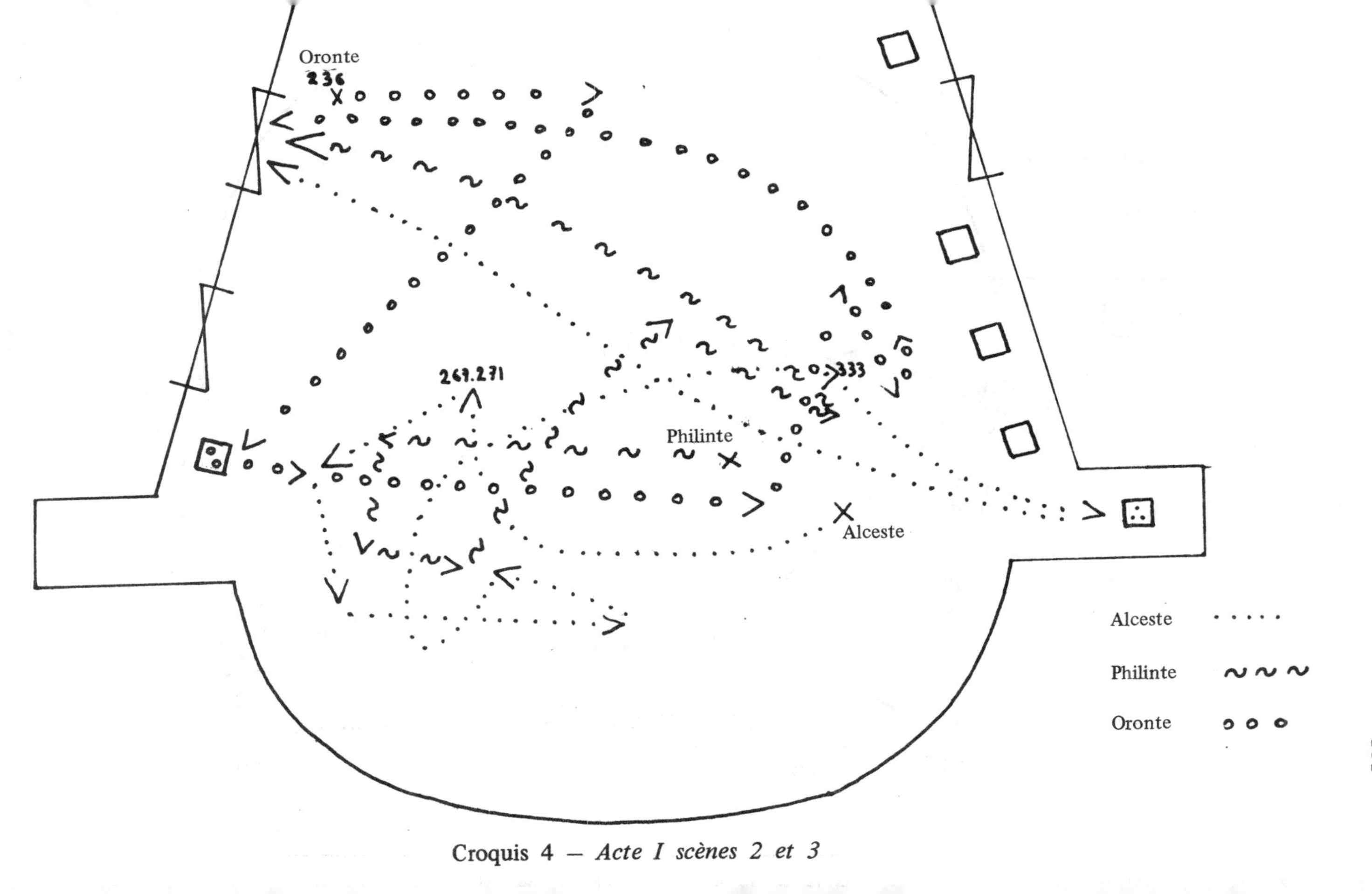

Croquis 4 – *Acte I scènes 2 et 3*

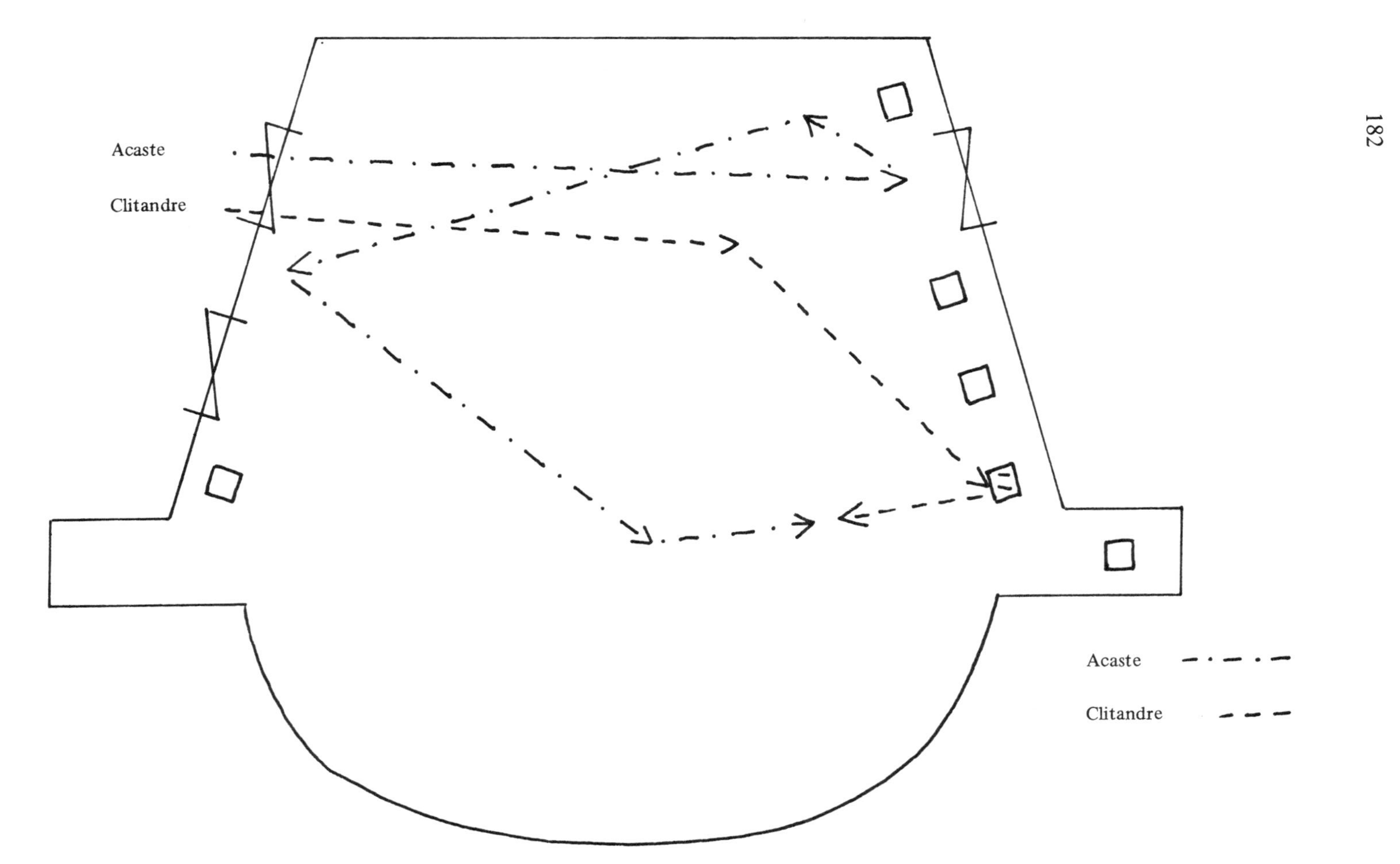
Acaste
Clitandre
Acaste
Clitandre

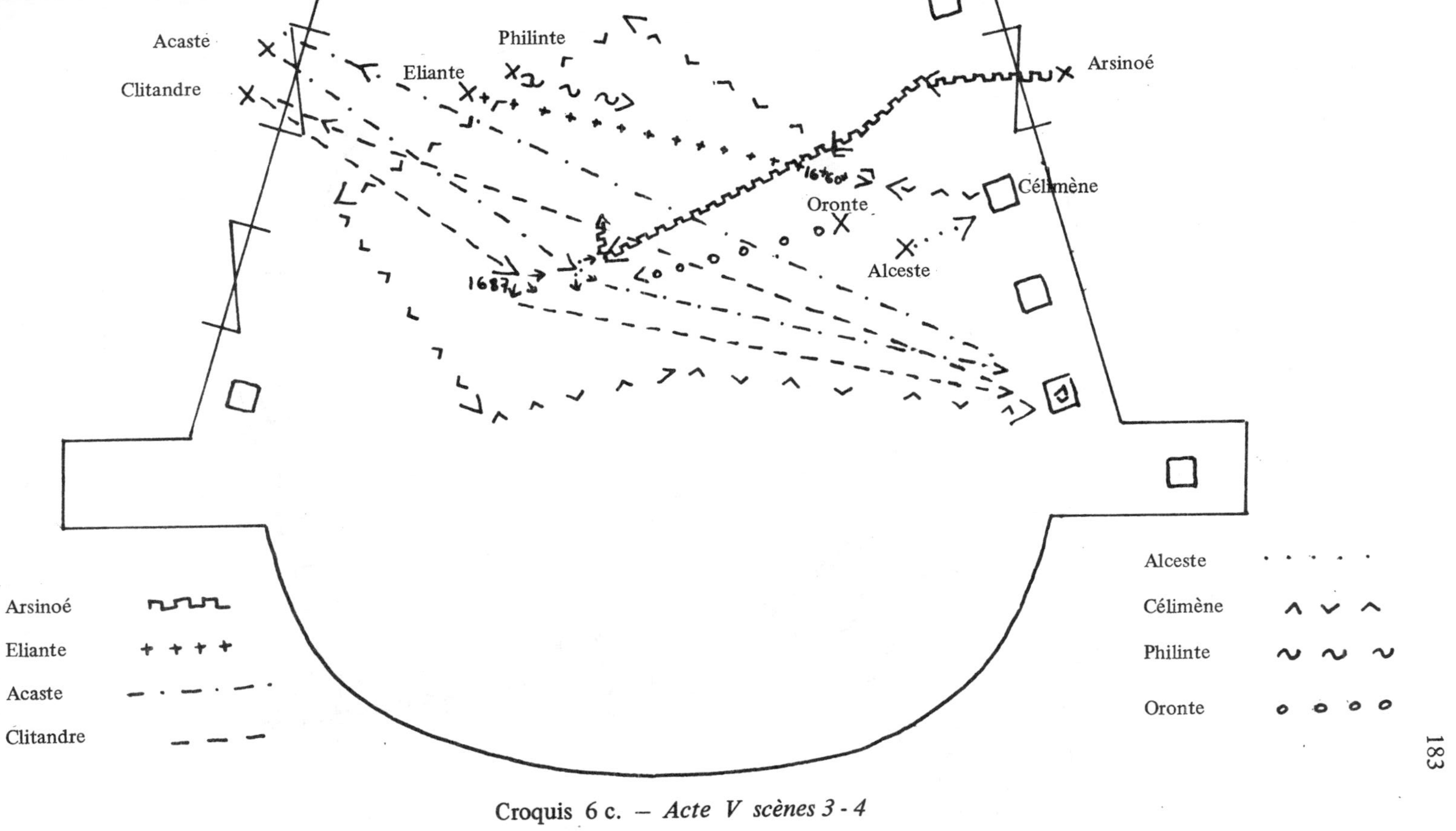

Croquis 6 c. – *Acte V scènes 3 - 4*

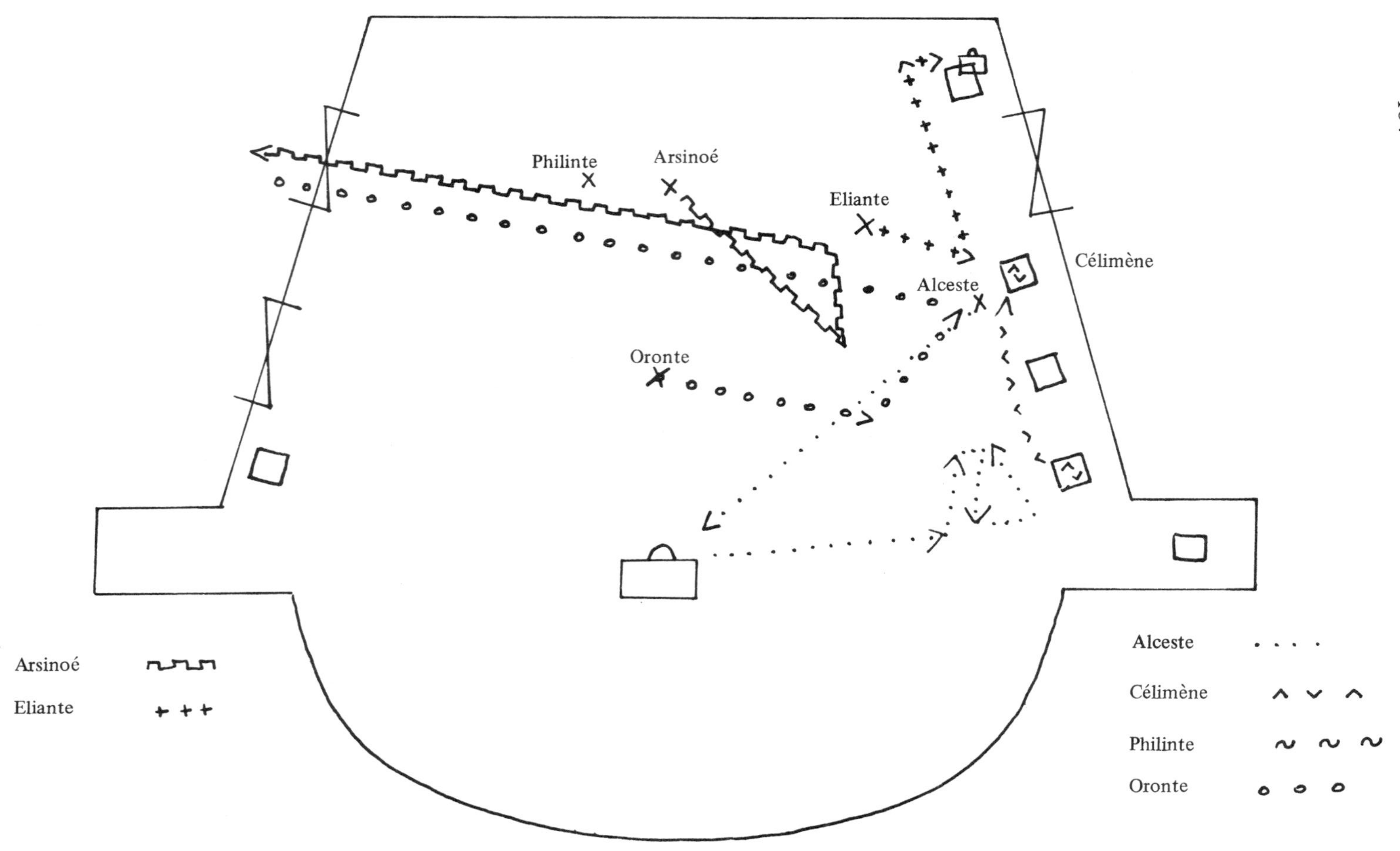
Philinte
Arsinoé
Eliante
Célimène
Alceste
Oronte
Arsinoé
Eliante
Alceste
Célimène
Philinte
Oronte

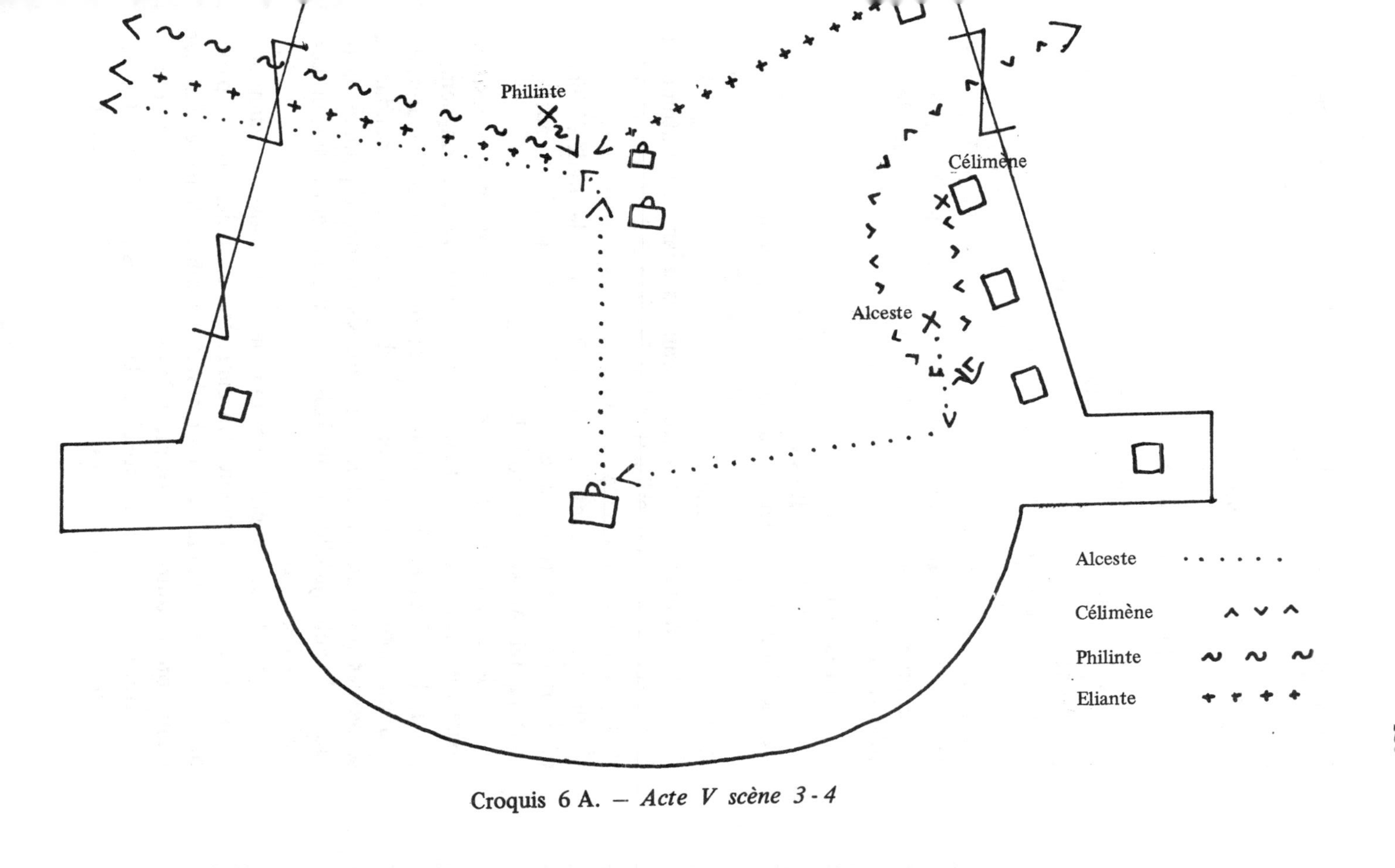

Croquis 6 A. — *Acte V scène 3-4*

trouve chez Arsinoé, en III, 4, quand elle attaque Célimène (au vers 907); un peu plus tard elle bloque son geste, l'avant-bras levé, au moment où Célimène la menace d'une réplique cinglante : «[...] en vous avertissant de ce qu'on dit de vous». Plus loin encore Arsinoé se tasse sur elle-même et se recroqueville au fur et à mesure que Célimène accentue son avantage.

Cette même mimique se retrouve chez Philinte en IV, 1 (de plus il tourne le dos) quand Eliante en disant : «Pour moi, je n'en fais point de façons [...]» lui signifie sa préférence pour Alceste; cette mimique se transformera en geste de douleur aiguë : il se plie en deux à la scène 2 quand Alceste fera l'offre de son cœur à Eliante. Le malheureux Philinte va au fond et s'immobilise dans cette attitude souffreteuse. Quant à Célimène à la scène 3 du IV, elle adopte sous les attaques d'Alceste la même attitude bloquée qu'Arsinoé en III, 4 : l'avant-bras levé.

b) Les signifiants métaphoriques de l'oblique.

Ils sont très diversifiés et ne convergent vers les valeurs figurées de l'oblique que par accumulation; ils concernent :

– les costumes, presque tous sobres, même celui d'Oronte, et assez peu colorés, même ceux des marquis,

– les intonations sont très dominées quand on s'attendrait à des éclats ou à du brillant. C'est le cas pendant les échanges stichomythiques d'Alceste et d'Oronte (I, 2); pendant la lecture de son sonnet par Oronte, très neutre; pendant la tirade d'Eliante où le refus d'expressivité est sensible (II, 4); pendant l'auto-portrait que fait Acaste : son ton alors est sinistre,

– le jeu est souvent rentré; les mouvements lents; la position assise fréquente : c'est vrai pour Alceste qui se réfugie longuement (en I, 1 et 2 et en V à la fin de 1 et en 2) sur son tabouret, en extrême cour, de plus faiblement éclairé; c'est le cas pendant la scène des portraits où chacun reste assis et encore pendant la tirade d'Eliante qu'elle débite assise, les autres l'entourant en cercle immobile,

– les distances entre personnages sont souvent distendues, ce qui donne aux dialogues un caractère artificiel : on se parle, mais de loin, comme si on s'ignorait; ce qui est encore plus net quand on se tourne le dos ou qu'on se réfugie au lointain quand l'interlocuteur est en avant-scène. Déjà Alceste est loin d'Oronte pour lui dire : «J'ai le défaut [...]»; plus tard, à partir du vers 313 il s'écarte d'Oronte et se place au fond pour dire sa chanson. En II, 1, Alceste parle à une Célimène encore absente au début de la scène; elle est dans ses appartements; elle sortira à nouveau de scène après «soyez content» et Alceste lui adressera sa tirade amoureuse (vers 514-521) à genoux et tourné vers le dehors (elle ne rentrera qu'au vers 521). En IV, 3 Célimène est de dos au fond tandis qu'Alceste se tient en avant-scène cour. Dernier exemple, encore plus curieux : au début du IV, Eliante et Philinte sont respectivement à l'extrémité jardin et cour de l'avant-scène alors que leur conversation est calme et intime. Cette attitude anticipe sur la «distance» affective qui les séparera bientôt,

– la musique enfin est triste et sévère : elle a une assez grande importance puisqu'elle ponctue longuement le début des actes (le III notamment).

Toutes ces références finissent par laisser du *Misanthrope* de Vincent l'impression d'une mise en scène austère dont les critiques n'ont manifestement pas perçu les intentions structurales et encore moins l'arrière-plan politique. Ce n'est pourtant pas faute de redondances. Peut-être cependant faudrait-il reconnaître que l'oblique, quand il est perçu concrètement, ne favorise pas le passage à un élargissement idéologique car c'est un fait de «parole» trop tributaire de la visée personnelle du metteur en scène pour être facilement transmissible; à l'inverse quand il est proposé sous ses aspects métaphoriques, il est trop dilué dans un signifié flottant (la «gêne» notamment pouvant être perçue comme simplement psychologique et individuelle) pour soutenir et orienter l'interprétation. C'est pourtant à cette exploitation du système de l'oblique que la mise en scène de Vincent doit d'être l'une des plus riches et des plus neuves qui aient été présentées du *Misanthrope*.

CHAPITRE IX

UNE SYSTÉMATIQUE DES ISOTOPIES : LES *MOLIERE* D'ANTOINE VITEZ

Pour aborder les *Molière* de Vitez il faut se débarrasser de deux réflexes culturels solidement ancrés : le premier selon lequel chaque œuvre de Molière constitue un tout axé autour de personnages dotés d'individualité (psychologique et sociale), d'une fable progressive et d'un thème qui en représente la finalité majeure. Ainsi *L'École des femmes*. Les personnages : Arnolphe et Agnès; la fable : comment une jeune fille démunie de tout l'emporte sur un adulte concupiscent; le thème, d'ailleurs parfaitement résumé par le titre : comment l'esprit vient aux femmes ou le triomphe de la jeunesse. *Dom Juan* ? Les personnages : Don Juan et les autres; la fable : les provocations de Don Juan; le thème l'impiété. Le second réflexe, qui veut que Molière soit l'observateur du genre humain, entendez des hommes de son temps et à travers eux de l'éternel humain, mais saisi dans des situations concrètes où tout un chacun reconnaît les caractères et les passions, sinon de son voisin et de lui-même, du moins d'un individu familier, fût-il aussi peu répandu que l'«atrabilaire amoureux» ou «le grand seigneur méchant homme». Les intentions mimétiques et référentielles de Molière ne font aucun doute et on entend les retrouver dans le costume comme dans la gestuelle des personnages.

Naturellement ce deuxième réflexe s'oppose quelque peu au premier qui aurait tendance à faire de chaque œuvre de Molière une sorte de monument se justifiant par soi seul. Mais on corrige cette impression et on harmonise les deux visions en reconnaissant dans l'œuvre de Molière une évolution qui dessine des contrastes et manifeste les obsessions de l'auteur, notamment en ce qui concerne la philosophie sociale, les problèmes de l'éducation des filles, la conception du juste milieu.

Avec Vitez, rien de tel : les quatre pièces mises en scène forment un tout, non pas évolutif mais simultané où les constantes ne résultent pas des intentions supposées de Molière mais de la volonté délibérée du metteur en scène qui, par un travail de surimpression assez semblable à celui que Ch. Mauron a fait subir aux pièces de Racine,va les entrelacer d'analogies de toute nature, mais d'ordre exclusivement scénique, jusqu'à tisser entre elles un réseau serré de similitudes et de correspondances qui leur feront rendre un seul et même sens : les comédiens étant identiques pour les quatre pièces et l'individualité de chacun étant cultivée au maximum, Agnès aura les mêmes intonations, les mêmes attitudes que Mariane, Charlotte et Eliante puisque c'est la même D. Valadié qui tient ces quatre rôles. Que R. Fontana soit à la fois Horace et Tartuffe jette par avance un éclairage nouveau sur la façon dont l'hypocrisie sera traitée; il en va de même d'Elmire qui sera le double de Mathurine et de Célimène, sans qu'on puisse décider quel est le personnage-mère de tous ces rôles. Identité de décor encore pour les quatre pièces, tant en Avignon où le Cloître des Carmes prêtait son architecture de galeries et d'arcades, qu'en salle où la scène était architecturée – mais de façon très picturale – par une toile peinte reproduisant un des murs de la villa des Mystères de Pompéi (photo 43). Décor d'intérieur et d'extérieur à la fois où le plancher de la scène et le mobilier disposé sur lui (une table, deux chaises) imposait l'idée d'un dedans même si, à l'évidence, pour une pièce dans sa totalité *L'École*) et pour une autre partiellement (*Dom Juan*), ce lieu intérieur ne pouvait désigner qu'un extérieur (1). Les costumes, quant à eux, seront exclusivement d'aspect grand siècle, ce qui répond à la fois à la tradition et ne va pas sans poser volontairement quelque problème, la gestuelle et l'âge des comédiens (tous jeunes à l'exception de Vitez lui-même) s'accordant mal, dans leur impétuosité et leur mobilité, avec le carcan des perruques et les embarras de rubans (photo 44).

Cette gestuelle, justement, est constante et se réduit à quelques attitudes fondamentales, soit que les comédiens n'usent que de leur seul corps, soit qu'ils prennent le support d'objets qui, en dehors de la table et des chaises déjà mentionnées, sont des pièces de leur costume (les chaussures notamment) et encore un bâton, des flambeaux (photo 45), un sac et, dans une moindre mesure, un livre. Il faudrait y ajouter le bruitage puisque le tonnerre tient, au sens scénique du terme, un rôle considérable. L'on aura alors une trame aussi diversifiée que possible et constituée de signifiants visuels et auditifs relevant de l'acteur ou extérieurs à lui (corps de l'acteur (gestuelle), intonations, costumes, décors, accessoires, bruitage, lumière) à travers laquelle courra la chaîne du texte jusqu'à donner naissance au tissu du spectacle.

La question maintes fois soulevée des rapports du texte à la mise en scène ne sera pas posée ici car l'on voudrait prendre comme hypothèse de travail que l'ensemble des *Molière* possède une autonomie et une cohérence suffisamment complexes pour mériter d'être analysées en elles-mêmes dans leur fonctionnement, sans qu'on cherche à savoir si dans le détail de l'exécution (articulation notamment des rapports de personnages à l'intérieur d'une pièce donnée) les propositions de Vitez apportent un éclairage psycho-social original. Ce n'est pas, semble-t-il, ce qui importe à Vitez et ce n'est pas non plus ce à quoi a été sensible le spectateur : l'originalité a été perçue à travers cette espèce de mise à plat d'œuvres généralement surchargées de sociologisme (c'est le reproche que Vitez fait à Planchon) et qui, pour une fois, apparaissent brutes, nues, sans perspectives et réduites aux seules dimensions du jeu et d'un affrontement sans arrière-pensée.

Si nous donnons la parole à Vitez, nous verrons surgir ces idées plus quelques autres qui nous guideront dans la suite de notre analyse :

1. ***Conception d'une totalité*** : pourquoi ce cycle des *Molière* ? «C'est bien de ce voyage à l'intérieur des thèmes de Molière que m'est venue l'idée de constituer un *ensemble où l'on reconnaîtrait les différentes figures constitutives de l'œuvre moliéresque*, et puis aussi les thèmes moraux, philosophiques, les thèmes-personnages. Dans un travail sur l'œuvre, on voit très bien le parcours des Raisonneurs, des Fous, le couple du Raisonneur et du Fou (Alceste-Philinte, Orgon-Cléante, etc.)» (2). Cette totalité ne va pas cependant jusqu'à l'uniformité et à la duplication tautologique des quatre pièces, du moins en ce qui concerne le problème central de la transcendance.

2. ***Diversité des œuvres*** : «Il est clair maintenant que l'apparition de Dieu, ou plutôt de l'idée de Dieu, est progressive, qu'elle se développe au fil des spectacles. *L'École des femmes* est une pièce parfaitement profane, sauf à la fin où tout le monde lève la tête vers le ciel. Puis viennent le *Tartuffe* et *Dom Juan*, où Dieu intervient souvent. Et il redisparaît dans *Le Misanthrope*. En fait il y a deux pièces sacrées entourées de deux pièces profanes. Les quatre pièces marchent ainsi deux par deux : deux pièces sacrées, deux pièces profanes; deux pièces d'intérieur, deux pièces d'extérieur; deux pièces de mœurs, deux pièces métaphysiques. Ce ne sont pas les mêmes, les groupes se chevauchent» (2).

Si le double champ sémique sacré/profane constitue le topique philosophique, la farce représente le topique scénique.

3. ***La farce*** : «Je pourrais dire que chacune de ses œuvres, presque chaque scène, repose sur un schéma farcesque archaïque, très simple [...]. A partir de schémas archétypaux, Molière invente un autre théâtre. Par exemple la scène du mari sous la table est une scène de farce, mais si on ne développe que ce thème, on détourne le sens parce qu'on perd la spécificité de Molière. Molière est à la pliure des deux plans. La farce obscène archaïque est pliée, montée avec autre chose. Les personnages auxquels on donne des attendus ont une histoire sociale; ce ne sont pas les entités de la farce» (2). Malgré cette dernière affirmation, Vitez est beaucoup plus tenté par l'animation des entités que par l'observation de la réalité sociale ou

4. ***psychologique*** : ses archétypes moliéresques ce sont des figures de jeu d'échec dotées d'une caractérisation différentielle nette parce que simple, qui les transforme en actants d'un système de forces toujours identique, tout entier dominé par le rapport fondamental de l'homme au sacré : «La pièce primitive qui est enfouie au cœur des pièces de Molière, c'est une sorte de Mystère avec ses allégories. Je vois cela très fort chez Molière, des caractères allégoriques habillés à la manière de la Cour. Finalement, qu'est-ce qu'il est le plus important de montrer ? Moi je vois Vertu dialoguant avec Péché. Vertu est amoureux de coquetterie, etc. La question de la Cour m'intéresse moins. Mon point de vue est plus idéaliste et métaphysicien» (2).

On aura noté le paradoxe de ces affirmations conjointes : parti à la recherche des archétypes scéniques moliéresques, Vitez les trouve dans la farce tout en concluant qu'il s'intéresse essentiellement à l'idéalisme et au métaphysique ! Nulle contradiction cependant : Vitez réduit les rapports de personnages à l'essentiel, il les purifie en les dépouillant de tout habillage individualiste et en les ramenant à des épures farcesques. Ce qui leur laisse des forces vives disponibles pour régler leurs comptes avec une transcendance conçue elle-même comme une machine de théâtre. Vitez place son propos à la fois en homme de théâtre et en athée; athée parce qu'homme de théâtre : le théâtre démasque la religion puisqu'il la montre pour ce qu'elle est : un trucage scénique.

5. ***Théâtre et athéisme*** : «[...] L'axe de son [Molière] travail passe par là : le *Tartuffe* est une pièce contre la vraie religion et non contre la fausse. Elle dit que c'est le salut lui-même qui est une imposture, que l'imposture c'est l'idée du salut. Peut-être Molière ne savait-il pas exactement qu'il le disait, mais c'est cela, à mon sens, qui se déduit de proche en proche. De là mon interprétation pasolinienne du personnage de Tartuffe» (2).

*

* *

De ces différentes propositions qui engagent le sens global de la mise en scène des quatre *Molière*, nous ne retiendrons que celles que l'analyse des signifiants scéniques confirmera. Mieux, nous ferons comme si nous ne savions rien des réflexions préalables de Vitez pour restituer le sens que le récepteur serait en mesure de construire à partir du fonctionnement scénique et de lui seul. Pour montrer que les systèmes signifiants sont constitués en autarcie sans (presque) aucune justification mimétique ou référentielle et (peut-être) sans visée symbolique, nous nous intéresserons :

1. A la gestuelle des personnages. Que l'on envisage cette gestuelle dans ses rapports avec l'onirisme ou avec l'érotisme; que l'on considère la gestuelle des personnages, seuls ou avec leurs partenaires, avec ou sans accessoires, se posera le problème de l'autonomie du signifiant, de son «réalisme» ou, si l'on préfère, des rapports du mimétique et du symbolique.

2. De la gestuelle il est tout naturel de passer à l'examen du système des objets : leur petit nombre, leur usage répété d'une pièce à l'autre et à l'intérieur d'une même pièce les érigent en si-

gnifiants dominants dans les syntagmes gestuelle/personnages auxquels ils n'appartiennent plus qu'à peine.

3. Les personnages, au contraire, ne nous retiendront qu'autant que la redondance permet d'établir des réseaux de concordance, dans les qualifications comme dans les procès, menant à la construction des personnages, d'une pièce à l'autre.

4. En revanche deux fondements archétypaux de la mise en scène de Vitez nous arrêteront : la liaison de la farce et de la violence, d'une part, dans la mesure où c'est l'occasion de vérifier l'articulation d'une «passion» avec un jeu scénique; comique et gag, de l'autre, aperçu qui se distinguera de l'analyse précédente en ceci que le comique, envisagé sous son aspect uniquement technique, représente un des pôles de la mise en scène.

5. Le bruitage tient une place considérable dans les quatre *Molière* : il est l'un des supports majeurs de la «transcendance». Nous lui accorderons une place particulière.

Ainsi, de proche en proche parviendra-t-on à construire la cohérence de l'ensemble des systèmes signifiants et à proposer une pyramide des isotopies. Que la redondance se soit manifestée linéairement, c'est-à-dire à l'intérieur d'une même pièce, ou transversalement, d'une pièce à l'autre, on n'éludera pas le risque d'élaborer une systématique des isotopies où la théâtralité – partout sous-jacente même si nous ne lui consacrons pas de développement spécial – se combinera avec la «transcendance», l'iconique avec le métaphysique pour donner lieu à une lecture totalisante des quatre mises en scène. L'isotopie, on le sait, a mauvaise presse : ce qu'elle fait gagner en clarté et en cohérence, elle le fait perdre en ouverture du sens; et elle navigue sans cesse entre les deux écueils contraires de la tautologie ressassante et de la dérive interprétative. Comme, à tout le moins, nous voudrions éviter de hasarder des hypothèses qui ne reposeraient pas sur un constat objectif des redondances de toute nature qui, quadrillant les quatre *Molière*, assurent progressivement l'émergence des isotopies, il serait nécessaire de commencer par un relevé exhaustif de tous les signifiants pertinents. Ce serait intolérablement fastidieux. Aussi préférons-nous, à titre d'exemple, présenter un prélèvement de signifiants, aussi diversifié et neutre que possible; il nous servira comme de référence expérimentale pour assurer nos réflexions.

L'ÉCOLE DES FEMMES, Acte III, scènes 3 et 4. (3)

Scène 3

«[...] Je lui puis donner la forme qu'il me plaît» (vers 811) : Arnolphe, au lointain, fait ses confidences (monologue) sur son pouvoir.

«Mais une femme habile» (vers 820) : voix caverneuse et violence du ton.

«Dans la possession» (vers 836) : il monte sur une chaise tandis qu'Horace entre, caché sous une table qu'il transporte, de cour à jardin, et qu'il place au fond le long du décor (photo 46). Horace grimpe dessus, comme sur une échelle, pour atteindre la maison d'Agnès; il frappe à la petite fenêtre dissimulée dans le décor; elle s'ouvre puis se referme. Arnolphe tousse pour attirer son attention. Horace se tourne vers lui et s'asseoit sur la table, l'air dégagé.

Scène 4

Arnolphe est toujours debout sur sa chaise; Horace à son tour monte sur l'autre chaise un court instant.

«Hé ! mon Dieu, n'entrons pas dans ce vain compliment» (vers 847) est crié, tandis qu'Arnolphe fait des singeries pour commenter les «cérémonies» (vers 848).

«Mettons donc» (vers 852) : ils n'ont de chapeau ni l'un ni l'autre et aucun geste n'accompagne cette parole.

«[...] apprendre où vous en êtes» (vers 853) : Horace prend l'air affligé et pleure en parlant; Arnolphe lui tamponne les yeux; il lui donne l'ouvrage d'Agnès (qu'il tenait à la main depuis la scène 2) pour qu'il se mouche; il le lui reprend brutalement quand il se rend compte de sa méprise.

«[...] fermé la porte au nez» (vers 871) : Horace se touche le nez.

«[...] accompagné d'un grès» (vers 879) : il se frotte le crâne de douleur.

«[...] ne doit vous étonner» (vers 893) : Horace sort un visage souriant de ses mains et se met à danser; Arnolphe s'écarte; il baisse le nez et se recroqueville.

«[...] éclate dans Agnès» (vers 910) : Horace se frotte le crâne et ânonne les paroles rapportées d'Agnès. Il mime le lancement du grès et le ramassage du billet.

«[...] de voir quel personnage» (vers 924) : Horace fait le geste des doigts désignant le cocu (photo 47).

«[...] a joué mon jaloux» (vers 925) : il donne une bourrade à Arnolphe, pour attirer son attention.

«Riez-en donc un peu» (vers 926) : rire forcé d'Arnolphe; Horace le chatouille et tarabuste; il le fait tomber. Arnolphe à terre défait l'ouvrage tricoté par Agnès en râlant, tandis qu'Horace rembobine la laine, assis sur les deux chaises à la fois. Au bout d'un moment il relève Arnolphe et le rassoit; il va chercher son bâton et le lui donne; il le ranime en lui tapotant les joues tout en disant :

«[...] vous n'en riez pas assez» (vers 938) : rire crispé d'Arnolphe.

«[...] en termes touchants»(vers 942) : Horace est écroulé sur Arnolphe, dans son dos.

«Voilà friponne» (vers 946) : Arnolphe crie ces mots indiqués «bas» par Molière; sur quoi Horace tourne la tête comme si la phrase était adressée à quelqu'autre personnage.

Vers 947 : Horace s'accoude sur Arnolphe comme sur un oreiller pour lui faire la lecture de la lettre d'Agnès; puis il continue sa lecture en bondissant et riant, sachant quasiment la lettre par cœur.

«[...] ce que vous m'avez fait» (7ème ligne de la lettre) : Horace rit; Arnolphe râle et s'enfonce l'ouvrage dans la bouche comme un bâillon. Horace interrompt sa lecture, inquiet.

«Qu'avez-vous ?» (vers 948) : Horace lui arrache l'ouvrage de la bouche.

«[...] c'est que je tousse» (vers 948) : Horace lui donne une pastille, en prend une et se met à tousser lui-même (rires dans la salle); il prend l'ouvrage des mains d'Arnolphe et s'éponge le front.

«[...] je puis, comme j'espère» (vers 958) : Horace jette l'ouvrage à terre et le piétine.

«[...] ce faquin, ce brutal» (vers 959) : il lance dans le vide des coups de pied; Arnolphe s'écarte en s'appuyant sur son bâton.

«Adieu donc» (vers 976) : Horace oblige Arnolphe à tourner avec lui devant la maison; ils se prennent par le menton et Arnolphe s'apprête à sortir, cassé, traînant un bout de laine à la main. Horace fait un signe d'adieu de la main et sort en courant et en souriant.

La gestuelle relève de catégories très diverses mais est de

toute façon caractérisée par une grande dépense physique et une grande mobilité :

Catégorie mimétique plus ou moins expressive : vers 871, 879, 910, 924, 938, etc. Horace double le texte de gestes qui mettent en images les significations patentes (fermer la porte au nez, recevoir un caillou sur la tête, désigner le cocu, etc.).

Catégorie symbolique : le geste perd alors tout ancrage réaliste et ne prend de sens que si on le rattache soit à une symbolique codée (appartenant à la tradition culturelle) soit à une symbolique de message, inventée par Vitez et qui n'est lisible que si on relie les différentes occurrences du signe en question. Dans les deux cas ce sont les dérivations métaphoriques ou métonymiques qui aident à passer du signifiant brut au signifié de connotation.

a) Symbolisme du code

L'ouvrage qu'on tricote (ou tisse) est depuis Pénélope le symbole de la femme au foyer. Il joue dans la scène 4 du III un rôle important; il est immédiatement déchiffrable puisqu'il déclenche des mécanismes interprétatifs connus : au vers 925 cet ouvrage qu'Arnolphe défait en râlant est la métonymie d'une Agnès femme d'intérieur que le barbon, furieux d'avoir été trompé, détruit par son geste tandis qu'Horace, en rembobinant la pelote, la reconstitue à son usage : Agnès est en train de changer de mains. Pendant la lecture de la lettre, Arnolphe s'enfonce dans la bouche ce qui reste de l'ouvrage : au-delà de l'usage métaphorique de l'ouvrage bâillon, la valeur symbolique est claire : Arnolphe le beau parleur (qu'on se souvienne de l'importance quantitative de ses tirages dans les deux premiers actes) est condamné au silence par le fait même qu'à son tour Agnès prend la parole. Cette Agnès qui tourne des billets galants reste en travers de la gorge d'Arnolphe; il en étouffe. Quand, au vers 958, Horace annonce son intention de rosser le cerbère qui maintient Agnès en sujétion, il jette l'ouvrage à terre et le piétine : transfert de signifiant sans doute, l'ouvrage, support de la colère, remplaçant le chapeau qu'Horace n'a pas et que les irascibles de toutes les comédies aiment à saccager. Mais il y a plus : déchiquetant l'ouvrage d'Agnès, Horace anéantit cette Agnès domestiquée, emmurée qu'Arnolphe, comme le Chrysalde des *Femmes savantes*, a sciemment reléguée aux travaux de couture. Quand enfin, au vers 976, Arnolphe sort de scène, il s'appuie sur son bâton et il traîne derrière lui un bout de laine : il a pris «un coup de vieux» (procédé de littéralité par visualisation de la métaphore) et c'est tout ce qui lui reste d'Agnès : elle n'est plus qu'un signe de son ridicule, une sorte de poisson d'avril attaché à son dos de cocu.

b) Symbolisme du message

Vers 836 : Arnolphe monte sur une chaise pour proclamer sa supériorité sur «nos Français» : «se hausser du col», c'est manifester son orgueil; c'est, concrètement «s'élever» au-dessus du lot. Mais cet élément de littéralité n'est pas entré dans la grammaire visuelle des spectateurs d'aujourd'hui, pas plus que ne l'était, aux premiers spectateurs d'Ionesco, la mimique de Choubert (dans *Victimes du devoir*) grimpant sur une table pour «remonter» dans son passé ou mimant une descente au fond des eaux pour «fouiller» dans l'obscurité de son ego. N'appartenant pas au fonds culturel des transpositions symboliques usuelles, une telle gestuelle n'est pas immédiatement interprétable; elle ne passe cependant pas inaperçue car elle est coutumière à tous les personnages des *Molière* : Dorine, Alceste, Célimène, Don Juan, Tartuffe, avec des variations de sens dont nous aurons à reparler. Disons dès maintenant qu'il ne faut pas se hâter de déchiffrer ce signifiant à partir de deux ou trois occurrences : l'intérêt de la redondance est d'inviter à la prudence et d'obliger à collecter l'ensemble des informations à signifiants identiques avant d'en tirer un signifié commun. Du coup le contenu conceptuel sera nécessairement très général (sinon vague) si le nombre d'occurences est lui-même élevé. Aussi s'interdira-t-on de dire avec Stephen de Lannoy que Dorine en montant sur une chaise, comme le font Célimène et Alceste à d'autres moments du *Misanthrope*, leur ressemble et manifeste, symboliquement, la même identité psycho-sociale : «Le parallélisme de ces deux femmes est mis en évidence par là. Dorine a la finesse psychologique de Célimène répliquant à Arsinoé, et la rigueur morale du Misanthrope [...]»(4).

Catégorie ludique : La farce est constante dans cette scène et se manifeste, comme dans toute farce, par une grande gesticulation, elle-même réductible à quelques actions verbales simples : se cacher, tomber et faire tomber, etc. Le signe de reconnaissance de la farce est sa gratuité, son caractère de jeu, non exclusif, évidemment, d'autres significations. Ici on a, notamment :

– l'entrée d'Horace caché sous la table qu'il porte (fin de la scène 3),

– les bourrades qu'Horace lance à Arnolphe jusqu'à le faire tomber,

– le geste d'Horace prenant Arnolphe comme accoudoir,

– les coups de pied d'Horace et plus généralement sa gestuelle surexpressive (il bondit, il danse, il rit bruyamment). Une autre série de traits ludiques prend un relief particulier puisqu'elle souligne ce qu'on pourrait appeler le caractère auto-signifiant de la gestuelle : quand Horace évoque les épisodes de l'histoire du grès, de la déconvenue initiale au retournement heureux de la fin, il revit, au présent, les différentes étapes de son aventure, pleurant d'abord (vers 853), se frottant le crâne de douleur (vers 879), avant de dégager un visage rieur de ses deux mains fermées. Ou bien tout ceci n'est qu'un jeu, ou bien les signifiants textuels/gestuels successifs construisent le personnage dans l'instant même de leur émission. Horace ne se contente pas, sachant la fin de l'aventure, d'en animer l'évocation, en bon comédien, par une mimique consciente et proposée comme telle au spectateur; il est véritablement cet homme qui pleure, puis se frotte le crâne, puis rit et gambade, au gré des différents signifiants qui le traversent. C'est un des caractères redondants de tous les personnages des *Molière* que cette absence de vie intérieure (et antérieure) cohérente et continue; ils réagissent à des stimuli comme dans la plus stricte conception béhavioriste.

Cette instantanéité de leur comportement est néanmoins construite sur la «basse continue» de traits différentiels permanents : l'appétit amoureux et la fougue juvénile chez Horace, la violence et la colère chez Alceste, la névrose maniaque chez Don Juan.

TARTUFFE, Acte III, scènes 1, 2 et 3

Scène 1

Damis, entre, furieux, saisit le bâton et fait semblant de le dévorer. Dorine frappe puis embrasse Damis (vers 846); il sort en emportant la table (geste que fera également un autre justicier, le Commandeur, dans *Dom Juan*) et les deux chaises avec lesquelles il se constitue au centre lointain une sorte de pyramide supposée invisible (c'est «le petit cabinet» dont parle Molière).

Scène 2

En entrant Tartuffe le regarde, sans le voir, évidemment. Damis, tenant le bâton, est debout sur la chaise, elle-même placée sur la table, tandis que Dorine est assise devant la table, les jambes écartées (photo 48). Laurent était entré, auparavant, très lentement, très méfiant. Tartuffe, quant à lui, est très brillant : il a un costume de cour, clair; son visage est blanc (passé à la céruse comme celui de Don Juan); Laurent au contraire est tout en noir. Quand Dorine s'adresse à lui, Tartuffe est pris d'une sorte de crise cardiaque et il lui tend le mouchoir les yeux fermés (vers 860). Il se tourne alors vers Damis, le regarde, puis revient à Dorine dont il inspecte avec intérêt le décolleté. Damis saute de la table et jette le bâton aux pieds de Tartuffe qui en frappe violemment le sol et la table. Puis il enlève son habit (vers 845) et sa perruque et se refait une beauté dans un miroir portatif.

Scène 3

Entre Elmire, qui l'observe. Il se lève brusquement, fait tomber sa chaise et s'agenouille devant elle qui paraît gênée; il tend les bras vers elle et se relève avec un sourire de fauve enjoleur; il va chercher une chaise et s'assoit, une jambe pliée sous sa cuisse.

«Je fais bien moins pour vous» (vers 896) : il est en colère contre lui-même.

«[...] seul à seul» (vers 900) : geste des dents et du poing indiquant la prise.

«[...] bruit [...] des visites» (vers 908) : Elmire se lève et va vers lui; lui de même; ils sont très près l'un de l'autre.

«[...] vous me serrez trop» (vers 914) : Tartuffe fait des singeries et s'écarte en dansant. Il se met à genoux devant Elmire et lui caresse la jambe; elle s'écarte. Il se met à genoux sur sa chaise; elle, est debout.

«[...] et je vois» (vers 927) : il frappe sur la chaise.

«Mon sein» (vers 930) : il se frappe la poitrine; il avance vers elle en titubant et les bras écartés en arrière.

Vers 933-960 : monologue de Tartuffe. Elmire va au fond,

se déplaçant lentement et le suivant du regard. Lui, extatique, toujours à genoux, les yeux fermés, sourit d'aise de son beau discours. Il gonfle les joues, secoue les bras, se met à rire. Il se rapproche du fond et lui prend un bras qu'elle lui abandonne; il lui touche le menton, elle fait un geste de repli. Tartuffe fait des mines : il joue avec ses pieds et ses bras; puis il est pris de fureur.

«[...] pour être dévot» (vers 966) : coup de tonnerre. Elmire a le buste rejeté en arrière, la bouche ouverte; elle souffre (les deux personnages n'ont pas entendu le tonnerre).

«[...] je ne suis pas un ange» (vers 970) : il fait le geste de l'ange avec ses deux bras; puis il se plie de douleur. Elle, torturée, a toujours la bouche ouverte. Tartuffe aussi. Elle tend très lentement la main puis la replace derrière son dos.

«Que si vous contemplez» (vers 981) : Tartuffe à genoux à nouveau.

«[...] et jusqu'à mon néant» (vers 984) : il lui prend le pied et le baise.

«Votre honneur» (vers 987) : changement de ton; très brutal, très complice.

«[...] le soin» (vers 997) : ils sont tête contre tête; il lui baise le cou puis met sa tête contre son ventre tandis qu'il glisse sa main sous sa robe; elle le repousse; il est inerte. Il la possède en lui tenant les deux mains et il tombe sur elle tandis que résonne le tonnerre. Il titube; elle est renversée sur sa chaise; lui, sur sa chaise aussi, sanglote. Puis il s'asseoit les jambes tendues, satisfait et à nouveau en position de supériorité.

Le trait le plus frappant de tous ces signifiants est l'interdépendance des systèmes auxquels ils appartiennent, la gestuelle n'étant pas isolable de la mimique et encore moins de l'utilisation des objets (table, bâton, chaussure). On remarque encore la surexpressivité de quantité de signes, avec des nuances que nous aurons à préciser; l'érotisation brutale des signifiants amoureux : à trois reprises, chez Molière, Tartuffe prend contact avec le corps d'Elmire (le bout des doigts, le genou, le fichu); le personnage chez Vitez est beaucoup plus direct : il caresse la jambe d'Elmire (vers 914) ; il lui prend le bras et lui touche le menton (vers la fin de son monologue); il lui baise le pied (vers 984); surtout aux vers 997 et suivants il la violente presque.

Est à souligner le caractère onirique d'un certain nombre

d'attitudes, tant d'Elmire que de Tartuffe : au vers 930 il avance en titubant sur elle; durant son monologue il est absent, extatique; au vers 997, quand Elmire le repousse, il tombe quasiment en catalepsie avant de s'écarter et de s'écrouler sur sa chaise. Elmire adopte l'attitude suivante : tant aux vers 966-970 qu'à la fin de la scène elle est affalée sur sa chaise, le buste rejeté en arrière, la tête renversée, les bras ouverts, comme foudroyée.

La théâtralisation consciente est surtout sensible dans le jeu qui articule les scènes 1 et 2 : Damis est visible pour les spectateurs mais non pour Tartuffe qui pourtant le regarde. A la fin de la scène 2 Damis semble entrer dans l'action en jetant au pied de Tartuffe le bâton dont celui-ci s'empare pour frapper le sol et la table. On peut considérer ce mouvement simplement comme une anticipation sur l'affrontement des scènes 4 et 5; mais même ainsi ce chevauchement des actions rompt la continuité de la fable et, en en démontant le mécanisme, en souligne le caractère conventionnel, théâtral.

On laisse de côté deux types de signes déjà répertoriés dans *L'École* : les signes de caractère ludique (Tartuffe gonfle ses joues, secoue les bras, se met à rire, etc.); les signes qui rendent compte de l'instantanéité du comportement (à la fin de la scène, Tartuffe revient à sa chaise et sanglote puis, d'un coup, s'étale avec complaisance, tend les jambes et donne l'image d'une parfaite autosatisfaction.

DOM JUAN, Acte III, scènes 2, 3, 4 et 5

Scène 2

Entre le pauvre, tenant le bâton. Il a comme seul vêtement cette espèce de caleçon que porte le Christ sur la croix; il tourne en rond derrière Don Juan et Sganarelle.

«[...] quand vous serez au bout de la forêt» : il fait un geste circulaire qu'il achève en pointant la main vers le ciel (photo 49). Il se met à genoux devant Don Juan.

«[...] qui me donnent quelque chose» : il met ses doigts dans la bouche en signe de famine; il pleure dans sa bouche; Don Juan le console en lui caressant la tête; jeu de Don Juan et du pauvre autour du louis que Don Juan a posé au centre de la scène; le pauvre s'approche puis recule.

«[...] pour l'amour de l'humanité» : coup de tonnerre; Don Juan enfonce le louis dans la bouche du pauvre qui pousse un cri de terreur en s'en allant, ainsi que Sganarelle. Don Juan vole au secours d'un homme qu'on ne voit pas. Sganarelle prend le bâton et fait le geste du meurtre puis il mime une cavalcade.

Scène 3

Entre Don Juan avec Don Carlos par la porte avant-scène jardin. Don Carlos tombe raide en voyant Sganarelle : il porte en masque une tête d'oiseau à bec crochu.

«[...] d'une action si généreuse» : Sganarelle lui prend le pouls au pied . Don Carlos se relève. Sganarelle sort fourchette et couteau de son sac et s'approche de lui pour lui faire une saignée. Cri de douleur de Don Carlos; Sganarelle va dans la coulisse chercher une bande pour lui faire un pansement; puis il sort du même sac un clystère et tandis que Don Carlos lui tourne le dos il mime le geste de le lui introduire dans le fondement.

«[...] une sœur séduite» : Sganarelle lève la main comme pour frapper Don Carlos mais Don Juan l'en empêche d'un geste et soutient Don Carlos à qui Sganarelle donne le bâton. Don Carlos le remercie de la tête et Don Juan l'aide à marcher avec le bâton-béquille.

«[...] et je m'engage à vous faire faire raison» : Don Juan donne à Don Carlos ses deux souliers en gage de bonne foi; il regarde ses chaussures de loin; il revient et pose les pieds sur les souliers.

«Que ma destinée est cruelle !» dit Don Carlos dans les bras de Don Juan.

Scène 4

Entrée de Don Alonse qui avance l'épée à la main; sans voir les autres il fait le tour de la scène et tombe en arrêt devant Sganarelle qui sort apeuré. Don Juan et Don Carlos sont toujours enlacés; Don Alonse les sépare de son épée. Don Juan tient les bras en croix. Discussion des deux frères; ton très matamore de Don Alonse. Don Juan danse au fond puis disparaît; il revient avec une colombe sur le poing. Les deux frères posent leurs épées et se battent à mains nues; ils se font des prises de catch (torsion du pied) sous l'œil amusé de Don Juan; ils sont front contre front; toutes les figures du catch y passent.

«Quoi ? vous prenez le parti» dit Don Alonse en faisant une prise décisive, mais il est assommé par son frère qui lui dit à cet instant : «Mon frère, montrons de la modération». A : «Je ne veux point, mon frère», Don Carlos éponge le front de son frère, toujours à terre.

«[...] aux yeux de tout le monde» : les deux frères se redressent sur leur séant; voix caverneuse de Don Alonse pour sa réplique : «O l'étrange faiblesse» : il est à moitié mort et continue à râler entre les jambes de son frère. Pendant ce temps Don Juan tient toujours sa colombe sur la main (photo 50).

«[...] l'ardeur que j'ai de le satisfaire» : Don Carlos relève Don Alonse qui continue à pousser des gémissements sourds pendant que son frère fait sa tirade.

«Don Juan, vous voyez que j'ai soin» : Don Carlos grogne de douleur. A la fin de la scène les deux frères aussi abrutis de coups l'un que l'autre sortent en se soutenant; ils récupèrent leurs épées et y piquent leurs chapeaux.

Scène 5

Sganarelle entre, en caleçon, la culotte rabattue sur les genoux : il vient de se soulager. Don Juan lui tient les mains, l'empêchant de se reculotter; ils discutent autour du sac.

«Mais quel est le superbe édifice [...] ?» : ils se tournent vers la toile de fond.

«Allons, entrons dedans» : Sganarelle se dirige vers le fond et ils sortent par la petite porte du lointain jardin (ils étaient donc dehors). Changement de lumière : elle devient frisante. Le Commandeur sort par la porte centrale du fond : il est en perruque, toge et cothurnes; il se tord de douleur, s'écroule sur le dos et devient statue de gisant, les mains jointes. Les deux hommes rentrent en scène par la deuxième petite porte cour (la scène représente maintenant l'intérieur du tombeau). Lumière au centre sur le Commandeur. Grande ombre portée de Sganarelle. Rictus de Don Juan : les deux hommes sont debout devant le Commandeur allongé.

«Seigneur Commandeur» : Sganarelle s'agenouille et rit. La statue se redresse un peu pour faire oui de la tête. Cri de Sganarelle qui se réfugie dans les bras de Don Juan. La seconde fois, quand Don Juan s'agenouille à son tour et l'interroge, la statue se redresse davantage pour dire oui de la tête avant de se recoucher et de joindre les mains (photo 51).

«[...] sortons d'ici» : ils sortent.

«Voilà de nos esprits forts» : Sganarelle revient chercher le sac et prononce ces mots debout au-dessus du Commandeur.

Nous ne découvrons pas de nouveaux systèmes signifiants mais une exploitation enrichie d'une gestuelle déjà repérée, celle de la farce et celle de la théâtralité.

Deux caractéristiques majeures de la farce, l'échange de coups et la scatologie sont parfaitement représentées ici : quand Sganarelle fait le geste d'administrer un lavement à Don Carlos; quand il revient des fourrés la culotte aux genoux. Pour les coups, ils relèvent de la farce beaucoup plus que de la violence (à la différence du II, 4 où Charlotte et Mathurine s'empoignaient comme des harengères), d'abord parce que les deux frères sont traités en pantins de la commedia dell'arte, en matamores, ensuite parce que leur gestuelle est codée comme un combat de catch : elle ne montre que les signes de la violence qu'elle inscrit dans un système de référence culturelle : ce décalage entre la dénotation de la fable et la connotation interprétative fait rire au point qu'on en oublie totalement le texte (quasi inaudible de surcroît). L'intention politique est sensible aussi : les aristocrates ne sont que des fiers-à-bras ridicules.

Quant à la violence pure on peut la déceler dans le geste de Don Juan enfonçant le louis d'or dans la bouche du pauvre.

La théâtralité est perceptible à plusieurs niveaux : d'abord dans l'économie de moyens et l'exploitation délibérée des conventions scéniques : quand un personnage est censé marcher dans un espace ouvert, Vitez le fait tourner en rond (entrée du pauvre et de Don Juan et maints autres passages de *Dom Juan*). S'y ajoute une portée symbolique : Don Juan est un errant, sinon un «marcheur» et un «coureur». C'est dans la mise en place de la statue du Commandeur que Vitez manifeste le mieux cette économie de moyens qui a pour intérêt essentiel d'être théâtrale car elle fait largement appel à l'imagination du spectateur dans les deux registres du temps et de l'espace : par une sorte de flashback le Commandeur refait sous nos yeux les gestes de sa mort avant de se pétrifier et de devenir la statue que découvre Don Juan. Quant à l'espace, les mouvements des deux hommes, soutenus par la lumière, permettent de percevoir le passage d'un dehors à un dedans sans aucune machinerie et sans recours à l'illusion réaliste.

Il faut encore souligner l'importance des objets dans la mise en place d'une gestuelle (chaussures, colombe, livre); objets de portée évidemment symbolique, les chaussures relevant du symbolisme du message, la colombe et le livre du symbolisme du code. Quant au bruit du tonnerre, évocateur de la transcendance, il a une importance considérable dans *Dom Juan*, mais ne se manifeste pas en redondance expressive : il n'accompagne pas l'entrée du Commandeur suffisamment surnaturelle par elle-même, mais le blasphème de Don Juan («pour l'amour de l'humanité»).

LE MISANTHROPE, Acte II, scène 1

Alceste entre, portant Célimène dans ses bras; elle tient à la main, renversé, un flambeau éteint (photo 52). Langoureuse à souhait, elle câline Alceste et lui donne de petits baisers dans le cou; elle porte constamment la tête penchée sur le côté.

«Je ne querelle point (vers 457) : Alceste va placer Célimène debout sur la chaise en cour; il ramasse le flambeau et le pose à côté de l'autre, sur la table.

«[...] ce n'est pas, Madame, un bâton qu'il faut prendre» (vers 465) : Alceste s'agenouille, il ricane; il enlace Célimène avec tendresse; elle le repousse et se détourne; puis elle l'enlace brusquement; il la caresse du cou au talon; sa main descend le long de la cuisse; il lui prend le pied et baise sa chaussure.

«[...] votre Clitandre a l'heur [...]» (vers 476) : elle se lève et se précipite pour l'embrasser : elle lui baise le cou très amoureusement en faisant des signes de dénégation.

«[...] les appas de sa vaste rhingrave» (vers 485) : Alceste la repousse et va en extrême cour le dos tourné au public. Célimène minaude; elle revient sur lui et l'enlace.

«[...] vous prenez de l'ombrage !» (vers 489) : il se précipite dans ses bras qu'elle lui ouvre largement.

«[...] vous devenez jaloux» (vers 495) : il lui baise la main. Elle tient les bras ouverts et, la tête rejetée en arrière, dit :

«Le bonheur de savoir que vous êtes aimé» (vers 504) : elle a le buste complètement rejeté en arrière, tandis qu'elle l'enlace.

«Certes, pour un amant [...]» (vers 509) : elle le repousse, vexée.

«Soyez content» (vers 514) : elle se cache derrière un pilier (en Avignon); elle sort (représentation en salle).

«Morbleu ! faut-il que je vous aime !» (vers 514) : Alceste parle seul; il a posé un genou sur la chaise. Célimène rentre mais reste à l'ouverture de la porte.

«[...] est pour moi sans seconde» (vers 521) : ils se précipitent l'un vers l'autre et elle jette ses bras autour de son cou.

On remarque immédiatement que les signifiants sont beaucoup moins nombreux que dans les trois autres extraits : *Le Misanthrope* est une pièce plus contraignante où la parole a une telle place que la part de l'invention – si on refuse comme Vitez un système de double lecture sociologique et politique – est très limitée. C'est vrai aussi des rapports psychologiques des deux personnages qui, faisant alterner rapidement l'accord charnel avec la brutalité hostile, ne présentent aucune originalité et ne manifestent aucune recherche particulière (cf. la mise en scène du *Misanthrope* par J.P. Roussillon) : Célimène obéit à des sortes d'impulsions, réagissant dans l'instant aux phrases amoureuses ou amères de son partenaire (pour cette instantanéité du comportement, cf. supra le commentaire de *L'École des femmes*).

On notera cependant la gestuelle amoureuse, très directe, très juvénile, très charnelle (baisers, caresses, enlacements), voire érotique (la main d'Alceste s'attarde sur la cuisse de Célimène) et fétichiste (il baise sa chaussure). On jugera surcodés les attitudes de Célimène (tête penchée constamment sur le côté, buste complètement rejeté en arrière, bras grands ouverts) et les mouvements d'Alceste (il porte Célimène et la dépose debout sur une chaise), ainsi que le jeu avec les objets (la chaussure, le flambeau).

Tous ces signifiants sont redondants : l'attitude de Célimène est constante; l'utilisation du flambeau et de la chaussure aussi, tout autant que le geste qui consiste à porter quelqu'un, raide, jusqu'à une chaise (en le prenant d'ordinaire sous les genoux).

*

* *

GESTUELLE ET REDONDANCE

1. *Redondance fonctionnelle*

Les occurrences de cette redondance sont relativement peu nombreuses, encore que Vitez ne semble pas chercher à toute force à l'éviter. Quand on en repère (par exemple dans *L'École*, vers 871 et 879) elles sont tellement patentes qu'elles s'inscrivent dans un système autre, celui du ludique, surtout si les autres systèmes environnants sont de cette nature. Joue alors le phénomène bien connu de la contamination des signifiants par identité de signifié. Souvent, quand il y a apparemment redoublement du texte par le geste, c'est avec un transfert du sens figuré au sens propre qui prend une coloration baroque (métaphore prise au pied de la lettre) et ludique encore :

Exemples : «[...] ce dernier miracle *éclate* dans Agnès» (vers 910) : Horace se frotte le crâne; ou : «[...] le *fond* de notre cœur (vers 70) : Alceste ouvre sa chemise. Les redondances molles du genre : «Ne me rompez pas davantage la tête», avec une Célimène qui se touche la tête, sont rares.

2. *Gestuelle vs texte*

Dans une mise en scène traditionnelle la gestuelle est construite :

a) En continuité avec le texte et l'on considère comme le summum de l'audace de jouer sur la sur-expressivité ou la sous-expressivité du geste à l'égard du texte : si Vincent, on l'a vu, vise souvent à la sous-expressivité, Vitez au contraire travaille presque constamment dans la sur-expressivité : la gestuelle exprime ce que le personnage est censé ressentir, mais avec une intensité plus grande : Dorine pleure ou crie (en I, 1, 2 et 4) alors que la tradition est d'une soubrette simplement sarcastique. Au début du III, 3, le texte de Tartuffe dit l'obséquiosité cléricale; Tartuffe, chez Vitez, s'agenouille; il tend les bras vers Elmire comme vers son Dieu; en 933-960, pendant son monologue marqué de religiosité amoureuse, il reste statique, les yeux fermés.

b) De façon beaucoup plus neuve la gestuelle peut être chargée de dévoiler ce que le texte ne dit pas encore, donc d'anticiper sur ce qui sera la fonctionalité du texte : Tartuffe fait à la scène 3 du III la cour pressante et directe qu'il ne «devrait» faire qu'à la scène 5 du IV. Anticiper et révéler le non-dit du texte :

le texte dit la prudence et l'humilité; la gestuelle dit l'appétit et l'autosatisfaction; Tartuffe parle en chat et agit en chien. Dans cette mesure le geste a un pouvoir de dévoilement psychanalytique puisqu'il dénonce ce que le texte voudrait cacher. Autant le discours de Tartuffe est enveloppant, fuyant, autant la gestuelle exprime directement le désir le plus brutal (5) : attouchements, coups, fornication presque réalisée (6) (photo 53). Si l'on s'étonne de cette audace de la gestuelle, on répondra que cet écart est contenu en germe dans toute mise en scène, voire dans toute explication de texte : elle ne peut exister que si le non-dit ne coïncide pas avec le dit. Le non-dit en revanche est porté à coïncider avec le vu et l'entendu (c'est-à-dire le scénique) si l'on veut qu'il soit, si peu que ce soit, perceptible. Naturellement ce non-dit est enfermé, traditionnellement, dans des limites étroites (intonations, mimique) et s'arrête aux frontières de la gestuelle : pour faire comprendre que Tartuffe a envie d'Elmire, on s'interdit habituellement de le faire sauter sur elle; on se contente d'un mouvement d'approche et d'une voix mielleuse. Au contraire Vitez pousse le plus loin possible le jeu de l'extériorisation pour transcrire, au plus profond, les pulsions de l'intériorité (7). Autres exemples : Don Juan souhaite expulser Dimanche; dans la mise en scène de Vitez celui-ci est battu, berné et brutalisé par ses serviteurs. Quand Don Juan fait la cour à Charlotte (II, 2), il la tripote, ventre, jambes et seins, ce qui est à la fois obscène et en opposition avec le texte; quand il parle de ses yeux il lui touche les jambes, quand il glorifie sa «beauté» en termes élégants, il lui relève les jupes et pour «baiser» ses mains, il les lui tord. Ainsi la part de vérité masquée par le discours éclate à travers la gestuelle.

c) Un degré de plus et la gestuelle va prendre une valeur structurale si elle s'élabore dans l'ignorance (ou le mépris) totale du texte. On assiste alors à un dédoublement (ou à un décentrement) de l'action scénique qui n'est évidemment perceptible qu'à coup de redoublements, de redondances des signifiants de cette nature.

La manifestation la plus visible — qui elle non plus n'est pas absolument inédite, car on la rencontre souvent chez Planchon — est la rupture de contact entre les acteurs : l'un parle tandis que l'autre se détourne (Don Juan se retire au fond du théâtre et lit pendant qu'Elvire fait sa grande tirade en I, 3) ou s'absente (Don Juan sort pendant le discours de Sganarelle en III, 1; Charlotte sort de scène pendant que Pierrot fait son récit en II, 1). Cette façon de procéder bouscule les habitudes concernant l'unicité de point de vue : d'ordinaire celui qui parle mobilise l'intérêt de ses partenaires; le discours rapporté, pendant le temps de son émission, possède une autorité dominante. Désormais deux actions parallèles se déroulent : l'une verbalisée qui tombe à plat s'il n'y a personne pour la recevoir; l'autre, visuelle, qui capte la meilleure part de l'attention. Celle du spectateur évidemment, puisqu'il n'y a plus que lui en scène, pourrait-on dire. Et, dans la concurrence des perceptions les visuelles l'emportent de loin sur les auditives : ainsi dans *Dom Juan* à la scène 6 du IV quand Elvire entre, voilée, Don Juan fuit en montant sur la table puis en montant sur la chaise qu'il a tirée à lui; il joue avec une assiette de métal comme avec un miroir pendant qu'Elvire prononce, mais pour qui ?, ses trois longues tirades. L'attitude de Don Juan est assez insolite pour requérir toute l'attention, tandis qu'en contrepoint Sganarelle s'est caché sous la table. Notons d'ailleurs que la non-réception du discours n'est pas ressentie par le locuteur comme un refus de réception : il ne manifeste aucune angoisse ni aucune colère; son discours simplement s'envole, dans une émission pure et gratuite comme si la dérision du discours atteignait moins le locuteur (ce qui est le cas pour Elvire et tous les interlocuteurs de Don Juan qui parlent vraiment «dans le vide») que le fait du discours lui-même. Quant au signe, est-il contrarié dans son fonctionnement par cette errance : perd-il son sens en perdant son orientation ? Plusieurs réponses sont possibles : il est désorienté à coup sûr si l'on attend de lui qu'il s'épuise dans sa signification immédiate, si donc on conçoit le signe comme une unité autonome valable *per se*. Il ne l'est plus si on le replace dans une stratégie discursive globale où, par exemple, la «distraction» de Don Juan fait partie de son rapport au monde : mépris et obsession mêlés, narcissisme et névrose. Dans cette mesure il y va de bien plus que d'un parti esthétique qu'on pourrait ennoblir en le rattachant à un désir de sur-théâtralité ou à une intention de remodeler le rapport scène/salle. Il ne saurait y avoir de signe opaque que provisoirement : il faut laisser à la chaîne discursive le temps de se développer dans tous ses replis et toute sa complexité.

3. *Gestuelle et hors-scène*

Il s'agit là encore d'une procédure scénique usuelle dans son principe : dans un récit on anime ce dont on parle (et qui est lointain ou passé) par des moyens mimiques divers et par des intonations *ad hoc* : quand Célimène évoque les courtisans ridicules dans la scène des portraits, elle les convoque devant elle; elle se joue d'eux en les jouant. Il est rare cependant qu'on vive ces récits au présent par des gestes qui ne soient pas seulement d'accompagnement du discours, mais véritablement de reproduction, de re-présentation. On sort alors du cadre du récit pour entrer dans celui de l'action où la redondance sert précisément à passer de l'ordre du dit à celui du faire. Un exemple simple tout d'abord et, pour ainsi dire porté par le texte même : quand Pierrot dit : «Allons Lucas» (II, 1), il ouvre les guillemets et sa citation appelle à la réalité présente l'action passée; bien plus sa gestuelle accentue cette «représentation» : il se met à se déshabiller devant Charlotte comme Lucas et lui l'ont fait pour se jeter à l'eau. Un peu plus loin, quand Pierrot évoque l'habillement des «biaux monsieux» en disant : «ils ont des chemises [...]», il se met à manier la sienne et il la tire sur sa tête.

Plus complexe est la scène 5 du III où le Commandeur mime sa mort et sa métamorphose en gisant. Bien sûr cette mort est évoquée par une phrase de Sganarelle, mais elle appartient à un passé antérieur au temps de la pièce et ce flash-back, s'il est familier au cinéma où l'aire de jeu est plus référentielle que conventionnelle, est en contravention avec les exigences de vraisemblance de l'action scénique telle qu'elle se déroule, actuellement, sous nos yeux : refaisant les gestes de sa mort et de sa pétrification, le Commandeur meurt *pour nous*, spectateurs, alors que Sganarelle et Don Juan visitent le tombeau dudit Commandeur pour eux-mêmes (photo 54). Deux temps donc, deux réalités qui ne coïncident pas : l'un progressif et irréversible, l'autre atemporel et simultané; l'une qui, tout en étant théâtralisée, n'échappe pas totalement à l'illusionnisme scénique; l'autre totalement imaginaire ou conventionnelle.

Dans *L'École* Vitez érige ce procédé en système et aboutit à un mixage complet du présent scénique et du passé narratif, de l'histoire et du discours pour reprendre les termes de Benvéniste (8) : Horace rejoue pour nous, en III, scènes 3 et 4, la scène du balcon qui est censée avoir eu lieu pendant l'entracte du II (9) : les deux temps, les deux lieux se superposent. Même jeu à la scène 5 du IV : pendant qu'Arnolphe dit son monologue, Horace descend de l'étage et tombe précisément sur ses épaules (photo 55); et ils font ainsi, l'un portant l'autre, et tout aussi effrayés, un tour de piste, avant de tomber et de s'immobiliser le derrière en l'air, dans la plus pure tradition clownesque. Le récit que fait Horace à la scène suivante ne renvoie donc plus à un passé relativement éloigné (10) mais à un présent et à une présence immédiats. Jeu semblable encore en V, 1 et 2 : Alain et Georgette entrent et cherchent le cadavre. Entre Horace, tout bandé et mal en point; il s'appuie lourdement sur une béquille. Poursuite dans le noir. Horace parvient à se hisser avec beaucoup de difficultés sur la table; il en tombe pesamment et roule à terre; Arnolphe le chatouille avec son bâton. A la scène 2 Horace commence par dire son monologue (vers 1373 et suivants) d'un air accablé; épuisé il se met à ronfler avant de se relever d'un coup, de se débarrasser de ses bandages et de bondir. Dans ces deux scènes on assiste à plus qu'à une reconstitution du passé; à une véritable surimpression des temps : Alain et Georgette cherchent le cadavre *avant* qu'Horace ne soit tué puisque la poursuite et la chute de la table (métaphore de la chute de l'échelle) ont lieu *pendant* cette scène même. Naturellement, Arnolphe, dans une conception illusionniste, est censé ne rien voir, sinon toute sa tirade (vers 1354-1365) tombe à plat.

En fin de compte chez Vitez il n'y a plus d'avant ni d'après; le temps ne passe pas; il n'y a plus d'ici ni d'ailleurs (11), d'action ni de récit. Il n'y a plus qu'une concomitance du couple langage/gestuelle. Le discours ne se greffe plus sur une action pour la commenter; il est l'action et l'action est discours. Tout est montré en même temps et sur le même plan, dans un mépris radical des hiérarchies temporelles et spatiales qui fondent les convenances illusionnistes.

Se pose ainsi le problème de l'autonomie du signifiant ou, si l'on préfère, de l'arbitraire du signe, opposé à sa motivation. Est motivé un signe qui répond à l'attente, étant donné la situation des personnages tels que définis historiquement (par leur langage et leur costume notamment) : dans ce contexte on s'attend de leur part à une certaine gestuelle faite de retenue et d'élégance. On peut faire preuve d'un peu plus de libéralisme et dire qu'est également motivé un signe qui s'accorde avec le contexte moderne de la représentation et de la personnalité des comédiens; par exemple s'asseoir sur une table pour parler, multiplier les jeux de mains brutaux et amoureux, c'est le fait de comédiens jeunes de 1980. L'arbitraire, lui, réside dans l'invention de signes partiellement ou totalement inattendus (donc pas d'«avant» psychologique, social ou logique qui les justifie) ou inexplicables. Ces signes ne peuvent plus être considérés comme les bases d'un enrichissement psychosocial, sans doute non prévu par le texte, mais qu'on pourrait malgré tout y rattacher. Ainsi le fait qu'Orgon entre en courant (en I, 4) : rien dans le texte (comportement, intonation, situation) n'indique qu'il est pressé ou furieux. Malgré tout, cette gestuelle vitézienne d'Orgon est intégrable au texte : on veut bien le considérer comme pressé. Au contraire les signes inattendus, *a priori*, ou inexplicables, *a posteriori*, construisent un système autonome dont la source et l'aboutissement résident dans la mise en scène elle-même, invitant à une lisibilité nouvelle plutôt que seconde, puisque la lisibilité première, telle qu'elle émanerait d'une mise en place de signes motivés, est presque totalement gommée. L'indépendance de la gestuelle à l'égard du prévisible «prend valeur de manifeste au service d'une nouvelle compréhension du jeu théâtral : une logique gestuelle délivrée de l'emprise du langage articulé [et de presque toute motivation référentielle] développe son pouvoir expressif propre» (12).

Un des meilleurs exemples qui soient de cette logique nouvelle concerne la gestuelle amoureuse. On peut, comme Ed. Radar, insister sur les implications psychanalytiques de l'exaltation des corps dans les *Molière* : «La gestuelle chez Vitez déjoue l'attente du spectateur; elle se déploie dans le registre onirique du désir, des pulsions, des fantasmes, d'une représentation de soi encore engluée aux flux de l'inconscient [...]. Ainsi le geste và-t-il à signaler les impatiences du désir dans une mimique délirante [...]. Investigation du théâtre de la cruauté explorant les liaisons du souffle, des cris, de la parole vive aux obsessions du désir s'emparant de l'animal raisonnable et le réduisant à l'état de proie abandonnée [...]. Qu'ajoute au texte cette gestuelle érotique qui unit dans un esprit baroque, des grâces chorégraphiques à des contorsions bouffonnes ? La condition déchirée, névrosée des corps, la chair vulnérable qui cherche la jouissance, l'énergie vitale qui se porte au niveau potentiel maximal qui l'électrisera» (13).

On peut, plus platement, répertorier les signifiants de la gestuelle amoureuse, d'une pièce à l'autre, dans ses occurrences majeures : elle est d'ordinaire très brutale, très directe, avec parfois des touches plus légères; très sexualisée, parfois simplement sensuelle. Les femmes, que ce soit Elvire, Charlotte, Célimène, Elmire ou Agnès sont traitées comme des objets : Don Juan en IV, 6 apprécie la croupe d'Elvire; les différents mâles, jeunes ou vieux, des *Molière*, tripotent le ventre et les seins de leurs partenaires-victimes qu'ils bousculent sans vergogne.

Un amour plus idéalisé se manifeste par l'agenouillement (Don Juan devant Elvire comme devant Charlotte, Tartuffe devant Elmire, Alceste devant Célimène); on fétichise la femme en adressant ses hommages à des substituts (la robe d'Agnès dans *L'École*, la chaussure dans les trois autres pièces) (photo 56).

Les femmes de leur côté (qu'il s'agisse d'Elvire, de Charlotte ou d'Elmire) sont, sous le coup de l'amour (subi ou partagé) comme tétanisées, immobilisées dans l'orgasme, asphyxiées par le plaisir. L'extrême de la brutalité ne se distingue pas de l'extrême de la jouissance que les femmes subissent tout aussi passivement : l'amour est un viol.

Les unités paradigmatiques de l'amour sont donc : du côté des hommes : sensualité directe, dégénérant rapidement en brutalité et viol; idéalisation (par fétichisation ou asservissement (agenouillement); du côté des femmes : passivité, catalepsie, avec parfois des entreprises plus directes (Elvire et Célimène avec respectivement Don Juan et Alceste).

Ce relevé paradigmatique, avec ses constantes et ses quelques variations, permet d'élaborer un syntagme transversal à travers les quatre *Molière*. Il permet de constater tout d'abord que le syntagme mâle de la sensualité est beaucoup plus riche que celui des femmes puisqu'il est construit sur une combinaison de l'activité et de la passivité, marquée des deux côtés d'appétit destructeur : une caresse est rarement heureuse et il est exceptionnel qu'elle ne dégénère pas : si en II, 1 Alceste et Célimène connaissent une sensualité sans arrière-pensée, en IV, 3, quand Célimène vient à Alceste pour l'embrasser, elle a la tête rejetée en arrière, offerte; mais l'embrassade se mue en étranglement (photo 57); elle suffoque : Alceste la fait tomber; elle se cache la tête dans les mains, se touche le cou, la bouche ouverte; elle est affolée. Quant à Arnolphe, en II, 1, il prend Agnès sous les genoux et la porte inerte sur sa chaise; plus loin (vers 766) lorsqu'elle veut partir il la ramène brutalement, la main dans l'échancrure de la robe; il lui tripote les cheveux et lui dégage le cou; il la caresse et approche sa bouche. Mais cette scène des Maximes se termine dans les larmes : Agnès sanglote ainsi qu'Arnolphe, tandis qu'il continue à lui caresser le cou.

C'est aussi le caractère destructeur de l'amour qui constitue l'axe sémantique de la sensualité féminine : les femmes des *Molière* se transforment volontairement en objets de plaisir. Ainsi donc ce sémème rend compte du «traitement» de la femme et de l'amour et établit des identités entre les différentes figures de femmes : Célimène est sœur d'Elmire, Charlotte d'Agnès, indépendamment du fait que ce sont les mêmes comédiennes qui tiennent ces différents rôles : elles ne sont que les manifestations, différenciées par le texte, mais unifiées par la gestuelle, d'une même *imago* de la femme. Déjà dans *Dom Juan* apparaît nettement l'identité de Charlotte et d'Elvire, traitées toutes deux de la même façon et réagissant de la même façon sous les caresses de l'homme. La redondance ici construit le personnage en le réduisant. L'archétype amoureux ne laisse aucune place aux nuances de la personnalité individuelle.

*
* *

Étant en nombre limité, les modèles gestuels instaurent très visiblement des symétries entre les personnages des différentes pièces : l'agressivité érotico-maniaque résume les rapports d'Alceste à Célimène, d'Arnolphe à Agnès comme ceux de Tartuffe à Elmire (14). S'agenouiller, caresser, brutaliser, telles sont concrètement les structures du comportement des mâles moliéresques sans qu'on ait besoin d'y chercher quelque arrière-pensée psychologique ou symbolique. Surtout si l'on considère d'autres signifiants qui répugnent à toute interprétation surplombante et n'ont de finalité que dans leur manifestation même. C'est le cas du geste qui consiste à porter quelqu'un en le prenant sous les genoux : est-ce un signe d'adoration ou d'asservissement ? Les différentes occurrences ne permettent pas d'en décider. Arnolphe le fait avec Agnès en II, 5 au moment où celle-ci fait le récit de sa rencontre avec Horace (photo 58); en III, 1 pour la scène des Maximes; il le fait avec Georgette et Alain en IV, 4 quand il leur demande de répéter comment ils éconduiront Horace. Orgon le fait avec sa fille en IV, 2 quand Mariane se met à genoux devant son père pour le supplier de ne pas lui faire épouser Tartuffe. A la scène 3 du I du *Misanthrope* Alceste prend Oronte à bras le corps, le soulève et le change de place. Quand il entre en scène en II, 1, Alceste porte Célimène dans ses bras : il va ensuite la placer debout sur une chaise; les marquis agissent de même avec Célimène à la fin de la scène des portraits : ils la promènent tout autour du plateau avant de la déposer debout, sur une chaise. Alceste à nouveau en IV, 3, à la fin de la scène, quand il se réconcilie avec Célimène : il la prend, la porte, la fait tourner dans ses bras avant de la déposer sur une chaise.

On le voit par ce relevé exhaustif, ce n'est pas toujours une femme qui est l'objet de ce transport et ce n'est pas toujours un transport de passion (15). Aucun classème sinon celui, bien vague, d'autorité, ne permet d'interpréter ce geste de façon univoque encore qu'il dérive, mimétiquement, dans la substance de son expression, d'un geste d'enthousiasme familier aux amoureux et que, dans les *Molière*, il concerne majoritairement les femmes adorées et trompeuses (Agnès, Célimène). Même suspension de signifié pour un geste encore plus étrange : prendre la jambe pour empêcher quelqu'un de parler; geste totalement arbitraire que font Chrysalide à Arnolphe en IV, 8 (vers 1309) et Charlotte à Don Juan en II, 2.

Il n'en reste pas moins que la gestuelle a souvent une valeur symbolique quoique de signifié variable : tourner en rond c'est, en dehors de la transcription théâtrale de l'espace parcouru, le symbole de l'errance pour Don Juan, de l'inquiétude pour Alceste.

L'utilisation d'accessoires accentue, tant ce caractère symbolique que la construction originale des signifiants.

6. *Le jeu avec les accessoires*

La redondance dans le couple gestuelle/accessoires peut avoir une valeur d'organisation structurale externe, notamment en ponctuant les temps de la pièce : structurale parce qu'elle a un caractère *sui generis*, c'est-à-dire non réaliste, non motivé par le référentiel extra-scénique; ce qui serait le cas si on voulait par exemple signifier que la pièce dure tant d'heures, qu'elle commence au jour et finit à la nuit. L'emploi structural de l'accessoire, quant à lui, est vérifiable avec les flambeaux du *Misanthrope* : ils ont moins une valeur symbolique (pour signaler l'obscurité du désespoir) ou fonctionnelle (on éteint les flambeaux pour «faire» le «coin sombre» dont a besoin Alceste en V, 1) qu'une valeur d'articulation. Repérons-en les occurrences et l'usage : I, 1 : entrée de Philinte, un flambeau allumé à la main (cf. photo 45); dans la même scène (vers 205) Philinte vient à la table où il a déposé le flambeau et il en éteint les chandelles. II, 1 : c'est Célimène qui porte le flambeau renversé et éteint, fort inconfortablement, puisqu'elle est elle-même portée par Alceste. V, 1 : entrée d'Alceste et de Philinte portant chacun un flambeau. Philinte s'asseoit, Alceste tourne autour de lui, le flambeau à la main. Cette attitude réitère celle de I, 1 mais pour quelle symétrie ? Pour signifier peut-être que le flambeau est l'accessoire du couple Alceste/Philinte. A «me laisser enfin» (vers 1583), Alceste éteint les bougies (pour créer métaphoriquement le «coin sombre»). V, 2 : entrée d'Oronte et de Célimène avec un flambeau. Flambeau encore aux derniers instants du V quand Célimène reste seule après le départ d'Alceste. Que faut-il penser de la flamme de cette chandelle ? C'est une présence et une constante, mais au-delà ? A coup sûr on constatera que trois actes commencent avec accompagnement de flambeaux et que la pièce débute et finit avec eux, et l'on hasardera l'hypothèse que le flambeau est pour *Le Misanthrope* ce que le bâton (dons nous reparlerons plus loin) est pour *L'École* : un signe de ponctuation de la théâtralité en même temps que le symbole d'une société : élégance et fragilité.

Ce qui est tout à fait propre à Vitez c'est la mise en place de signes récurrents non redondants : un signe alors n'apparaît qu'une fois dans une pièce, mais se répète d'une pièce à l'autre. Pris isolément le signe de la table sous laquelle se cachent Alceste ou Horace est illisible (16) (cf. photo 46); il ne prend valeur de référence culturelle que dans un système de lecture globale, en fonction de ce qu'on pourrait appeler la mythologie de la table-cache, parfaitement codée dans le *Tartuffe* et qui irradie ses valeurs sur les autres pièces.

Il en va de même, mais de façon plus complexe, avec le jeu de la chaussure. Bien sûr il y a un fétichisme du pied et l'on comprend bien que les névrosés que sont Arnolphe, Tartuffe ou Don Juan s'attaquent à la chaussure de leurs belles faute de pouvoir (ou de vouloir) les conquérir autrement (cf. photo 56). Mais à partir du moment où la chaussure attire l'attention sur elle, elle conquiert pour ainsi dire son autonomie et s'érige en système signifiant récurrent dont il serait vain de chercher la raison d'être ailleurs que dans le trajet qu'il accomplit d'une pièce à l'autre : à la scène 3 du V quand Arnolphe reprend possession d'Agnès, il se déchausse, ce qui donne lieu au jeu de scène suivant : à :«me connaissez-vous ?» (vers 1485), Agnès regarde sous le pied d'Arnolphe et en 1524 («est-ce que j'en peux mais ?») elle le rechausse et lui redonne son bâton. Quant à Don Juan, il déchausse une première fois Elvire en I, 3 quand il lui parle de la «clôture d'un couvent»; Elvire s'écarte ensuite en boitant et en invoquant le ciel avant que Sganarelle lui rende son soulier. En III, 3, Don Juan se déchausse à :«je m'engage à faire faire raison» et donne ses deux souliers en gage de bonne foi; puis il revient et pose ses pieds sur ses chaussures. Dans *Le Misanthrope*, Alceste en IV, 3, au moment où Célimène dit : «Si c'est une femme à qui va ce billet», se met à rire, se déchausse et pose son soulier sur le billet. Il restera ainsi chaussé d'un seul pied pendant une cinquantaine de vers et il parle tout en boitillant; il ne s'asseoit qu'au vers 1391 et c'est en disant : «Allez, vous êtes fou [...]» que Célimène ramasse le soulier et le restitue à Alceste.

Que si l'on s'étonne que le syntagme de la chaussure soit incomplet puisqu'il n'y en a aucune occurrence dans *Tartuffe*, on répondra qu'à coup sûr la volonté vitézienne de présenter les quatre *Molière* comme un tout unifié pose des problèmes et ne va pas sans quelque artifice : outre celui de la chaussure, un système signifiant plus important, celui du tonnerre, n'est pas du tout représenté dans *Le Misanthrope* et une seule fois dans *L'École*. Faut-il en conclure qu'un sous-groupement s'établit alors entre les pièces, en raison de la présence ou de l'absence de tel ou tel signifiant ? S'il est clair que l'absence du tonnerre range *L'École* et *Le Misanthrope* dans les pièces profanes, faudra-t-il dire que *Tartuffe* présente une autre face de la sexualité que les trois autres pièces puisqu'il est également clair que le jeu de la chaussure, en mettant aux prises Agnès avec Arnolphe, Elvire avec Don Juan, Célimène avec Alceste, présente l'image de trois échecs, de trois fiascos ? On ne saurait aller jusque là et l'on préfère seulement dire que l'usage redondant d'un signifiant aussi insolite attire l'attention sur une identité de structure de trois des quatre *Molière*.

La redondance construit un système propre de valeurs quand elle se libère de toute attache iconique (c'est-à-dire de l'imitation ou de la reproduction d'un geste attendu, de la duplication d'un sentiment par une attitude) et qu'elle appuie les bases d'une organisation syntagmatique sur les composantes mêmes du champ sémantique de tel ou tel signifiant. Ainsi de la table : dans *Le Misanthrope*, elle est tout d'abord l'écran; elle sépare les opposants ou soutient une discussion serrée (en I, 1, vers 60 et suivants pour Alceste et Philinte; en III, 1 quand les deux marquis s'affrontent; en III, 4 quand Célimène et Arsinoé s'insultent); c'est aussi une sorte de point d'ancrage auquel on revient pour «placer» son discours (I, 1 vers 120 et suivants); c'est un lieu familier sur lequel on s'asseoit en signe d'aisance (en I, 1 à la fin pour Alceste; en II, 4 pour Célimène); elle est enfin un lieu d'abandon et permet le geste métaphorique (le bras allongé sur la table) du sommeil, de l'absence ou du bonheur : Célimène le fait en III, 4, quand, sous les coups de boutoir d'Arsinoé (vers 1001 et suivants) elle «décroche»; Alceste le fait en IV, 2 (vers 1241 et suivants) quand Eliante le fait asseoir : il a la tête inclinée sur le bras, lui-même allongé sur la table; elle est derrière lui et lui caresse les cheveux; en IV, 3, à la fin de leur dispute, Célimène tend le bras à Alceste par-dessus la table; enfin à la dernière scène du V, Eliante et Philinte sont placés de part et d'autre de la table : Philinte pose la tête sur la table pour faire sa déclaration à Eliante (vers 1799-1800). En réduisant les variantes on articulerait donc le syntagme de la table sur trois paradigmes majeurs : la table-affrontement, la table-affirmation de soi, la table-relâchement.

L'examen des trois autres *Molière* apporte-t-il des modifications notables à cette proposition ? Dans *Dom Juan* la table apparaît tardivement (en IV) mais elle tient une place considérable. Si l'on néglige ses emplois mimétiques et fonctionnels (elle est nécessaire au repas de Don Juan) on s'aperçoit que la mimique tout à fait inattendue de Don Juan montant sur la table en IV, 6 cesse d'être une bizarrerie dès qu'on lui fait prendre place dans le paradigme de la table-affirmation de soi, tandis que les paroles aimables de Don Juan proposant à Elvire de passer la nuit chez lui, à la fin de cette même scène, s'accompagnent tout naturellement d'une main tendue à travers la table. Remarquons qu'on peut aussi jouer sous la table et que les valeurs ci-dessus indiquées sont alors inversées : Sganarelle, en se cachant sous la table efface sa présence et sa personne comme le font Orgon en IV, 5, Horace en V, 6 et Alceste en V, 1. On peut aussi annuler la table et empêcher par là le jeu normal des rapports humains, comme le fait le Commandeur en IV, 8 qui sort en emmenant la table; à la scène 6 du V il revient avec elle et Don Juan saute sur elle (photo 59), affirmant une dernière fois son identité, avant de finir foudroyé, allongé sur le dos sur cette même table, la tête renversée en arrière. Attitude également de Tartuffe quand en V, 7 il est ficelé dans la nappe et jeté sur cette table qui, à l'acte IV, avait vu son triomphe quand il y enfourchait presque Elmire. Que la table soit le signe de la force, rien de plus évident : quand, en III, 2, Damis grimpe sur elle ou quand Orgon y installe Tartuffe à la fin du III.

Dans *L'École* la table apparaît en III, 3, quand Horace entre en scène en la portant et s'en sert comme d'une échelle pour accéder chez Agnès; elle a donc une valeur fonctionnelle; à nouveau en V, 1, quand il se hisse sur elle, elle est la métaphore de la maison d'Agnès. Cet accessoire ne retrouve sa valeur structurale d'affirmation de soi qu'en V, 9 quand Horace prend Agnès par la main et la fait marcher sur le rebord de la table renversée.

Ainsi donc ce qui est vrai du *Misanthrope* l'est de l'ensemble des *Molière*, les valeurs mimétiques et symboliques de la table étant différemment dosées d'une pièce à l'autre. Dès lors il ne semble pas que les sèmes dominants de la table puissent passer inaperçus, d'autant qu'ils s'articulent avec ceux de la chaise : lorsqu'on monte dessus (que ce soit Arnolphe, Alceste, Dorine, Célimène ou Don Juan) elle manifeste le signifié «affirmation de soi» avec une netteté – puisqu'elle met en œuvre le procédé de la littéralité – qui empêche la table de rester dans le flou sémiologique. Surtout quant table et chaise sont placées l'une sur l'autre, dans *Tartuffe* et *Dom Juan* notamment.

Dynamique ou statique, mimétique ou symbolique, considéré à travers le comportement seul ou dans ses rapports aux accessoires, le geste vise à construire une cohérence du jeu plus que de la psychologie. Cette cohérence peut bien de loin en loin recouper ce que le texte laisse prévoir; elle en est dans son principe totalement indépendante, à tel point qu'elle propose un signifié global, celui de l'humanité souffrante et combattante que nous utiliserons bientôt pour avancer l'hypothèse d'une systématique générale des isotopies.

*

* *

LE SYSTEME DES OBJETS

C'est encore plus vrai des objets analysés isolément dans leur trajet autonome : les pièces donnent l'impression d'être construites à partir d'eux, tant ils occupent de place aux niveaux fonctionnel, expressif et structural, tant ils déterminent les rapports de personnages et jusqu'à l'orientation de la fable. Il en va ainsi, partiellement, du sac qui accompagne Don Juan et Sganarelle dans toutes leurs pérégrinations, même à l'acte IV quand les deux hommes sont supposés au repos dans «l'appartement» de Don Juan : le signe s'articule avec le mouvement incessant des deux personnages pour symboliser l'errance; d'autant que ce sac n'est ouvert qu'une seule fois, en III, quand Sganarelle en tire du matériel médical et une gourde. Au contraire le sac d'Arnolphe, longuement ouvert en I, 1, libère, avec la robe et les souliers d'Agnès, les fantasmes du vieil amoureux. Autant Don Juan est un extraverti, sans cesse poussé en avant par un désir de conquêtes et d'affrontement, autant Arnolphe est un introverti désireux de posséder une image et de réduire Agnès à la forme d'un rêve. Mais le sac, malgré son importance, n'a pas une extension suffisante pour mériter d'être considéré comme fondateur d'un système de lecture.

Ce n'est pas le cas du bâton qui, dans les quatre pièces et à intervalles plus ou moins réguliers, impose pour ainsi dire son point de vue. Comme il a une importance particulière dans le premier des quatre éléments de la tétralogie, c'est dans *L'École* que nous étudierons son emploi, ses métamorphoses et son articulation avec d'autres signifiants : Arnolphe entre en scène, venant du fond, portant un sac et ce bâton, rude, lourd, plus proche du gourdin que de la canne. Il descend en avant-scène, donne un coup de bâton sur le sol, lève le bras gauche d'un air triomphateur, la main droite tenant le bâton, et il reste ainsi de longs instants (photo 60). Déjà le bâton apparaît polysémique : théâtral puisqu'il évoque le «brigadier» qui frappe les trois coups, symbolique puisqu'il marque l'autorité, familiale à coup sûr, royale peut-être si l'on songe aux portraits de Louis XIV le poing haut levé sur sa canne (17), divine si sa verticalité, soulignée par celle du bras, prépare une autre verticalité, dont il sera fait mention constamment dans *Tartuffe* et *Dom Juan*, celle du Ciel. Et ce Ciel ne sera pas seulement l'objet d'un discours mais l'occasion d'une intervention de la transcendance, sous les espèces du tonnerre (18).

Bâton-arme, bâton-menace aussi dont il sera fait un emploi surabondant (20) : aux vers 82 et 87 Arnolphe fait des moulinets avec son bâton et quand il s'enfuit en I, 1 (vers 191) avec son sac, il menace du bâton un Chrysalde moquer. I, 2 : Arnolphe frappe le sol du bâton pour se faire ouvrir; I, 3 : «Allez, montez la-haut» est crié avec accompagnement de bâton; à la scène 4 Arnolphe, comme foudroyé par sa demande d'argent (vers 284) plante son bâton dans l'estomac d'Horace; il le lui confie pendant qu'il cherche les 100 pistoles et au vers 286 il jette la bourse à Horace qui lui jette son bâton en retour. «Je me donne la comédie» (vers 198) : il fonce sur Horace le bâton à la main. Quand Horace lui fait la confidence de ses amours (vers 316 et suivants), Arnolphe se tasse sur lui-même et s'appuie sur son bâton. La dernière image d'Arnolphe à l'acte I est d'un homme accablé, le bâton dans une main, le sac dans l'autre.

En II, 1, il brandit le bâton au-dessus de sa tête : «Je ne suis pas homme [...]» (vers 377). Quand les valets entrent à la scène 2, il les fait mettre à genoux et leur appuie le bâton sur la nuque, s'en servant comme d'un joug; en II, 5 Agnès va chercher le bâton et l'apporte à Arnolphe en signe d'allégeance; il en donne un coup sur le sol; au vers 626 quand Agnès appelle de ses vœux le mariage «avec lui» (Horace), Arnolphe a lâché le bâton.

En III, 2, Arnolphe trace des signes sur le sol avec son bâton (vers 703) comme pour définir les rôles respectifs de l'homme et de la femme; puis il devient de plus en plus l'instrument de la menace pour obliger Agnès à dire la première maxime; un peu plus tard, quand, à la troisième maxime, elle s'accroupit et se met à pleurer, il la relève en frappant avec son bâton; même jeu quand elle annonce : «Neuvième maxime», sans la lire. A la scène 4, pour la seconde fois en perte d'autorité, Arnolphe est complètement anéanti par les confidences d'Horace; c'est celui-ci qui va chercher le bâton et le lui donne. A la scène 5, Arnolphe (vers 997 et suivants) sort accablé, s'appuyant sur son bâton : attitude qui fait doublet avec la dernière image de l'acte I.

En IV, 1 changement d'attitude : Arnolphe fait le matamore, entasse une chaise sur l'autre et pose son bâton sur le tout, tandis que pendant la scène avec le notaire, il fait des moulinets menaçants au-dessus de sa tête. A la scène 5, quand Horace tombe nez à nez avec Arnolphe, celui-ci se cache derrière son bâton. A la fin de la scène 9, sur «brisons-là» (vers 1318), Arnolphe chasse Chrysalde du bâton et du geste avec des signes de malédiction.

Au V, c'est Horace qui entre en s'appuyant lourdement sur le bâton-béquille tandis qu'Arnolphe porte deux flambeaux; il pousse Arnolphe du bâton et le poursuit en boitant. Arnolphe reprend bientôt possession du bâton pour le lui enfoncer dans les côtes d'un geste de violence qui se termine en chatouillement. Quand Horace s'endort en disant son texte (vers 1390), Arnolphe le réveille en le secouant avec le bâton. A la scène 4 (vers 1524 et suivants) tout en avouant son incapacité à l'aimer («est-ce que j'en puis mais ?») Agnès rechausse Arnolphe et lui redonne son bâton (troisième occurrence du même geste fait pour la deuxième fois par le même personnage). La scène devient violente (au vers 1602) : Agnès le désarme de son bâton. A la scène 6, quand Horace flatte Horace en le traitant de «véritable père», celui-ci lui met le bâton sur l'épaule comme un suzerain l'épée, en signe d'amitié indéfectible. A la scène 9 c'est comme d'un bâton d'aveugle qu'Arnolphe s'en sert : il avance à petits pas en tâtonnant. Enfin, dernière image de la pièce : une fois qu'Arnolphe a fui, Chrysalde prend le bâton et achève la pièce en désignant avec lui le ciel «qui fait tout pour le mieux» : un coup de tonnerre résonne.

Si l'on résume les multiples emplois du bâton on s'aperçoit qu'en fonction des syntagmes (gestuels, auditifs, verbaux) où il se trouve placé, il est objet de théâtre, symbole d'autorité civile ou religieuse, arme et menace, marque de faiblesse ou de force, d'agressivité ou de repli sur soi, béquille, masque, manifestation d'allégeance ou de suzeraineté. Sans doute le bâton est-il majoritairement le complément d'Arnolphe, à tel point que l'évolution de son comportement est lié à l'usage qu'il en fait quand à deux reprises Agnès, et Horace une fois le lui restituent, c'est à des moments où il est particulièrement désemparé : Arnolphe sans bâton perd ses moyens. De cette utilisation somme toute classique, on tirera l'idée qu'un accessoire – comme son nom l'indique – n'est pas un signe autonome : il n'a pas de place dans les colonnes d'un hypothétique dictionnaire des sensations visuelles et auditives : sans que ses acceptions soient infinies, il n'y a pas de *denotatum* qui sature en extension et en compréhension le champ de ses significations; il relève de la connotation, c'est-à-dire, au théâtre, du contexte (l'environnement concret) et du cotexte (l'environnement strictement textuel). Il est d'une extrême souplesse, le sémème qui le constitue étant composé de sèmes (forme, matière, couleur, consistance, etc.) que l'on peut exploiter isolément ou en combinaisons diverses, au gré d'associations avec d'autres signifiés issus d'autres systèmes (par exemple la violence de l'intonation relayant la brutalité du choc du bâton sur le sol).

Chez Vitez, de façon plus originale, le bâton devient un outil à jouer qui n'appartient en propre à personne et conquiert une certaine autonomie : il est objet et non plus accessoire puisqu'Horace s'en sert comme d'une béquille et Chrysalde comme d'un moyen d'en appeler à la divinité. On irait jusqu'à dire que les rôles sont déterminés par la possession du bâton : l'autorité civile que manifestait Arnolphe en I, 1 quand il le brandissait, fait place à l'autorité divine quand Chrysalde le tourne vers le ciel; quand Horace poursuit Arnolphe en le poussant du bâton en V, 1, c'est lui qui désormais, grâce à cet objet-signe, possède l'autorité. L'inversion des valeurs est nette : ce n'est pas la caractérisation individuelle d'un personnage qui lui donne le statut de maître ou de victime; c'est le bâton qui pare de ses vertus celui qui le détient. Agnès n'en voudra pas (19) et Horace s'en jouera. Arnolphe croira pouvoir le manier à sa guise mais la dernière image qu'il offre est celle, passive, d'un être guidé par son bâton d'aveugle. On ne peut mieux souligner l'antériorité de l'objet sur le personnage et son autonomie structurale : la richesse de ses signifiés souligne sa place de pivot et de composante majeure dans la constitution de syntagmes à signifiants multiples : il est constructeur de sens, et pour le héros considéré dans sa psychologie individuelle, et pour les personnages envisagés dans leurs rapports psycho-sociaux, et pour la fable dans sa dynamique globale. Placé au point de départ et au point d'arrivée de la pièce, dressé lors de sa première occurrence comme lors de sa dernière, le bâton est le signe permanent. Qu'il ait changé de main importe peu : ce qui compte davantage c'est le trajet qu'il accomplit de la théâtralité à la transcendance. Trajet-syntagme où ces deux termes se trouvent en rapport de liaison-opposition, déteignant l'un sur l'autre. Là encore se profile la systématique des isotopies, supports et garants du sens global des quatre *Molière*.

*

* *

LA CONSTRUCTION DES PERSONNAGES

Pour construire un personnage – et pour le reconnaître – les moyens dont dispose la mise en scène sont d'ordinaire en nombre limité : le texte, la situation générale ou contextuelle d'abord et surtout. Ce sont des cadres contraignants auxquels la gestuelle, la mimique et la voix du comédien apportent renfort et nuances. On a déjà montré combien, dans les mises en scène de Vitez, la gestuelle et le jeu avec les accessoires pouvaient être indépendants du texte et même en opposition avec lui. Il nous reste à prouver, à propos du personnage de Don Juan choisi comme modèle, que tout un faisceau de traits différentiels redondants, appartenant à tous les ordres signifiants, se noue sur un nom pour faire de lui une sorte de figure autonome : il traverse la pièce plus qu'il n'en détermine l'évolution; il assiste à l'affrontement des personnages et à sa propre catastrophe en spectateur désintéressé. Il recoupe sans doute de loin en loin ce que les témoins (Sganarelle, Elvire) disent de lui et ce que le texte laisse présager de sa conduite; mais sa vérité est ailleurs.

Pour le qualifier rapidement on dira de Don Juan que dans l'ordre sexuel c'est un être inquiétant, brutal jusqu'au sadisme, avide et fétichiste, quelque peu homosexuel; dans l'ordre psychique c'est un violent et un malade affligé de tics et de gestes désordonnés, atteint de narcissisme; dans l'ordre mental c'est un intellectuel, sans cesse le livre à la main, et un contemplatif dont la passivité se manifeste par le jeu avec la colombe et par des absences allant jusqu'au sommeil. C'est la redondance qui érige chacun de ces traits en constante et c'est elle aussi qui nous permettra de choisir la dominante caractérielle.

1. ***Ordre sexuel***. Homosexualité : «On goûte une douceur extrême» : Sganarelle lui remet ses cheveux en ordre et le caresse; à la scène 5 du V, quand le spectre entraîne Don Juan, Sganarelle lui envoie un baiser avant qu'il ne disparaisse. Brutalité, avidité et fétichisme : à : «non point pour les raisons [...]» (I, 3), Don Juan revient sur Elvire, l'enlace, lui prend la main, la brutalise et la force à s'asseoir; il se met à genoux devant elle, la déchausse et lui embrasse le pied. Il lui caresse les cheveux, délace son corsage, caresse ses seins et l'embrasse sauvagement dans le cou; il s'écroule. Le tout, on le notera, au moment où il tente de justifier son abandon par des scrupules de conscience : ou bien ces scrupules doivent être perçus comme une obligation qui déchirent un Don Juan toujours attiré par Elvire, ou bien ces caresses – puisque l'abandon est vécu comme tel par Elvire – doivent être ressenties comme une dérision des gestes d'amour. Deux interprétations possibles pour ces gestes : d'un côté on dira qu'ils sont construits à l'usage du partenaire de Don Juan et enrichissent la connaissance que celui-là peut prendre de lui en soulignant la complexité presque contradictoire de son comportement; de l'autre on avancera qu'ils sont construits encore en fonction d'Elvire qui par là se voit ouvertement et outrageusement moquée, car, s'ils étaient destinés au seul récepteur, ils révèleraient une intention d'élucidation du «vrai» caractère de Don Juan, bien insistante et inutile, étant donné la netteté du portrait que Don Juan vient de brosser de lui-même dans la scène précédente. Don Juan est supposé assez maître de lui pour être capable de «jouer» la contrition devant Elvire. Exemple intéressant donc de double lecture possible d'un même geste selon l'angle de vue choisi, soit celui du personnage, soit celui du spectateur.

Avec Charlotte (II, 2) le jeu est plus simple et encore plus brutal : Sganarelle la pousse vers Don Juan : il l'attrape, la tripote, lui caresse les seins et le ventre; il est à genoux devant elle et la détaille comme un objet. Sadique quand il détache de son cou un bijou qu'il jette devant Charlotte qui se met à le chercher à quatre pattes; il la regarde accroupie. Même regard de connaisseur quand Elvire (IV, 6), tête contre terre, le conjure en pleurant : «De grâce, Don Juan [...]» : il se place derrière elle et apprécie sa croupe. Sadique surtout quand il provoque (en II, 3) la bagarre entre les deux paysannes : il arbitre le combat, amusé. A la fin de la scène il est agité d'un mouvement convulsif avant de dire : «J'ai un petit ordre à donner» et il sort avec un râle. Même son rapport avec le spectre est sexualisé (V, 5) : il le prend à bras le corps et lui tripote le ventre pour voir si c'est un être humain.

Homme de plaisirs plus raffinés, il se laisse aller à trois reprises à un mouvement de danse : en II, 4 quand il revient vers Charlotte après avoir dit un mot à Mathurine; pendant que Don Carlos et Don Alonse discutent (II, 4), avant de disparaître au fond; en IV, 3, en quittant Monsieur Dimanche.

2. ***Ordre psychique.*** Don Juan est un malade : teint blafard, gestes constants de crispation des mains et du masque. A : «[...] faire venir tout doucement» (I, 2), il subit une sorte d'attaque au point que Sganarelle est amené à l'éponger avec un mouchoir. Il est vampirique et névrotique, tout à fait décadent: même quand il fait profession d'hypocrisie, c'est avec un excès maladif. Il pleure pour dire : «Mourrez le plus tôt que vous pourrez» (IV, 5); il minaude et se contorsionne dans sa grande déclaration du V, 2. C'est un violent : avec Pierrot qu'il est sur le point de tuer à coups de couteau (II, 3), avec le pauvre (III, 2) à qui il enfonce le louis dans la bouche; quand il prend la main de Monsieur Dimanche il la lui tord («Touchez-là», IV, 3); violent avec Sganarelle qu'il bat et jette à terre (I, 2), qu'il «opère» de sa fluxion avec couteau et fourchette (IV, 7); il lui crache même à la figure en V, 2 quand Sganarelle se réjouit de sa conversion. Atteint de narcissisme, il se contemple longuement dans un plat de métal réfléchissant en IV, 6 quand il place la chaise sur la table et, dans cette position élevée, échappe, rêveur, aux prières insistantes d'Elvire.

3. ***Ordre mental.*** Intellectuel, à son entrée (I, 2) il lit; il reprendra sa lecture après avoir battu Sganarelle quand celui-ci entamera sa tirade («Je ne parle pas aussi à vous [...]») et ira lire tranquillement dans la galerie sans réagir aux éclats de voix de son valet et à son évocation du ciel. Même jeu avec le livre en

I, 3, quand il monte à califourchon sur le dos de Sganarelle tandis que le malheureux dit : «Madame, les conquérants, Alexandre et les autres mondes [...]». Alors qu'Elvire le poursuit de ses cris («J'ai pitié de vous voir la confusion [...]») il se remet à lire. C'est un absent : pendant les tirades de Sganarelle en III, 1, Don Juan dort ou sommeille; quand Don Carlos et Don Alonse discutent âprement (III, 4), il disparaît puis revient avec une colombe sur le poing, tenant son petit livre noir de l'autre main et ce jusqu'à la fin de la scène; il jouera à nouveau avec sa colombe à la fin de la scène 2 et durant la scène 3 du V.

Ce qui frappe dans la mise en place de ces traits différentiels, c'est la discontinuité à l'intérieur d'une situation donnée : dans la scène 2 du I, alors qu'il n'y a aucun affrontement autre que verbal, Don Juan passe d'une agitation psychotique à l'abandon entre les mains de Sganarelle, puis à une sorte d'étouffement apoplectique quand il parle d'amour, puis à la fureur physique contre les objets quand Sganarelle évoque le «mystère sacré» du mariage, fureur qui dégénère en coups contre Sganarelle, avant que, serein, Don Juan ne se retire au fond pour lire, tout à fait absent.

Cette alternance très rapide de la violence et de l'abattement, de l'agressivité et de l'absence constitue le syntagme fondateur de Don Juan, qu'aucun projet clair ne semble guider. Construits en opposition, les axes sémantiques qui définissent Don Juan risqueraient de faire éclater le personnage et de le rendre incohérent si, de façon constante, il n'était affligé d'une nervosité sensible dans la démarche, le jeu du masque, les gestes des mains, les brusqueries du comportement. Don Juan se définit d'emblée comme un malade, qui doit à cette psychose de rester égal à lui-même, dans un système paradoxal de prévisibilté à l'intérieur de l'inattendu. Outre que chacun des traits contradictoires est abondamment réitéré, il appartient au psychisme d'un névrosé de surprendre par des réactions intempestives et des gestes incontrôlés.

Que le déséquilibre du Don Juan de Vitez soit d'ordre génétique (il est un aristocrate fin de race) ou sexuel (à force d'abuser des plaisirs il est affligé d'un tremblement permanent) ou sacré (il est déjà marqué par le Ciel qu'il blasphème), rien ne permet d'en décider. Bien que tous les traits différentiels de Don Juan dessinent un portrait psychique complexe, il n'y a pas moyen de remonter aux sources psychiques de son personnage; il n'y a pas non plus moyen d'établir une liaison de causalité entre les qualifications qui le définissent et leur procès : Don Juan est un être contradictoire et instantané, tout entier enclos dans son comportement. L'essentiel – et c'est là que la redondance joue à plein son rôle – est que Don Juan ne vive pas son impiété comme un débat d'idées mais comme une passion qui l'a *déjà* dévoré *avant* même que la foudre céleste ne l'anéantisse.

*

* *

Efficace à l'intérieur d'une œuvre donnée, la redondance a un pouvoir structurant encore plus fort quand elle établit entre trois des quatre *Molière* (*L'École* restant étrangère au système) une récurrence de personnages-pivots. Malgré des traits caractériels assez semblables (violence, sensualité brutale, exaltation juvénile, etc.), les personnages principaux des trois *Molière* sont impliqués dans des situations trop spécifiques pour être considérés comme les doubles les uns des autres. Comme Vitez pourtant insiste sur l'identité du programme idéologique qui guide Molière entre 1664 et 1666 dans ses trois grandes comédies, il a imaginé de confier, soit à un personnage totalement insignifiant (le garde du *Misanthrope*) soit à un personnage épisodique (l'exempt du *Tartuffe*) soit à un personnage surhumain (le Commandeur) le soin d'être les incarnations de la transcendance royale et divine. A la fois père, témoin et juge, ce triple et unique personnage est endossé par Vitez lui-même qui tient en face de ses élèves que sont les autres comédiens, le même et triple rôle de père, de témoin et de juge.

Pour que cette identité de structure soit sensible, il est évidemment nécessaire de recourir à des signifiants redondants dans l'ordre de la gestuelle, du costume et du comportement. Le garde du *Misanthrope* entre à la scène 6 du III : il est botté et porte un costume vert foncé; il fait lentement le tour de la scène dans un silence général; il va regarder ce qu'Eliante lit, revient une seconde fois, dévisage chacun et dit seulement alors à Alceste, à voix basse : «J'ai deux mots à vous dire». Quand on songe que son rôle comporte moins de quatre vers, on est frappé par la présence inquiétante de ce personnage venu d'un autre univers, qui s'arroge un pouvoir exorbitant et se charge d'une lourde menace.

Dans *Tartuffe* l'exempt, depuis Planchon, est sorti de l'ombre pour porter la vérité politique de la pièce. Vitez s'en souvient mais modifie le personnage à la fois en le dotant d'un comportement très semblable à celui du garde du *Misanthrope* et en l'auréolant de connotations religieuses qui le rapprochent du Commandeur : à la scène 7 du V Tartuffe entre, se saisit de Flipote et se plaque le long d'un pilier. Tous sont en rang. L'exempt entre, il a exactement le costume du garde; il examine chacun longuement, remet la nappe sur la table et redresse les chaises renversées; il s'asseoit et pose les pieds sur la table; il reste ainsi silencieux pendant 40 vers; il se lève pour faire sa longue tirade. Quand il évoque «ce monarque» (vers 1927) il monte sur la chaise et se découvre; Orgon s'agenouille devant lui (photo 61); et au vers 1938 («où vous a d'un ami fait tomber la retraite») tous se signent.

Quant au Commandeur, il est de droit l'envoyé du Ciel mais il n'est pas indifférent que sa gestuelle ait des points communs avec celle de l'exempt : à la scène 8 du IV il sort en emmenant la table; à la scène 6 du V la table entre au fond de la scène mue par quelque «machine»; le Commandeur s'affale dessus, bouche ouverte puis, avec des gestes lents, la tire derrière lui avec difficulté; il place la chaise et s'asseoit. Ainsi donc le jeu de la table et de la chaise sont communs au Commandeur et à l'exempt : la majesté supra-naturelle de l'un s'humanise par ces gestes, de même que la fonction civile de l'autre se voit sacralisée par les signes de croix et les génuflexions de l'assistance.

L'entrecroisement des signifiants produit un échange symétrique de signifiés. Ainsi les trois pièces, même si l'on fait abstraction d'un système particulièrement significatif, celui du tonnerre, ont un pôle commun qui vient de la lecture d'ensemble de la mise en scène, en jetant les bases d'un syntagme global fondé sur l'articulation de l'humain et du surhumain.

*

* *

LE SYSTEME COMIQUE

1. *Comique et gags*

Le comique, analysé et répertorié traditionnellement en comique de situation, de mots, de gestes, de caractère, etc., émane du texte. Il y aurait lieu d'en reprendre l'étude en fonction de la redondance, étant entendu que le comique de répétition – avec laquelle la redondance a partie liée – recoupe et renforce ces différentes catégories de comique. Ici il s'agit d'analyser les formes de comique qui doivent tout à la mise en scène ou plutôt qui peuvent :

a) tantôt fonctionner en redondance pure et simple du texte (accentuation, prolongement du textuel) avec une valeur expressive;

b) tantôt se construire parallèlement à lui mais sans y contredire. C'est encore une forme, mais plus subtile, de redondance;

c) tantôt proposer un système totalement indépendant où apparaîtrait la notion de gag. Le gag en effet est construit comme un tout fermé sur lui-même, avec un début, un milieu et une fin; il est donc indifférent au contexte et répond à des lois de fonctionnement interne, sans souci de logique ou de vraisemblance. Le gag, dans cette mesure, frise assez volontiers l'absurde; il fait fi de l'humain et n'a de compte à rendre qu'à lui-même. Ce qui ne veut pas dire que le metteur en scène n'ait pas à rendre compte de ses gags : si Vitez les multiplie c'est qu'ils libèrent Molière du *castigat ridendo mores* cher à tous les moralistes et qu'il ramène la force comique de Molière à un jeu : sa gratuité n'exclut d'ailleurs pas des résonances satiriques ou même psychologiques; le gag pur est relativement rare.

Quant à juger de la valeur comique de tel ou tel effet, le mieux serait encore de faire état des réactions du public : s'il rit, peu ou prou, il doit y avoir du comique quelque part. Nous prendrons nos exemples dans *L'École* :

– ***Acte I*** : «Seigneur Arnolphe» (vers 165) : Arnolphe s'enfuit en criant, avec son sac. Comique de type b : il manifeste la réaction non encore explicite d'Arnolphe : ce nom le fait fuir; c'est une redondance par anticipation : le texte explicatif viendra peu après. Le comique réside dans la brutalité inattendue du mouvement et du cri. Comique très provisoire de surprise.

– Scène 2 : les bousculades d'Alain et Georgette et leurs singeries relèvent du comique de type c : gag de pure gratuité. C'est la catégorie sémantique de la «bagarre», très codée dans ses mouvements de confusion et de brutalité contrôlée (on en trouve un autre exemple dans *Dom Juan* d'abord en III, 3 quand Don Carlos sort de son affrontement avec les brigands dépenaillé et titubant et surtout en III, 4 quand les deux frères se livrent un combat de catch sans merci).

– Scène 4 : comique de symétrie. Arnolphe et Horace tournent tous deux sur eux-mêmes; l'un est le miroir de l'autre. C'est une redondance par duplication, provoquant le comique d'écho. Les analyses de Bergson sont ici valables : le mécanique l'emporte sur le vivant. Comique de type b : les deux hommes s'ignorent un certain temps mais bien évidemment rien n'impose cette gestuelle même si elle transcrit correctement ce jeu théâtral très conventionnel qui consiste à ne pas se voir alors qu'on est face à face.

– «Fort bonne posture» (vers 316) : gestes obscènes et bourrades qui dégénèrent en coups vraiment brutaux. Encore un comique de surprise de type b qui explicite les intentions futures : Arnolphe et Horace ne se savent pas encore rivaux mais agissent déjà comme tels. Il y aurait donc ici redondance par anticipation lointaine.

– «Eh ! c'est-à-dire jaloux à faire rire» (vers 315) : Horace se livre à toutes sortes de mimiques traduisant le bonheur : il saute, danse, fait la roue. Redondance de type a. La gestuelle, comique par son excès, contient donc une redondance en elle-même; elle est redondante d'une gestuelle qui se contenterait d'exprimer la joie; celle-ci la surindique.

– ***Acte II***, scène 5 (vers 510 et suivants) : Arnolphe prend Agnès à bras le corps et la promène en la soulevant; il la pose sur une chaise. Ce mouvement serait à classer dans la catégorie du gag (type c) s'il était ressenti comme franchement comique; il est plutôt bizarre : sans lien avec le contexte et sans élucidation immédiate. Du fait qu'il se produit dans d'autres pièces(*Le Misanthrope* notamment) on peut y voir un geste d'adoration qui traite la femme comme un objet (on la porte comme une statue, on la met sur un «piédestal»). La redondance ici n'est ni d'ordre gestuel/textuel, ni d'ordre intériorité/comportement (type a et b) mais d'ordre comparatif (Arnolphe agit à l'égard d'Agnès comme Alceste à l'égard de Célimène, ce qui permet d'établir un parallélisme entre les deux amants : ils sont pareillement passionnés et possessifs). Cette même gestuelle sera utilisée à la scène 2 du IV : la redondance dès lors sera horizontale (d'une scène à l'autre) et non plus seulement verticale (d'une pièce à l'autre) : elle accentue le caractère accapareur d'Arnolphe dans le contexte d'une scène tout entière consacrée à amener Agnès à abdiquer volontairement sa personnalité. Ainsi la redondance, en dehors de ses caractéristiques immédiates (redondance horizontale ou verticale) a une portée diffuse : elle concourt à expliciter le rapport d'Agnès et d'Arnolphe, par delà le texte mais sans contradiction avec lui : elle est alors de type b. Interprétation confirmée par le fait qu'au vers 836 («dans la possession [...]») Arnolphe monte à son tour sur une chaise quand il parle en vrai phallocrate.

– Dans cette fin de scène du III, Horace entre caché sous la table qu'il transporte, table sur laquelle il grimpe, comme sur une échelle, pour atteindre la maison d'Agnès. Gag pur (Horace n'est pas en scène dans le texte de Molière) destiné à montrer qu'Horace se cache d'Arnolphe. Il est lié de surcroît à la situation de la pièce puisque ce jeu de scène ne fait qu'actualiser un récit qui viendra peu après (redondance par anticipation du virtuel sur l'actuel).

– Scène 4 : on y trouve plusieurs gags plus ou moins greffés sur la situation ou sur les réactions supposées des interlocuteurs :

Horace flanque Arnolphe par terre et celui-ci défait l'ouvrage d'Agnès tandis qu'Horace rembobine la pelote;

«C'est que je tousse» (vers 948) : Horace donne à Horace une pastille, en prend une et se met à tousser lui-même. Le premier exemple est d'un comique efficace par son excès et redondant puisqu'il transforme en vision le rapport interne réel des hommes (type b). Le deuxième exemple est un pur gag sans aucune justification d'aucune sorte (type c); c'est le moment de la pièce où les rires de l'assistance sont les plus forts.

– ***Acte IV***, scène 2, avec le notaire. Encore des exemples de redondance de type b qui, malgré leur caractère forcé, gratuit (au niveau du jeu) ne font que souligner l'artifice même du texte : c'est ici de la surexpressivité dans l'arbitraire.

– «Mes enfants» (vers 1096 et suivants) : le gag se développe selon les lois de la «bagarre», mais ici il s'agit d'un comique de type a qui se contente d'exploiter à fond les propositions du texte. La redondance s'établit horizontalement d'un point à l'autre du texte avec, comme dénominateur commun, le jeu physique et l'action brutale (mais esthétisée); il y a donc deux niveaux d'émission des signifiants redondants : l'action directe et la mise en images de cette action.

— scène 5 : tout le jeu muet de la scène 5 (Horace descend de la maison d'Agnès, le long d'une corde, précisément sur les épaules d'Arnolphe) ressortit très visiblement au comique de type c; c'est le gag pur, encore qu'il développe la mutuelle méfiance des protagonistes, non inscrite dans leurs discours mais lisible dans leur rapport objectif de forces.

— Scène 6 : Horace saute et aboie comme un chien; sa joie se manifeste de façon redondante mais avec une grande variété de signifiants : tantôt il danse, tantôt il tourne sur place de plaisir, tantôt il aboie. Le comique, ici, est de type b : il n'y a sans doute pas de liaison directe entre la joie et l'aboiement, mais le passage de l'une à l'autre se fait aisément par le biais du concept «exubérance» et l'expression «agir comme un jeune chien» (glissement métaphorique).

— ***Acte V***, 1 : tout le jeu de scène d'Horace entrant, bandé et s'appuyant sur une béquille pourrait, dans la mesure où il s'agit d'une scène muette où Horace n'est pas censé intervenir, être mis au compte du gag. C'est déjà un souvenir très net de Scapin (redondance culturelle) jouant les assassinés pour arracher son pardon; c'est aussi un comique de type b puisqu'Horace y apparaît de plus en plus comme se moquant d'Arnolphe. Ce qui est dit et raconté dans les dialogues des deux compères (ici la volée de coups de bâton) est joué sous nos yeux; il y a donc par cette redondance, qui est tantôt anticipatrice, tantôt commentatrice, écrasement des espaces. Tout le travail de mise en scène et de décoration effectué par Jouvet et Bérard dans leur *École des Femmes* pour dire, aux yeux, ce qui était déjà dit aux oreilles, c'est-à-dire pour doubler le texte d'une vision répétitive, est annulé ici au profit d'un mixte vision/texte. Il est peut-être tout à fait dénué de vraisemblance (le dedans ne se confond pas avec le dehors, encore que dans la convention moliéresque cette distinction soit souvent estompée) mais il est doté d'une extrême efficacité scénique : le dire et le faire y sont conjoints, le lien logique étant de l'ordre du rôle, de l'imaginaire. Ou plutôt, dire et faire sont réconciliés, unifiés dans la perception du spectateur : c'est lui, et non le personnage, qui vit l'action/texte en train de se faire; et le personnage n'est qu'une des faces de cet ensemble. On pourrait dire ici que Vitez procède en peintre cubiste, en présentant à la fois toutes les perspectives du jeu dans un raccourci spatio-temporel. Il n'y a plus de point de vue privilégié intra-scénique, d'où le spectateur se mettrait à l'écoute du personnage, mais une prise de possession surplombante du tout scénique par le spectateur.

– Scène 2 (vers 1450 et suivants). Le coq chante, ce qui, étant donné l'heure matinale, s'explique aisément. Mais Horace à son tour imite le chant du coq. Pourquoi ? Il fait le coq ! C'est là une métaphore prise au pied de la lettre, un élément de littéralité. Il en allait de même quand il faisait le chien. On a donc une pluralité de signifiants pour un même signifié «bonheur et triomphe de l'amour». Comique de type b.

– Scènes 3 et 4 (vers 1480 et suivants) : le gag de la chaussure. Arnolphe se déchausse, Agnès regarde sous son pied (au vers 1485) : «Me connaissez-vous ?»; elle le rechausse au vers 1524. Le gag est évolutif ou plutôt il n'est gag qu'en son milieu, au moment où, pour le reconnaître, Agnès lui regarde sous le pied, comme on ferait d'un cheval : on voit par là le caractère autonome du gag; il joue comme un calembour sur des glissements de sens. La première partie du jeu, l'acte de se déchausser, peut être diversement interprétée (exprime-t-il la menace ?); la dernière partie, l'acte de se rechausser signifie, plus clairement, de la part d'Agnès, la soumission; d'autant qu'un autre signifiant converge vers le même signifié : elle redonne son bâton à Arnolphe. On a vu et analysé plus haut les autres occurrences du «jeu de la chaussure» qui n'est pas, de soi, comique.

– Scène 7 : le gag de la table. On a déjà remarqué (en III, 3) l'utilisation, fonctionnelle autant que comique, qu'Horace faisait de la table. Ici elle est fonctionnelle au départ (elle tient lieu aux deux hommes de coin sombre où se cacher) puis dérive en jeu comique : coup de pied d'Arnolphe à Horace en sortant de dessous la table; surtout coup de table dans les reins d'Arnolphe qui tombe sur Enrique. Le premier jeu est de catégorie a : il fait redondance avec le texte («ah ! traître» vient en commentaire de ce mauvais coup); le second est de la catégorie c : c'est le gag de la chute, ici parfaitement indépendant du contexte, mais intégrable à un autre niveau, celui de la farce. De toute façon toutes les procédures comiques relevées dans *L'École* dénotent un parti pris esthétique qui ne peut parvenir à la conscience du récepteur qu'à coup de redondances (20).

2. *Farce et violence*

Les caractéristiques de la farce sont simples : elle traite le corps ou le transforme en objet par les coups qu'il reçoit, les chutes qu'il subit ou plus généralement par les mouvements brusques et violents (fuite, saut) qui l'agitent. Cet aspect physique qui mécanise le jeu s'accompagne d'un petit nombre d'accessoires, essentiellement du bâton dont on sait l'usage que fait Vitez dans ses quatre mises en scène. L'aspect intellectuel – si l'on peut dire – de la farce repose, lui, sur l'exploitation d'allusions scatologiques et grivoises plus ou moins appuyées. Que le texte de Molière y prête est incontestable (21) : par exemple quand Horace décrivant sa bonne fortune dit (I, 4, vers 316) que ses «affaires y sont en fort bonne posture» ou quand Arnolphe étire au maximum de l'ambiguïté le jeu sur le sens érotique de «prendre» (II, 5, vers 575 et suivants) : «Il m'a pris [...] il m'a pris le ruban que vous m'aviez donné». Même chose quand Orgon (V, 3, vers 1689) rend compte à sa mère des agissements de Tartuffe avec Elmire :

> «Je devais donc, ma mère, attendre qu'à mes yeux
> Il eût... Vous me feriez dire quelque sottise».

Les points de suspension sont riches de sous-entendus et c'est le rôle du metteur en scène de transformer les allusions en gestes et de mimer ce qui n'est que verbal. Vitez ne s'en fait pas faute : justement, pour le dernier exemple cité, Orgon fait rapidement le geste d'enfourcher sa femme sur la table, ce qui a pour effet de faire fuir Mariane, effarouchée (photo 62). Quant au vers 316 de *L'École*, Horace le commente par un geste obscène.

Voici quelques relevés de la mécanisation farcesque du jeu : toute la scène 1 de *Dom Juan* est traitée sur ce mode : Gusman finissant par accepter le tabac que lui offre Sganarelle se met à tousser misérablement et c'est asphyxié par le tabac qu'il prononce péniblement ses premières tirades; quand Sganarelle présente en hurlant son maître comme «le plus grand scélérat que la terre ait jamais porté», il s'enfuit et se cache sous son chapeau. Et à : «Il aurait encore épousé son chien et son chat», Gusman se tord de rire et se roule par terre. Un peu plus tard quand Sganarelle commence son catalogue : «Dame, demoiselle, bourgeoise», il finit à petits pas hésitants et discrets. La scène avec Monsieur Dimanche est également l'objet de procédés farcesques efficaces dans leur simplicité : alors qu'il est déjà assis on lui arrache sa chaise de dessous les fesses et on l'aide à tomber; un instant après on lui retire la chaise au moment où il s'asseoit : nouvelle chute.

La scatologie est également représentée dans *Dom Juan* avec le jeu du clystère que Sganarelle fait mine d'enfoncer dans le fondement de Don Carlos (III, 3), avec le retour en caleçon (III, 5) de Sganarelle, la culotte rabattue sur les genoux que Don Juan l'empêche malignement de remonter.

Plus intéressante que l'exploitation de cette veine gauloise est la constante liaison que Vitez établit entre la farce et la violence. La scène avec Monsieur Dimanche en est un bon exemple : non seulement on lui «fait des farces» mais on le brutalise; les serviteurs le jettent aux pieds de Don Juan : il a perdu sa perruque et devient un pantin disloqué. Quand il a l'audace de réclamer son dû à Sganarelle, les deux serviteurs le prennent par les pieds et le font virevolter avant de l'éjecter comme un paquet en le jetant à travers la porte. Le rire que suscite le début de la scène se fige : ce qui était perçu comme jeu se mue en affrontement à résonance sociale. De même pour la scène de querelle avec Pierrot (II, 3) : elle est marquée au début au sceau de la farce à cause de l'accent paysan de Pierrot et du contenu sémantique de son discours (les «poussant» et «repousser» des didascalies favorisent cette interprétation), mais elle dégénère vite en règlement de compte : il s'en faut de peu que Pierrot ne soit tué à coup de couteau par Don Juan. Les bourrades amicales d'Horace à Arnolphe dégénèrent de la même façon en coups vraiment brutaux (I, 4, vers 315); à la scène 5 du II, quand Arnolphe retrouve Agnès, il la fait danser avec lui puis la bouscule, en bourru, par trois fois, alors qu'elle croit à un jeu et que de loin elle lui lance un baiser; mais la troisième fois elle est inquiète.

Encore à la scène 4 du III, pour provoquer le rire d'Arnolphe (vers 925 et suivants) Horace le chatouille et le tarabuste jusqu'à le faire tomber par terre où Arnolphe reste un long moment à défaire l'ouvrage tricoté d'Agnès.

Le bâton n'est jamais un objet pour rire : il menace ou frappe : dans *L'École* (IV, 2) la scène avec le notaire relève traditionnellement de la farce; chez Vitez le jeu de saute-mouton d'Arnolphe sur le dos du notaire est bien farcesque mais à la fin Arnolphe fait des moulinets au-dessus de sa tête comme pour l'assommer. A la scène suivante Georgette suit le notaire à quatre pattes en lui collant une chaise aux fesses : farce; mais sur : «nous n'y manquerons pas» (vers 1091), Alain et elle l'éjectent brutalement hors de scène : violence. La scène 4 du IV qui mime en farce l'accueil futur d'Horace se résout vite en vengeance des deux valets : Georgette crache sur Arnolphe, Alain lui pince le nez et lui donne un coup de genou dans le menton. A : «pour boire» (vers 1117), ils descendent de leur chaise et s'en saisissent pour assommer Arnolphe. «Vous n'avez qu'à dire» (vers 1128) : Alain s'approche d'Arnolphe à terre et fait le geste de l'écraser avec le pied.

La démarche inverse se rencontre aussi, où la violence se détend en farce : aux scènes 3 et 4 du III dans *Dom Juan*, Don Carlos apparaît dépenaillé et boiteux après sa bagarre avec les brigands; mais cette violence noble est ridiculisée par le clystère que lui administre Sganarelle; de même la bagarre entre les deux frères est traitée en scène hautement codée selon les rites du catch et donc ramenée à un jeu.

Jeu de la violence, violence du jeu, cette ambiguïté volontairement entretenue par Vitez redonne à la farce une place de choix dans la construction du sens; elle n'est plus procédé innocent et facile destiné à réduire les tensions et, par le biais du désengagement du spectateur, à faire rire. Le rire est bien là, mais un rire qui en dit long sur l'âpreté des rapports interpersonnels ou sociaux. Faire tomber son adversaire c'est, métaphoriquement, le tuer; le réduire aux organes vulgaires de sa personne, c'est encore une façon de le détruire. La portée idéologique de la farce est donc, chez Vitez, évidente.

*

* *

LE BRUITAGE

Si l'on a dit plus haut que le bruitage est l'un des supports majeurs de la transcendance c'est que le seul bruit extra-scénique qui ponctue trois des quatre *Molière* (*Le Misanthrope*, pièce profane en est totalement exempt) est celui du tonnerre et que le tonnerre, par glissement doublement métonymique (tonnerre pour ciel et Ciel pour son occupant, c'est-à-dire Dieu) est le signifiant traditionnel et culturellement familier d'une présence divine – de Jupiter tonnant au Dieu de majesté de la peinture classique. Étant donné la facilité du repérage du signifiant tonnerre (il constitue une unité simple, homogène et univoque) il sera possible d'en mener l'analyse selon un double axe, paradigmatique et syntagmatique.

Le paradigme sera constitué par les manifestations et variations de l'unité sémique «tonnerre» dans chacune des trois pièces. Il est bien évident qu'au moment de son émission ce bruit s'articule avec un texte, une gestuelle ou tout autre signifiant dénoté ou connoté de telle sorte qu'il ouvre immédiatement une perspective syntagmatique; mais ces ouvertures sont de peu d'ampleur et tout en les commentant, nous ne leur accorderons pas d'importance particulière, estimant que le signifié «tonnerre» l'emporte sur tous les autres.

Au contraire le syntagme méritera toute notre attention quand il se construit :

a) par les différentes articulations de ce même sème «tonnerre» d'une pièce à l'autre; la signification de l'ensemble et, *a posteriori*, la signification de chaque occurrence ne peut alors se dégager que de la confrontation des différents paradigmes.

b) par articulation de ce même sème avec des signifiants à signifié semblable. L'un, le ciel, sous forme de toile peinte qui occupe l'oculus central et qui ne devient un signifiant productif que lorsqu'il reçoit la lumière d'un projecteur ou lorsqu'il disparaît ou réapparaît (il est accroché aux cintres par un filin). Sa lisibilité sémique est immédiate bien qu'il relève de la divinité par métonymie, comme le tonnerre; mais le mot ciel étant surabondamment inscrit dans les textes de Molière, l'identité du léxème ciel et de la représentation picturale du ciel va de soi. L'autre signifiant, le bâton, ne s'intègre au syntagme «transcendance» que s'il est manié d'une certaine façon (dressé vers le ciel) ou si son emploi reçoit son sens du texte prononcé au même instant ou enfin s'il est accompagné du signifiant tonnerre. Dès lors on dira que le bâton a une valeur expressive de renforcement.

On est ainsi en mesure de faire le relevé paradigmatique du tonnerre pièce par pièce :

L'École des femmes : une seule occurrence, au dernier vers :
«[...] Le ciel qui fait tout pour le mieux»
Roulement de tonnerre : liaison donc du ciel et du tonnerre, ainsi que du bâton, Chrysalde dressant le bâton à cet instant vers le ciel.

Le Misanthrope : aucun coup de tonnerre, mais une utilisation du ciel peint au vers 1371 quand Alceste s'exclame :
«Ciel ! rien de plus cruel peut-il être inventé ?»
Le ciel disparaît dans les cintres (il sera remis en place au début du V). Dans toute cette scène 4 Alceste avait d'ailleurs multiplié les gestes de redondance fonctionnelle, levant soit les bras soit les yeux au ciel chaque fois que le mot apparaissait dans son texte.

Tartuffe : quatre occurrences : Madame Pernelle jette son bâton à la fin de la scène en s'en allant et ce geste est ponctué par un roulement de tonnerre; vers 966 : «Pour être dévot [...]» : coup de tonnerre; vers 1490 : Orgon secoue la table sous laquelle il s'est caché. En même temps, coup de tonnerre; à cet instant Tartuffe est sur le point de prendre Elmire; vers 1865 : «C'est ce coup [...]» :coup de tonnerre (22). Comment commenter ces quatre manifestations tonitruantes et surtout comment réduire les variantes à un signifié commun invariant ? La première fois, l'autorité familiale est bafouée, la deuxième, la divinité, la troisième, l'honneur conjugal. Quant à la quatrième, c'est une manifestation directe de la transcendance. Autrement dit le tonnerre signale l'intervention de la transcendance qui prend la défense des valeurs bafouées ou du moins ne laisse pas passer inaperçu leur désaveu.

Dom Juan : c'est dans *Dom Juan* que les manifestations du tonnerre sont les plus nombreuses et les plus diversifiées.

Le premier coup de tonnerre intervient à l'acte III, scène 1 quand Don Juan et Sganarelle se couchent et s'endorment : prémonition du destin qui approche. «Point du tout. J'ai voulu soutenir [...]» : nouveau coup à l'occasion de cette provocation à la sacro-sainte médecine; «j'ai fait mes ordonnances à l'aventure» : nouveau coup, pour les mêmes raisons; «quatre et quatre sont huit» : nouveau coup à cause de la déclaration d'impiété; «ce ciel que voilà là-haut» : nouveau coup résultant de l'allusion et de l'appel direct au ciel; Don Juan se lève puis s'écroule, foudroyé; ce qui est une anticipation claire de son destin; l'intervention de la transcendance s'aggrave : le tonnerre est accompagné d'éclairs.

Ainsi donc cinq coups de tonnerre dans cette seule scène 1, le dernier souligné par l'éclair; ils sont liés : soit à une attitude d'attente (le Commandeur n'est pas loin); soit à une attitude de provocation, à la médecine et à la religion. Ils sont destinés au spectateur : les personnages ne les entendent pas. A la scène 2, la proclamation d'impiété du : «pour l'amour de l'humanité» provoque le tonnerre. Six occurrences donc du tonnerre à l'acte III.

Acte IV, scène 3 : «[...] Souper avec moi» : le tonnerre ne se justifie que dans la mesure où le terme de «souper» est lié au Commandeur qui avait lui-même été invité à la fin de l'acte III. Le tonnerre est ici une ponctuation du signe «souper», la liaison signifiant/signifié se faisant sur un mot. Une seule occurrence donc à l'acte IV et tout à fait indirecte. Il est à remarquer qu'à la scène 8 où l'envoyé du ciel apparaît «en chair et en os» aucun signe sonore de la transcendance ne se manifeste.

Acte V, scène 1 : «Plus rien désormais à demander au ciel» : le coup de tonnerre est le signe de la présence du ciel qui répond à Don Louis. Mais Don Juan et Sganarelle entendent ce coup de tonnerre pour la première fois et s'en étonnent. Scène 3 : «Toujours le ciel ?» (dit par Don Carlos) : le roulement de tonnerre manifeste la présence du ciel. Scène 4 : apparition voilée d'une forme blanche qui tourne autour de Don Juan : le coup de tonnerre signale la présence de l'au-delà. Scène 6 : Don Juan saute sur la table : tonnerre et éclairs, annonces d'un châtiment prochain. Notons que l'indication scénique («le tonnerre tombe avec un grand fracas et de grands éclairs») est de Molière, mais placée plus tard dans la scène après le «ah !» qui accompagne l'engloutissement de Don Juan. Au total onze coups de tonnerre dont deux avec éclairs. On peut les classer comme suit : un, désignant l'ambiance de menace céleste qui plane sur Don Juan; deux, en réponse à des provocations à la médecine; deux, en réponse à des provocations à la religion; trois, en réponse à des appels-provocations à la divinité (et le fait que le dernier soit entendu des personnages accentue la pression de la divinité); un, de type très particulier qui est une sorte de marque stylistique du sème «menace» contenu par analogie dans le signifiant «souper»; deux, pour signaler la présence de l'au-delà, et la dernière fois le châtiment.

On a donc trois sèmes dominants : provocation (4 occurrences), appel (3), présence (2) soit 9 auxquels s'ajoutent deux sèmes secondaires : ambiance (une fois) et accentuation (une fois). Tous ces signes «tonnerre» se ramènent d'une façon ou d'une autre au Ciel (qu'on annonce, qu'on provoque, qu'on rappelle (ou appelle), qui se manifeste) sauf deux totalement aberrants puisqu'ils ne concernent que la médecine : ils sont liés aux autres cependant par le noyau sémique de la provocation : la médecine est une religion à laquelle on ne s'attaque pas impunément. Ce qui, par ricochet fait voir le bout de l'oreille athée de Vitez : la médecine, du temps de Molière, n'étant qu'une superstition pompeuse mais ridicule, si elle «bénéficie» de la même intervention céleste que la religion, cette dernière ne vaut sans doute guère mieux qu'elle ! Le raisonnement analogique, même – et surtout – quand il reste implicite, possède parfois une belle valeur corrosive.

Techniquement ces signes «tonnerre» sont construits sur des redondances d'ordre soit analogique (pour la médecine et le souper) soit métonymique (qui dit ciel dit tonnerre) soit référentiel : Dieu se manifeste de façon jupitérienne. L'isotopie qui rend compte et unifie toutes ces occurrences est celle de la présence/menace transcendante, réellement et directement impliquée dans 9 des 16 exemples cités. Le syntagme transversal s'articule sur des paradigmes où la transcendance est qualifiée de façon assez différente : le Ciel est témoin du bonheur retrouvé dans *L'École*; il signale les déviations de l'autorité et de la foi dans *Tartuffe*; il intervient directement dans le déroulement de *Dom Juan*, soit par simple glissement de signifiants (au mot ciel répond le coup de tonnerre) soit avec une valeur prémonitoire d'autant plus sensible que les personnages en subissent les effets (en III, 1) ou prennent conscience de sa présence (en V, 1).

En fait, à regarder les textes de Molière, on s'aperçoit que le tonnerre n'y est mentionné qu'une seule fois, à la dernière scène du dernier acte de la trilogie (puisque *Le Misanthrope* est exclu). La construction du signe redondant «tonnerre» est donc entièrement récurrente : convergeant vers ce dernier coup de tonnerre où les deux plans du divin et de l'humain s'interpénètrent pour aboutir à la destruction du second, toutes les occurrences sont perçues *a posteriori* comme des menaces de plus en plus pressantes d'une transcendance – mais d'une transcendance de théâtre ! – qui ne laisse aucun écart de langage ou de conduite impuni. Par là, les *Molière* s'inscrivent dans une vision théologique – mais athée ! – des rapports de force, qui nous permet de rassembler les fils jusqu'ici épars pour proposer une systématique des isotopies.

*
* *

UNE SYSTÉMATIQUE DES ISOTOPIES

A faire le recensement des sémèmes majeurs relevés au long de cette analyse des *Molière*, on dénombre :

– la théâtralité : rupture de l'illusion scénique, utilisation d'accessoires théâtralisés (le bâton, le ciel peint), caractère ludique du jeu, réduction des personnages à leur comportement;

– l'introversion : fantasmes, onirisme, absences;

– l'extraversion : violence, affirmation de soi, érotisme;

– la transcendance.

La première isotopie appartient au domaine esthético-technique, les deuxième et troisième au domaine de l'humain envisagé sous ses aspects négatif et positif, la quatrième au domaine du divin.

Ce relevé, par lui-même, est déjà une interprétation puisqu'il décide de grouper sous des rubriques nettement opposées ce qui, au niveau des signifiants, apparaît comme homogène et continu : la gestuelle amoureuse, notamment, d'un Don Juan ou d'un Arnolphe, dans la mesure où elle est unifiée par la présence permanente du personnage plus encore que par sa gestuelle, paraît relever d'une seule isotopie, celle de l'érotisme. Sans doute, mais l'érotisme peut présenter deux faces, l'une active, l'autre passive et mériter alors d'être rangée dans deux isotopies différentes.

On objectera encore que toute l'analyse antérieure a reposé sur des systèmes signifiants et non sur des concepts préalables : gestuelle, objets, personnages, comique, bruitage, et que c'est de ces systèmes signifiants que des isotopies devraient se dégager avant d'en arriver à une isotopie totalisante. Le recours à cette méthode présenterait un avantage supplémentaire : car s'il est vrai, selon les propositions de la première méthode, que théâtralité, introversion, extraversion et transcendance s'articulent et se hiérarchisent, au nom de quoi pourrait-on décider que telle isotopie est hiérarchiquement déterminante, sinon en revenant à des critères liés à la réception des systèmes signifiants ?

On serait alors en droit d'avancer que la force des ensembles signifiants est en raison inverse du système d'attente qui régit leur réception : moins un système signifiant est fonctionnellement et culturellement redondant, c'est-à-dire moins il est construit en doublet du texte ou sur l'exploitation d'une gestuelle, d'un décor, d'un régime sonore connus ou prévus, plus il a de chances de frapper l'attention et de laisser des traces profondes dans la mémoire du spectateur. Sans doute interroger un spectateur fictif et prétendre lui faire dire ce qui l'a le plus marqué relève de la subjectivité la plus incontrôlable; il n'empêche qu'à ce niveau d'interprétation le recours à cette estimation est indispensable.

Un second critère, plus objectif mais moins scénique, résiderait dans la cohérence et l'extensivité de l'isotopie considérée comme surplombante : si telle isotopie choisie rend compte de ce qu'il y a de plus riche et de plus neuf dans les mises en scène de Vitez, on serait autorisé à la placer hiérarchiquement en tête. Le recours à un critère purement quantitatif et reposant donc exclusivement sur la redondance des sèmes paraît beaucoup trop mécanique pour être retenu. Il est défini comme suit par Kinkenberg : «L'importance d'une isotopie dépend du nombre de sèmes redondants dans les léxèmes distincts d'un contexte et de la proportion des léxèmes distincts recouvrant des sèmes récurrents».

Reprenons ces deux modes de classement :

a) par concepts : théâtralité et transcendance s'opposent et il n'y a nul moyen de considérer l'une comme englobant l'autre à moins de recourir à une troisième isotopie, point de rencontre théorique des deux, l'idéologie : la théâtralité est une vision du monde transcendant qui l'affirme en le jouant, qui le fait exister dans le moment même où il le ramène à un artifice. Non seulement le signifiant «tonnerre» est un trucage de machiniste mais les autres signifiants de la transcendance (les bras en croix de Don Juan ou de Tartuffe, le triple chant du coq, la chute par trois fois de Don Alonse, le costume du pauvre en Christ de descente de croix) sont autant de stéréotypes pieux parfaitement conventionnels. Le point de vue de Vitez est donc celui d'un homme de théâtre athée; on pourrait dire simplement d'un homme de théâtre qui, par le simple fait qu'il théâtralise tout ce qu'il touche prend la transcendance au piège de la métamorphose scénique : sans avoir besoin d'intervenir en son nom propre, par quelque coup de pouce ou parodie, Vitez se contente, avec une sorte d'ingénuité qui est peut-être le summum de la rouerie, de laisser agir le théâtre.

Sans doute retrouve-t-il par là ce qu'il y a de plus novateur – et de plus intolérable pour les hommes du XVIIe siècle – dans l'attitude de Molière : il n'estime pas nécessaire de juger Tartuffe ou Don Juan à l'aide d'un métalangage orthodoxe, il lui suffit de les situer dans un contexte (décor et bruitage essentiellement) pleinement théâtral. Position inattaquable puisqu'elle reste strictement de sa juridiction et en même temps totalement négatrice : la transcendance n'est plus la manifestation d'un autre monde; elle sort des coulisses.

Quelle place alors pour l'entre-deux de la transcendance et de la théâtralité, pour le monde humain ? Il est théâtralisé lui aussi sans doute (par le jeu et la farce) mais il comporte une part d'autonomie : il dit les forces élémentaires du désir et de la violence et montre la double face de la pulsion dans ses phases alternatives d'agressivité et d'abattement. En somme la quadruple isotopie théâtralité, humanité introvertie, humanité extravertie, transcendance, se réduit à deux forces majeures : transcendance théâtralisée vs humanité à double face.

De cet affrontement il est difficile de décider pour les quatre pièces une issue commune et une hiérarchisation stable : dans *L'École* où la transcendance est absente, la théâtralité n'empêche pas l'humanité extravertie (Horace, Agnès) de l'emporter sur l'humanité introvertie (Arnolphe). Au contraire le jeu et la farce aident la première à mieux s'imposer et la deuxième à se couper davantage du réel. Dans *Le Misanthrope*, à nos yeux la moins réussie des quatre mises en scène parce que la moins lisible au regard de l'isotopie dominante, transcendance et théâtralité se manifestent peu ou pas du tout et la balance est maintenue égale entre les deux forces de l'humanité : l'on descend du niveau de la pulsion à celui du comportement brut et Vitez essaie d'échapper à toute psychologie; mais il ne peut faire que la pièce ne privilégie un personnage et que son Alceste, par ses brusques alternances de fureur et de tendresse, n'offre l'image assez banale d'un «atrabilaire amoureux».

Au contraire *Tartuffe* et *Dom Juan*, en imprégnant constamment de transcendance théâtralisée les manifestations d'appétit du premier et de névrose du second, interdisent le choix d'une isotopie dominante et par là même exaltent le caractère d'hypocrite, d'acteur, de leurs deux héros : ils sont constitutivement doubles : Tartuffe est un jouisseur qui joue son désir, Don Juan est un malade qui se joue de la transcendance; la «vérité» de l'un et de l'autre échappe à la prise parce qu'elle n'est pas univoque. Les deux isotopies majeures s'interpénètrent et se renforcent l'une l'autre : transcendance et humanité sont théâtralisées (c'est l'hypocrisie); théâtre et transcendance sont humanisés (c'est l'orientation idéologique).

b) par systèmes signifiants :

Si l'on retient le décor, les objets, le costume, le bruitage, la gestuelle et les personnages comme autant de paradigmes au champ sémantique net (23), on s'aperçoit que les mêmes dominantes s'imposent :

– le décor dans ses éléments fixes (toile peinte, confusion de l'intérieur et de l'extérieur (24)) ressortit à la théâtralité; dans son élément mobile, le ciel, il est d'une part théâtralité (il est une «machine» et un morceau de toile peinte), d'autre part transcendance par son signifié métonymique et son emploi;

– les objets

a) le sac : support du fantasme (pour Sganarelle), de l'introversion fétichiste (pour Arnolphe) il désigne l'humanité marquée d'un signe moins (humanisme dépressif). Contre-épreuve : l'entreprenant Don Juan ne l'ouvre jamais.

b) le bâton : objet de théâtre pour une large part, affirmation de soi de l'autre (humanisme actif et autorité civile), support de la transcendance quand il est couplé avec le tonnerre.

c) la table : support de l'introversion, du masque et de la fuite quand Sganarelle, Alceste ou Orgon se cachent dessous, affirmation de soi quand les échanges entre personnages ont lieu sur son plateau ou que certains grimpent dessus (Damis, Don Juan)

– le costume : il est entièrement théâtralisé

– les bruits : le tonnerre *est* la transcendance

– la gestuelle : elle n'évoque la transcendance que sous la forme de la dérision (bras en croix de Don Juan, chant du coq, triple chute de Don Alonse) ou de façon trop incidente (bras en croix d'Elvire en I, 3) pour être retenue comme pertinente dans cette isotopie. Elle est au contraire une des manifestations majeures de la théâtralité comme de l'humanisme dans sa double postulation active et dépressive. Trop variée, la gestuelle est donc indécidable du point de vue de l'isotopie, sinon négativement : elle n'est pas le lieu de la transcendance et reste à hauteur d'homme.

– les personnages. On pourrait en dire autant de la plupart des personnages sauf à considérer que trois d'entre eux, le garde du *Misanthrope*, l'exempt du *Tartuffe* et le Commandeur (photo 63) se situent à un tout autre niveau, niveau de la transcendance où ils s'établissent en témoins et juges des actions humaines. Ainsi pour résumer en tableau et quantifier les occurrences des diverses isotopies, on obtient le schéma ci-après (page suivante).

Théâtralité et transcendance sont particulièrement bien représentées par des signifiants tout aussi marquants (à l'exception du costume dont la charge de théâtralisation est sans doute renforcée par sa mise en opposition avec la gestuelle mais reste malgré tout tributaire de la tradition de la «pièce en costume» et reste dès lors quasi inaperçue). On peut désormais proposer de passer des sous-systèmes au système avec les combinaisons suivantes :

a) humain – vs humain +

(sac, table, gestuelle) (bâton, table, gestuelle)

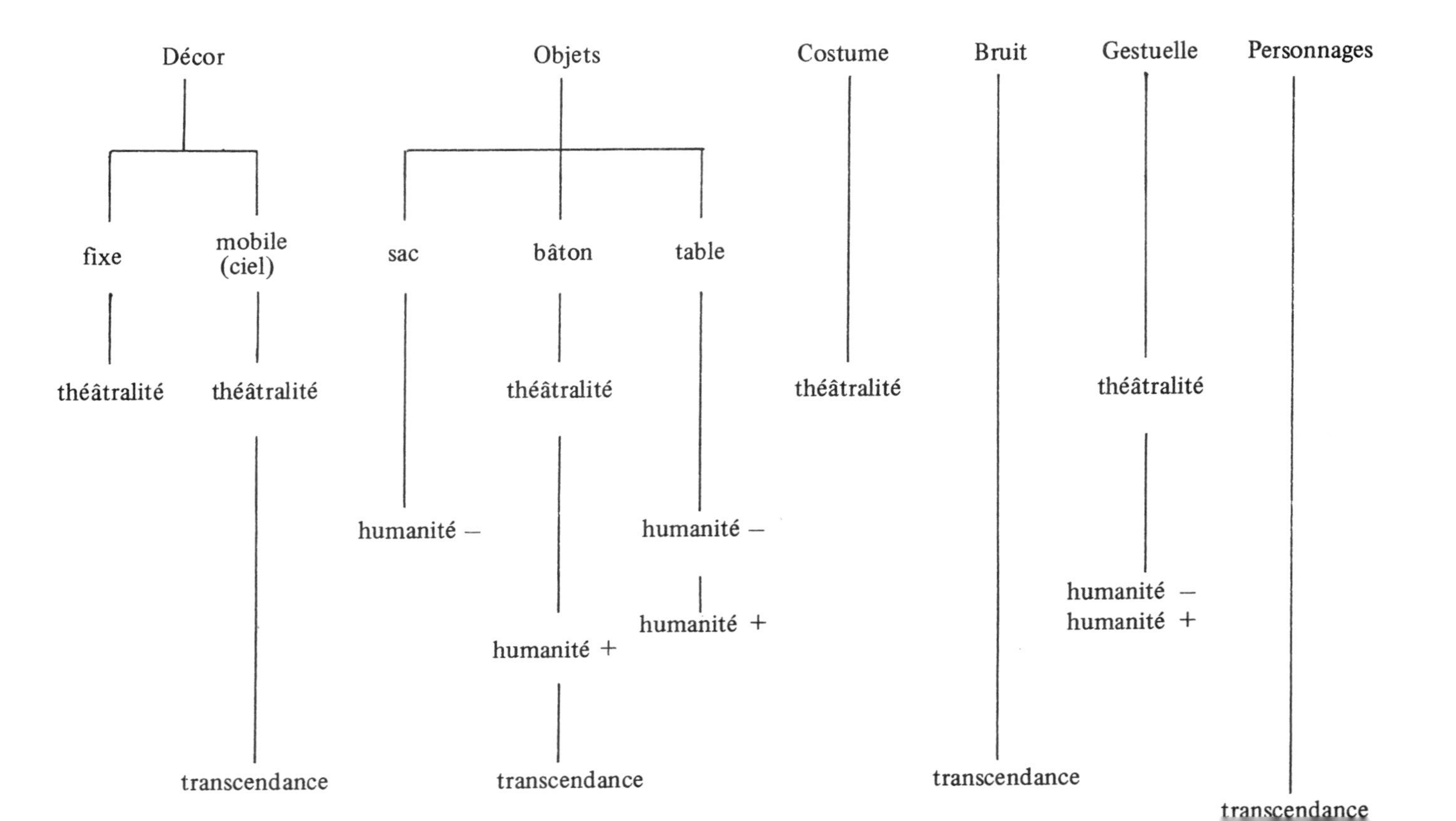
Décor
Objets
Costume
Bruit
Gestuelle
Personnages
fixe
mobile
(ciel)
sac
bâton
table
théâtralité
théâtralité
théâtralité
théâtralité
théâtralité
humanité –
humanité –
humanité –
humanité +
humanité +
humanité +
transcendance
transcendance
transcendance
transcendance

b) humain (sac, bâton, table, gestuelle)	vs	transcendance (décor mobile, bâton, bruitage, personnages)
c) théâtralité (décor fixe, bâton, costume, gestuelle)	vs	transcendance (décor mobile, bâton, bruitage, personnages)

une variante du b) étant constituée par

horizontalité (table, sac, gestuelle)	vs	verticalité (décor mobile, bâton, gestuelle)

Comme on le voit les mêmes signifiants peuvent être divisés contre eux-mêmes ou se classer dans deux systèmes antagonistes. Signe de l'interpénétration des isotopies et de l'impossibilité de proposer autre chose qu'un syntagme surplombant et constamment dynamique : théâtralité/transcendance avec échange permanent de leurs signifiés : le faux du théâtral rend suspecte la transcendance, et la «vérité» de la transcendance élève le théâtral à la hauteur d'un cérémonial. C'est peut-être cela le merveilleux.

CONCLUSION

ET SI C'ÉTAIT IMPOSSIBLE ?

Il faut se faire l'avocat du diable et dépister les failles de notre travail, non pour désamorcer la critique mais pour souligner les apories d'une telle entreprise. Puisque nous nous sommes résolument placé du côté de la représentation, pourquoi avoir accordé une telle place au métalangage de Ledoux comme aussi aux commentaires de Vitez et de Chéreau sur leurs mises en scène ? Qu'importe après tout que Ledoux ait cru être fidèle à Molière alors qu'il ne l'était pas si son spectacle se tient et propose une interprétation originale de *Tartuffe*, qu'importe à l'inverse que Chéreau ait voulu dire telle ou telle chose si le spectateur ne les voit pas ? La réponse est que, d'une façon ou d'une autre, nous sommes possédés par le langage : metteurs en scène et critiques transcrivant tout ce qu'ils voient ou veulent faire voir en mots. Plus exactement il ne reste d'un spectacle que des mots, c'est-à-dire un cadavre.

On comprend mieux dès lors le refus d'un Planchon de tout archivage de ses spectacles : ils n'existent que dans et pour l'éphémère; ils sont matière mais matière volatile aussitôt dénaturée que fixée. Si Ledoux procède autrement et écrit un volume sur sa mise en scène de *Tartuffe*, il offre des verges pour se faire battre et le critique est en droit de le «prendre au mot». Néanmoins il faut reconnaître qu'il a été moins rendu compte, dans les pages qui précèdent, de spectacles saisis dans leur impossible immédiateté que de tendances de la mise en scène contemporaine : de Ledoux à Vitez tout un itinéraire a été accompli dont les jalons, on l'espère, ont été repérés et examinés à l'occasion de quelques spectacles. Que l'aller et retour entre la généralité de la théorie et la particularité de l'illustration ait été réalisé de façon convaincante, ce n'est pas à nous d'en juger. Mais c'est ainsi que ce travail a été conçu, comme une théorie de la pratique.

Cela ne suffit pas à lever toutes difficultés. Il n'est peut-être pas inutile en effet de revenir sur ce qui constitue la clé de voûte de ladite théorisation; de revenir sur la définition que Greimas donne de l'isotopie et d'en souligner les ambiguïtés : «Par isotopie nous entendons un ensemble redondant de catégories sémantiques qui rende possible la lecture uniforme du récit» (1). Bien des mots font problème : qu'est-ce qu'une lecture uniforme ? Est-ce la réduction de la fable à une sorte de «gestus» conceptuel qui conduirait la pluralité des intrigues, la diversité des personnages, le miroitement des langages à s'effacer dans leurs particularités et à se fondre en un résumé qui manquerait, par le fait même qu'il est uniforme et conceptuel, la spécificité du théâtre ?

L'isotopie d'un spectacle serait donc non théâtrale et, qui pis est, anti-théâtrale par le dogmatisme et la rationalité qu'elle présuppose. Car pourquoi faut-il qu'une lecture soit uniforme ? Cohérente, soit, puisque dans ces mots il y a l'idée d'une confrontation, d'une convergence et d'une articulation d'éléments, au départ, hétérogènes. La cohérence est dialectique tandis que l'uniformité est cousine de la platitude et de la non-créativité.

Réflexion qui vaut aussi pour le terme d'«ensemble» : s'agit-il de l'addition, de la juxtaposition quasiment mécanique de catégories sémantiques dont l'insistance répétitive ne pourrait aboutir à autre chose qu'à l'uniformité du sens ? Ou bien s'agit-il de la constitution organique et délibérée de réseaux de signification dont le point de rencontre – point idéal et toujours à réévaluer – serait l'unification des sens, par union des contraires ou hiérarchisation des isotopies partielles ?

On pourrait s'interroger encore sur la notion de «catégories sémantiques» : privilégier le sémantisme, n'est-ce pas tourner le dos à ce qui fait l'essentiel de la matière théâtrale, c'est-à-dire aux systèmes signifiants ? La sémiologie ne tend-elle pas justement à éviter l'absorption du signifiant dans le signifié en faisant porter le fond de sa recherche sur l'articulation interne des signifiants ?

Enfin, dernière remarque : dans la définition de Greimas, le terme «redondant» est-il autre chose qu'un déterminant accessoire ? Est-ce la redondance qui fait l'ensemble ou la redondance n'est-elle qu'un signe de reconnaissance destiné, somme toute, aux esprits paresseux, pour que l'ensemble puisse être saisi comme tel ? Dans cette conception la redondance contribuerait pour une large part à l'uniformité de la lecture, c'est-à-dire aurait une valeur beaucoup plus négative que fondatrice. C'est grâce à elle, pourrait-on dire, qu'un récit n'aurait qu'*un* sens alors que notre propos a été de montrer que c'est vraiment grâce à elle que le récit théâtral aurait *du* sens.

Si la cohérence est dialectique, la redondance l'est aussi : elle ne s'estime pas en termes de répétitions ou de dérivations contrôlées d'un seul système de signes; elle ne prend *son* sens que de la «contextualisation» (2), c'est-à-dire des autres signes (non verbaux en l'occurrence) de l'ensemble de la représentation théâtrale. La vision du tout, seule, peut permettre de décider, par récurrence, qu'il y a bien redondance et que la redondance des signifiants (sous forme d'unités ou de systèmes) est fondatrice du sens, dans la mesure même où elle est irréductible à une uniformité interchangeable de ses sens divers. Selon la définition greimassienne l'isotopie n'est pas la résultante de la redondance; elle demande simplement, pour assurer son statut, le support de relais, sortes de béquilles de l'esprit logique. Car, si l'on parle de lecture uniforme, c'est bien plutôt des catégories logiques que des catégories sémantiques qui la sous-tendent.

Au contraire la redondance, si elle a un intérêt, ce n'est pas comme outil obligé de la communication et de l'uniformisation du sens, mais comme passerelle d'un système signifiant à l'autre, le signifié disparaissant très vite du champ de la perception, une fois sa mission accomplie, pour laisser face à face, irréductibles mais désormais articulés, les divers signifiants.

Il reste entendu cependant — c'est là le risque et peut-être la malédiction de la redondance — que les systèmes signifiants étant par définition hétérogènes, il ne saurait y avoir redondance perceptible qu'à un niveau sémantique nécessairement réducteur puisque nécessairement conceptualisé. A l'inverse il ne suffit pas de dire, pour échapper au carcan des généralisations logiques que le cheminement du signifiant au signifié a un caractère hypothétique et subjectif. C'est une échappatoire facile et l'institutionnalisation de la subjectivité que prône Barthes, si elle a un intérêt épistémologique pour décider de l'honnêteté d'un critique, n'a guère de caractère scientifique pour décider de la solidité du résultat. On pourrait toujours dire qu'au théâtre la vérification des hypothèses est aisée puisqu'il suffirait d'obtenir des réponses identiques d'un nombre assez grand de spectateurs pour constater que tel signifiant ou tels systèmes signifiants véhiculent tel signifié ou telle isotopie.

Faute de recourir à ce genre d'enquête qui poserait des problèmes pratiques et méthodologiques très délicats, on se retourne vers la redondance qui offre un erzatz d'objectivité dans la mesure où, chez un individu isolé, l'identité des réponses aux multiples stimuli du spectacle donne l'impression d'une pluralité convergente de jugements. Il n'est pas certain cependant que l'élaboration d'une isotopie par redondance repose sur autre chose qu'une pétition de principe. Comme le dit L. Porcher, «la saisie du code iconique n'est pas possible en simples termes de formalisation structurale : elle exige la mise en œuvre d'un «idiolecte» (à dominante sociologique) qui puisse être connecté avec le message lui-même. En somme le signe iconique est par nature ambigu, qu'on le considère sous la face de son signifié ou sous celle de son signifiant : le problème fondamental de toute iconologie serait peut-être de savoir comment s'opèrent les relations du signifiant à signifié, c'est-à-dire d'établir à quelles conditions un signifiant gouverne plusieurs signifiés ou par quelle vertu (épistémologique) un signifié supporte plusieurs signifiants» (3).

S'agissant du rapport d'un signifiant iconique à un signifié plus complexe à la fois dénotatif et symbolique, où la vision du tout détermine le sens de chaque partie, il est probable que ce trajet emprunte des raccourcis plus ou moins honteux et recourt à des facilités qui ne relèvent pas de la sémiologie. Je veux dire par là que le spectateur dispose par avance de concepts culturels assez extensifs pour accueillir à peu près tout, et assez caractérisés pour être reconnus au moindre signe. Telles sont les catégories, entre autres, de la religion, du sexe, de la politique, mais aussi, dans un domaine formel, de la farce ou de la théâtralité. En vertu de quoi la communication théâtrale procède à peu près comme la rhétorique-torpille dont parlait Socrate : elle use et abuse du besoin de sécurité et de reconnaissance immédiates du spectateur, pour engourdir sa vigilance et lui faire intégrer, dans les catégories susdites, à peu près n'importe quel signe. Bien loin de construire *son* spectacle dans son individualité de message, le récepteur l'insère dans des cadres tout faits. Pourquoi alors, objectera-t-on, les *Molière* de Vitez ont-ils rencontré un tel succès ? Peut-être à cause de leur jeunesse, de leur gaieté, de leur dynamisme, de leur exaltation du jeu pour le jeu. Toutes choses qui, sans être, il s'en faut, négligeables, n'exigent pas le recours à toutes les prudences que nous avons déployées.

Si, malgré tout, un certain nombre de propositions scéniques résistent à la consommation immédiate – telles les bizarreries baroques d'un Planchon dans son *Dom Juan* ou le délire onirique d'un Benoin dans son *George Dandin* – on les classera dans les signes opaques et l'on passera outre. Autre façon de refuser de prendre le risque d'une réception/création du spectacle. Mais Planchon tire son épingle du jeu car il est suffisamment au fait des lois de la communication pour créer, à force de redondances, une catégorie nouvelle, celle de la «démesure mystique» qui dispense, dès qu'elle est repérée, de tout examen des signes résiduels. Redondance et catégories symboliques socio-culturelles font alliance pour tuer ou du moins évincer les signes encombrants. Ce qui est plutôt regrettable, s'agissant d'un art où la matière est première.

La contre-épreuve peut se faire avec *Le Misanthrope* de Vincent : voici un metteur en scène qui ne sollicite aucun présupposé culturel, qui n'accorde à la redondance que la portion congrue qui, sous forme de récurrence, permet de re-constituer le sens. Quoi d'étonnant que sa mise en scène ait paru froide, voire hésitante ? C'est peut-être lui, pourtant, qui donne au signe, dans son immédiateté comme dans son dynamisme rétroprojectif, sa meilleure chance.

Ainsi, dans l'état actuel des choses, on pourrait conclure de façon pessimiste que l'interprétation sémiologique d'une représentation, aussitôt qu'elle sort du domaine des redondances fonctionnelles et expressives, ne vaut que pour un seul spectateur, qui est à la fois le producteur de sa méthode et le consommateur de ses résultats, en une sorte de circularité qui n'est pas très éloignée du solipsisme. A moins qu'il ne rencontre sur sa route un deuxième original à peu près convaincu de la probabilité de ses hypothèses : à deux commence une société ! Finalement, au public introuvable du théâtre succéderait un public pour le métalangage critique qui, par contre-coup assurerait que le premier public, le vrai, existe bien !

Le rapport à l'image scénique demeure donc ambigu : si elle est lue dans toute sa plénitude idéologique elle est tuée comme image; si on se contente de la recevoir ingénuement et, Dieu merci, nul n'est tenu d'être sémiologue, elle reste miroitement stérile de formes et de couleurs. Peut-être faudrait-il admettre que la mise en scène occidentale actuelle traverse, sous les dehors d'une explosion chatoyante de systèmes signifiants, une crise d'hyperrationalisme explicable par le plaisir qu'il y a à jouer avec un outil encore neuf.

D'autres tendances théâtrales (songeons à Bob Wilson) exploitent tout autant la redondance mais, même en l'affichant comme telle jusqu'à la répétition obsessionnelle, échappent au rationalisme de l'isotopie et ouvrent l'œuvre à tous les possibles interprétatifs. En somme, les mises en scènes étudiées ici, de Vincent, de Vitez, de Chéreau, de Planchon surtout, sont des fêtes pour l'intelligence. Il n'est pas exclu d'envisager que la redondance, soit en devenant encore plus secrète, soit en laissant une réelle autonomie aux seuls signifiants, permette au théâtre d'être aussi une fête pour les sens.

♦♦♦

NOTES

CHAPITRE I

1 – *Figures I*, p. 197.

2 – J. Dubois et *alii, Dictionnaire de linguistique*, article «redondance», p. 410.

3 – *Ibid.*, p. 412.

4 – *Ibid.*, p. 411.

5 – *Ibid.*, p. 413.

6 – *Introduction à la sémiologie*, p. 92.

7 – «Sémiologie de la langue», in *Semiotica*, 1969, I/1, p. 9.

8 – *Ibid.*, p. 10.

9 – «Le formalisme taxinomique [...]», in *L'Arc*, n° 60, p. 27.

10 – Marina Scriabine, *Introduction au langage musical*, p. 70, cité par M. Vinaver, *Itinéraire de R. Planchon*, p. 118.

11 – T. Kowzan, «Le signe au théâtre», in *Diogène*, n° 61, 1968, p. 87.

12 – A. Moles, article «redondance», in *Les Encyclopédies du savoir moderne-Communication*, p. 502.

13 – La mise en scène moderne s'ingénie à donner l'impression que les signifiants scéniques précèdent la parole qui n'en est plus alors que le commentaire ou l'illustration. Bien qu'un commentaire, en explicitant le langage plus ou moins muet des signifiants scéniques, n'en soit pas seulement la redondance, il y a en lui une large part de redondance, ce qui ramène au cas général.

14 – Du moins au niveau où nous nous plaçons, qui n'est plus celui d'un spectateur innocent. Tout le relevé de signes qu'on lira à l'occasion de chaque spectacle représente justement le résidu métalinguistique des images spectaculaires.

15 – Cité par J. Cohen, «Poésie et redondance», in *Poétique*, 1976/28, p. 414.

16 – *La structure absente*, p. 126.

17 – *Op. cit.*, p. 415.

18 – *Ibid.*, p. 422.

19 – *La structure absente*, p. 93. De façon assez semblable, L. Matejka (*L'Arc, op. cit.*, p. 23) précise : «Les textes d'art «élevé» manifestent toujours une tension entre la conservation et la violation des normes [...]. Un texte qui violerait toutes les normes sans exception serait incommunicable, car il lui manquerait un code partiellement commun à l'encodeur et au décodeur».

20 – Entendons-nous sur le terme de structure : il ne s'agit pas ici des lois de composition qui régissent le fonctionnement d'une œuvre; leur analyse peut ajouter beaucoup à la connaissance d'une pièce de théâtre mais elle ne crée pas le sens de la pièce; elle ne dépasse pas le niveau du code. Au contraire la structure telle que nous l'envisageons vise à dégager du message de la pièce, d'une façon expérimentale, une isotopie totalement originale. U. Eco a distingué ces deux niveaux avec une parfaite netteté : «Au cours de la communication esthétique se réalise une expérience qui ne peut être rapportée à une mesure quantitative ni à une systématisation structurale; cette expérience n'est possible que grâce à quelque chose qui à tous ces niveaux *doit posséder une structure*, car autrement il n'y aurait pas de communication [...]. Nous avons donc d'un côté *le modèle structural du processus d'usage*, de l'autre côté *la structure du message à tous ses niveaux* [...]. Je peux le regarder en tant que forme qui *rend possibles* les diverses expériences individuelles. En tout cas, la sémiotique n'a de prise sur l'œuvre qu'en tant que message-source, donc en tant qu'idiolecte-code, comme point de départ pour une série de choix interprétatifs libres et possibles : *l'œuvre en tant qu'expérience individuelle est théorisable mais non mesurable*», *La structure absente*, p. 132-3.

21 – «Don Juan jouant», in *Obliques*, n° 4, vol. 1, p. 51-52.

22 – S. de Lannoy, «Molière à Louvain-La-Neuve. Notes sur le décor et le jeu», *Cahiers Théâtre Louvain*, n° 37, p. 48-59.

CHAPITRE II

1 – *Itinéraire de R. Planchon*, p. 97. C'est nous qui soulignons.

2 – Voir à ce sujet la note de B. Dort à propos de *George Dandin*, in *Itinéraire* [...], *op. cit.*, p. 62.

3 – *Les voies de la création théâtrale*, tome VV, p. 473.

4 – «Molière», in *Tableau de la littérature française au XVIIe siècle*, p. 90.

CHAPITRE IV

1 – Métaphore les murs façon pierre de taille; métonymie les balustres, la pergola, le petit bassin, la verdure et le buste de Dandin placé au-dessus de la porte principale qui désignent le «castel» avec son propriétaire, son parc et sa pièce d'eau.

2 – Entendu au sens large puisqu'il désigne aussi bien les costumes que les accessoires, la lumière que le bruitage.

3 – Ou, s'ils interféraient trop c'était pour basculer totalement dans le présent du metteur en scène comme c'est le cas dans le *Tartuffe* de Lioubimov ou dans *Palazzo mentale* de Lavaudant où les comédiens ne sont plus que des figurines, sinon des ectoplasmes.

4 – Cette volonté de jeu est encore soulignée par le projecteur accroché à la murette qui sépare le bungalow 1 du bungalow 2.

5 – Les deux mondes sont intimement liés et l'on s'expliquera mieux les trois dates (ou chiffres ?) gravés au sommet des trois portes : ce sont des numéros de cabines et/ou des dates (significatives ?) de la production de Molière : en fait si 1668 est bien la date de *George Dandin* et 1669 celle du 3ème *Tartuffe*, 1667 ne correspond à rien sinon à la date du 2ème *Tartuffe*.

6 – Par exemple la voix off, décrivant le décor et expliquant la situation dans la scène 1, a une grande importance dans la mise en communication du spectateur avec le spectacle.

7 – Sauf une fois où, paradoxalement, Benoin est plus redondant que Molière : Claudine accuse Dandin en III, 7, d'avoir bu, pour désamorcer d'avance tout ce qu'il pourrait dire. Benoin nous le montre buvant et ivre (ton de voix pâteuse, bouteille vide...).

8 – Un exemple parmi cent autres : dans sa mise en scène d'*Athalie*, Planchon fait discuter Joad et Abner près d'un autel où Abner se retire pour prier après avoir fait sa déclaration d'allégeance au Dieu des Juifs. Il a la tête dans les mains et tourne le dos à Joad. Celui-ci le regarde et lui lance :

«*La foi qui n'agit point, est-ce une foi sincère ?*».

9 – Une autre scène est particulièrement fertile en pareils jeux sur le langage : à l'acte II, 1 les «*comment fais-tu ?*», «*il ne faut point tant de beurre*», «*prenez*», «*Ah ! doucement*» sont complètement sortis de

leur contexte au profit d'un sens second où il est question de soutien-gorge, de crème solaire, de jeux de plage...

10 – On voit par là la différence qui sépare un Benoin d'un Planchon. Ce dernier rationalise le baroque et canalise ses fantasmes (cf. *A et A.*, *Le cochon noir* et surtout *Athalie*). Benoin s'attache au contraire à dégager le baroquisme et l'onirisme du quotidien.

11 – Contrairement à ce que pense A. Ubersfeld (cf. *Lire le théâtre*, p. 69) la fonction «arbitre» peut être nettement distinguée de la fonction «destinateur». D'autant qu'ici l'une va à contre-sens de l'autre. Ceci naturellement dans une structure actantielle où Dandin a le statut de «sujet»; si l'on change l'angle de vue et qu'on place Angélique au centre, le «destinateur» s'appelle alors «l'esprit de classe» et se confond, en la personne de Sotenville, avec «l'arbitre». Dandin n'est plus alors qu'un «opposant», fonction mineure qui s'accorde mal avec l'importance quantitative de son rôle et avec la place cruciale qu'il occupe dans le débat.

12 – «*Quelque pensée qui vous puisse rester, il a nié; c'est satisfaire les personnes, et l'on n'a nul droit de se plaindre de tout homme qui se dédit*» (II, 5).

CHAPITRE V

1 – *Dom Juan* [...] *analysé par Gilles Sandier, Avant-scène Classiques/aujourd'hui,* p. 26. Ce numéro d'*Avant-scène* contient à la fois des textes de Patrice Chéreau et de G. Sandier auxquels nous renvoyons à plusieurs reprises sans indication de pagination. Si nous avons accordé une telle place aux commentaires de G. Sandier, ce n'est pas que nous le considérions comme le porte-parole de Chéreau, mais parce qu'il nous a paru utile, pour une des mises en scène de Molière, de confronter notre propre visée, qui se veut aussi objective que possible, aux jugements d'un critique qui n'a jamais caché qu'il réagissait aux œuvres avec passion et de parti-pris.

2 – *Ibid.*, p. 27.

3 – Dans une analyse de ce type on s'interdit tout jugement de valeur sur le bien-fondé des idées avancées par le metteur en scène. On trouvera léger cependant de confondre la Fronde avec une jacquerie.

4 – Deux ans avant Chéreau, Bourseillier avait déjà habillé son Don Juan de cuir.

5 – Sans parler des connotations culturelles : on ne peut montrer une charrette sur scène sans faire penser à celle de *Mère Courage*.

6 – Cl. Reichler, «Don Juan jouant», in *Dom Juan, Obliques*, p. 57-58.

7 – *Ibid.*, p. 59.

CHAPITRE VI

1 – Cette clarté passe pour lourdeur aux yeux de M. Millon qui parle d'une «mise en scène bien souvent redondante et inutilement hyperbolique», «Regards indiscrets sur une famille en chemise», in *Travail théâtral*, n° XVII, automne 74, p. 47.

2 – La gestuelle théâtrale de l'homosexualité peut prendre appui sur les vers 189-190 et 594-595. Il s'agit d'un noyau sémique isolé qui, par irradiation, influence toute une série de termes et oriente la mise en scène. En fait Planchon n'a même pas besoin de ce support textuel : l'interprétation homosexuelle est à ses yeux la seule qui rende cohérente la conduite inexplicable d'Orgon.

3 – A. Merle, *Travail théâtral, op. cit.*, «*Tartuffe* mis en scène par Roger Planchon».

4 – Lettre reproduite par T. Kowzan, *Les Voies de la création théâtrale*, tome VI, p. 338-339.

5 – T. Kowzan dans l'étude citée. Nous lui empruntons plusieurs autres précieuses indications.

6 – On voit par là combien est hâtif le jugement de la spectatrice (dont la lettre est citée par Kowzan et reproduite dans le programme du spectacle) accusant Planchon d'impiété.

7 – A. Merle suggère : «La Passion de Molière, Christ de la bourgeoisie, salvatrice de sa classe ?», article cité.

8 – A. Merle ajoute (*ibid.*) qu'Elmire et Tartuffe «consomment» presque l'adultère en IV, 5 et que la table du IV est grande comme une table de repas.

9 – A. Merle (*ibid.*) a relevé d'autres occurrences du sème «linge» : Madame Pernelle s'essuie la bouche en I, 1; l'affiche représente Sainte Véronique essuyant le visage du Christ; Tartuffe, à son entrée en scène, s'essuie les yeux avec un mouchoir. Sensible à l'importance structurale de cet accessoire, A. Merle n'en donne qu'une interprétation métaphorique : on lave son linge sale en famille. Mais qu'est-ce qui peut faire dire que ce linge est sale ?

10 – Invisible pour les personnages, ce qui accentue encore l'importance du jugement critique (ici celui du spectateur) sur l'action.

11 – M. Millon (*op. cit.*, p. 46) signale aussi le groupe de *Pietà* que forment Orgon et Tartuffe dans la scène de donation. Elle remarque encore qu'au IV la supplication de la famille d'Orgon qui se jette aux pieds du père pour plaider la cause de Mariane est «traitée dans le même esprit que le tableau représentant le Christ en pâmoison», et que, lorsque Tartuffe retrouve Elmire la nappe est «blanche comme un suaire».

12 – Cette image baroque avait déjà tenté Jouvet qui, à la dernière scène de son *Dom Juan* montrait un squelette soulevant la pierre tombale pour échapper au feu infernal !

CHAPITRE VII

1 – Aristote, *Poétique*, cité par M. de Rougemont, J. Scherer, *Textes d'esthétique théâtrale*, p. 20-21.

2 – *Le récit spéculaire*, respectivement, pp. 18, 16 et 52. Cf. aussi L. Dällenbach, «Intertexte et autotexte», in *Poétique*, 1976, n° 27, p. 282-296.

3 – *Ibid.*, p. 83.

4 – *Ibid.*, p. 82.

5 – *Ibid.*, p. 147.

6 – *Ibid.*, p. 79.

7 – P. 4 du programme.

8 – On croirait que celle-ci vient de Santa Maria Rotonda car elle comporte en son sommet un impluvium, chose rare comme n'en présente guère que la susdite église qui n'est autre, on le sait, que le Panthéon d'Agrippa rebaptisé. Liaison par là, peut-être, du paganisme et de la chrétienté; il est peu probable cependant que Planchon ait voulu ce synchrétisme. Le décorateur E. Frigerio avait déjà recouru à cette architecture pour évoquer le Vatican, dans *La Vie de Galilée* montée par G. Strehler.

9 – On retrouvera le même procédé chez Vitez, mais avec un caractère plus ludique qui en changera la portée.

CHAPITRE VIII

1 – Pour la distinction de ces composantes du jeu on se contentera du classement proposé par T. Kowzan dans *Littérature et spectacle* : par mimique il faut entendre tous les signes musculaires du visage; le geste

c'est «le mouvement ou l'attitude de la main, du bras, de la jambe, de la tête, du corps entier, en vue de créer et de communiquer des signes»; le mouvement «comprend les déplacements de l'acteur et ses positions dans l'espace scénique. Il s'agit principalement des : places successives occupées par rapport aux autres acteurs, aux accessoires, aux éléments du décor, aux spectateurs; différentes façons de se déplacer [...]; entrées et sorties; mouvements collectifs» (p. 154-157). C'est donc le déplacement qui différencie le geste du mouvement.

2 – R. Fernandez, «Molière», in *Tableau de la littérature française au XVIIe siècle*, p. 87.

3 – A la différence du seigneur ou du bourgeois d'antan enfermés dans un réseau de relations limitées où les besoins de communication se satisfaisaient directement.

4 – «Le vertige Alceste», in *Alceste et l'Absolutisme*, p. 91. C'est nous qui soulignons.

5 – «D'un cœur à l'autre», *op. cit.*, p. 109.

6 – *Ibid.*, p. 112.

7 – *Ibid.*, p. 112-113.

8 – *Ibid.*, p. 117.

9 – *Ibid.*, p. 120.

10 – D. Lindenberg, «La fin d'un monde», in *Alceste et l'absolutisme, op. cit.*, p. 63. M. Deutsch, dans «Le vertige Alceste», écrit : «[...] la figure du roi comme vérité de Célimène, certes [...]», p. 99.

CHAPITRE IX

1 – Disposition qui correspond tout à fait aux habitudes décoratives – éminemment conventionnelles – du XVIIe siècle. Quand, par exemple, Jupiter *sort* de chez Alcmène qui lui dit : «Ne suivez point mes pas», il *entre* en scène avec elle : on passe d'un intérieur à l'autre et pourtant le second est considéré comme un extérieur.

2 – *T.N.S. Actualité*, n° 33, janv. 79, non paginé. Souligné par nous.

3 – Nous adoptons l'ordre de présentation voulu par Vitez; il ne correspond à la réalité chronologique que si l'on choisit pour *Tartuffe* la date de composition de la première version (1664).

4 – «Molière à Louvain-La-Neuve; notes sur le décor et le jeu», *Cahiers Théâtre-Louvain*, n° 37, p. 52.

5 – Gestuelle et aussi mimique (dents et sourire) ainsi que costume et apparence du comédien (souplesse, jeunesse).

6 – On peut même se demander si l'abattement que connaissent les deux personnages à la fin du III, 3 ne signale pas une sorte de détente *post coïtum*.

7 – Il est curieux de constater que F. Ledoux dans sa mise en scène de Tartuffe veut *dire* la même chose que Vitez mais s'interdit de le *montrer* (d'où le jeu avec le paravent, substitut pudique du déshabillage).

8 – E. Benvéniste, «Les relations de temps dans le verbe français», *Problèmes de linguistique générale*, p. 237-250.

9 – Arnolphe en fait en III, 1 le récit au *passé* : «Vous *avez là suivi* mes ordres à merveille» (vers 664), etc.

10 – Situé à l'entracte du III et IV et commenté là encore au passé par Arnolphe en IV, 1 : «J'*étais* aigri, fâché, désespéré contre elle» (vers 1020), etc.

11 – Ce qui est confirmé par la disposition du décor qui présente *à la fois* l'intérieur et l'extérieur.

12 – Ed. Radar, «Molière selon Antoine Vitez», *Cahiers Théâtre-Louvain*, *op. cit.*, p. 50.

13 – *Ibid.*, p. 40.

14 – Seuls les rapports d'Orgon à Mariane ne sont pas sexualisés, mais la brutalité y est très visible.

15 – Le geste de placer sur une chaise ne doit pas être considéré isolément; il s'articule avec le mouvement fréquent (que font Alceste, Arnolphe, Dorine, Célimène, etc.) de se hisser eux-mêmes sur une chaise : on élève ou on s'élève; on fait preuve d'autorité ou on s'investit d'une autorité.

16 – Chez Sganarelle il est simplement mimétique de la peur en IV, 6 et double d'autres signes de peur tels que la fuite en III, 4.

17 – Ce sera beaucoup plus net dans *Tartuffe* en III, 7 quand Orgon intronise Tartuffe en le plaçant sur une chaise elle-même placée sur la table, le bâton-sceptre entre les mains.

18 – Dans *Tartuffe* à la fin du I, 1, quand Madame Pernelle sort en jetant le bâton : son bruit est accompagné d'un roulement de tonnerre : l'autorité bafouée attire l'ire céleste.

19 – Pas plus d'ailleurs qu'aucune des femmes des *Molière*, sauf la «viriloïde» Madame Pernelle : le bâton, phallique, appartient aux phallocrates.

20 – On aura remarqué que les scènes muettes où se développent les gags visuels (Horace et la table, Horace et la corde, Horace blessé) ont lieu pendant les monologues d'Arnolphe. C'est une façon efficace d'animer ce que les monologues ont de peu scénique et surtout de très peu comique.

21 – Souvent involontairement, dans la mesure où le sens des mots a évolué et où, surtout, en jouant sur les connotations, on fait dire à une expression à peu près tout ce qu'on veut.

22 – C'est une sorte de calembour scénique : le signifiant verbal «coup» est transcrit par le signifiant sonore «coup de tonnerre» alors que les signifiés sont totalement différents.

23 – En fait considérer le tonnerre comme le paradigme de la transcendance c'est opérer par réduction d'un syntagme où le tonnerre s'articule en «sanction de l'échec des valeurs humaines vs affirmation des valeurs sacrées». Mais le sème dominant est bien celui de la transcendance.

24 – Poétiquement défini par ces mots de Vitez qui insiste sur son caractère merveilleux : «L'extérieur est un intérieur enchanté», «Remarques sur la lumière», *Cahiers Théâtre-Louvain, op. cit.*, p. 62.

CONCLUSION

1 – Greimas et Courtès, *Dictionnaire de sémiologie*, p. 142.

2 – Cf. Anne Ubersfeld, *L'École du spectateur*, p. 195.

3 – *Introduction à une sémiotique des images*, p. 101.

TABLE DES ILLUSTRATIONS

TABLE DES MATIERES

ACHEVÉ D'IMPRIMER
SUR LES PRESSES DE
COMPO SYSTEM
route de la Glande 69760
LIMONEST

Dépôt légal 2è trimestre
1985